营在中国——
青少年营会管理实战教程

张修兵 著

清华大学出版社
北京

内 容 简 介

本书内容源于实践，用于实践。为了撰写和阅读的方便，让图书的内容更加贴近实战，本书部分内容以国内中高端营地教育品牌kidscamp（儿童彩虹营）为例。儿童彩虹营不仅是一个营地教育品牌，倡导德式自然教育理念，它还是一套全面系统的营会质量管理体系，涉及营会的基本教育理念、营员管理系统、生活质量管理、活动质量管理、风险管理体系、营会带领模式等内容。让读者在阅读过程中可以理论联系实际，进行比较分析、参考学习，做到快速领会、学以致用。

作为一线实战派营地教育专家撰写的著作，本书更加重视活动的管理和实施，适合所有从事研学旅行，综合实践和冬夏令营行业的工作者；同时它还可以作为国家高等院校"研学旅行管理与服务""营地教育"等相关专业的选修教材，以及研学导师或营地导师培训的参考教材。

本书封面贴有清华大学出版社防伪标签，无标签者不得销售。
版权所有，侵权必究。举报：010-62782989，beiqinquan@tup.tsinghua.edu.cn。

图书在版编目(CIP)数据

营在中国：青少年营会管理实战教程 / 张修兵著. —北京：清华大学出版社，2020.11
ISBN 978-7-302-56410-2

Ⅰ. ①营… Ⅱ. ①张… Ⅲ. ①校外活动—教育实践—中小学—教材 Ⅳ. ①G632.428

中国版本图书馆CIP数据核字(2020)第170421号

责任编辑： 孟　攀
封面设计： 杨玉兰
责任校对： 吴春华
责任印制： 丛怀宇

出版发行： 清华大学出版社
　　　　　网　　址： http://www.tup.com.cn, http://www.wqbook.com
　　　　　地　　址： 北京清华大学学研大厦A座　　　　　**邮　　编：** 100084
　　　　　社 总 机： 010-62770175　　　　　**邮　　购：** 010-62786544
　　　　　投稿与读者服务： 010-62776969, c-service@tup.tsinghua.edu.cn
　　　　　质量反馈： 010-62772015, zhiliang@tup.tsinghua.edu.cn

印 装 者： 三河市龙大印装有限公司
经　　销： 全国新华书店
开　　本： 170mm×240mm　　**印　张：** 17.25　　**字　数：** 338千字
版　　次： 2020年11月第1版　　　　　　　　　**印　次：** 2020年11月第1次印刷
定　　价： 89.00元

产品编号：086202-01

前　言

2016年12月，教育部等11个部委联合印发《关于推进中小学生研学旅行的意见》和《中小学综合实践活动课程指导纲要》的通知。营地是研学旅行和社会实践活动的主要载体，营地教育是一种将旅游、学习、亲子互动和生活体验整合在一起，满足家长多种需求的社会教育模式，它是学校教育和家庭教育的有益补充。国外150多年的发展实践证实，营地活动在帮助青少年建立自信、培养独立品格和领导力、提高社交和动手能力等方面效果显著。

目前，营地教育在我国刚刚兴起，国内尚没有关于营地教育的著作，更不用说专业系统的培训体系了，因此造成了行业从业者服务管理水平参差不齐。本书的出版发行将填补这一空白，在一定程度上解决行业人才结构性失调的问题，同时为国家职业标准的制定和行业人才的培训提供重要依据，有利于提高行业从业人员的服务管理水平，推动我国青少年营地事业健康有序地发展。

营地教育是一门科学，也是一门艺术，它有规律可以学习，有方法可以复制，有原理可以研究。俗话说："授人以鱼，不如授人以渔。"本书内容并非营地活动的汇编，也不是研学案例的经验分享，而是透过现象，去解读营地教育的本质，去发现其背后的规律和原理，同时教授给大家放之四海而皆准的营地技能和工作方法，让大家在"知其然并知其所以然"的基础上，真正地懂得营地（研学）课程的开发、营员的管理，以及活动的管理运营。

基于对人的正确认识，做最适合孩子的本土化教育。

张修兵不但拥有十多年的行业从业经验，服务过研学旅行、综合实践以及冬夏令营的中小学生达12万人次，而且是国内著名的青少年成长教育专家，国内畅销书《NLP亲子智慧》的作者。本书的创作借鉴了德国自然教育的核心理念，以及世界童军运动的原则与方法，在遵循孩子成长规律和大量实践的基础上，总结出了一系列行之有效的营会管理办法和营员带领技巧。书中很多教育观点、方法和课程开发思路均为自主研发、首次公开。比如，活动带领模式——目标驱动法，营员带领原则——视如己出、正面管教等。对于行业从业者来说，本书的出版发行，定能做到开卷有益。

由于编者水平所限，书中难免有不足之处，敬请读者指正。

编　者

目录 Contents

第一章 营地教育概论

营地教育是一种将旅游、学习、亲子互动和生活体验结合在一起，满足家长多种需求的社会教育模式，它是学校教育和家庭教育的有益补充。目前，国内刚刚兴起的研学旅行、综合实践、亲子旅行，以及冬、夏令营都属于营地教育的一种形式。

第一节　什么是营地教育　　　　　　　　　　　　2
第二节　营地教育的基本原理　　　　　　　　　　10
第三节　营地教育的意义　　　　　　　　　　　　15

第二章 营员管理办法

管理办法以《少先队改革方案》为依据，结合营地教育实际，以培养"完整人"为目标，推动少先队工作的改革创新。通过"小队制度"，增强营员的团队精神和主人翁意识，培养营员的自主能力；通过"荣誉制度"，创新政治引领和价值引领，发挥思想育人的作用；通过"徽章制度"，健全激励机制，吸引青少年积极参加营地活动。

第一节　营员组织管理　　　　　　　　　　　　　26
第二节　营员思想管理　　　　　　　　　　　　　40
第三节　营员目标管理　　　　　　　　　　　　　47

第三章 营地生活管理

在实施过程中，营地教育有两大板块：营地活动和营地生活，其中营地活动是核心，营地生活是保障，生活管理得好，活动才能顺利进行。孩子是感性的，只有吃好、休息好，满足物质方面的需要，才能以最佳的状态投入营地活动中去，否则身体(潜意识)就会"反抗"，不配合。

第一节　营前生活管理　　　　　　　　　　　　60
第二节　营地生活管理　　　　　　　　　　　　65
第三节　营员管理制度　　　　　　　　　　　　72

第四章 营地活动管理

营地教育作为一个新兴行业，在很多人的大脑里还没有具体的概念，其实营地活动的组织管理和企业经营一样，也有一套科学规范的运营管理系统。营地活动管理除了前期的策划外，在实施过程中主要有组织分工、组织管理和工作会议三个方面。

第一节　营会组织分工　　　　　　　　　　　　80
第二节　营会组织形式　　　　　　　　　　　　83
第三节　营地工作会议　　　　　　　　　　　　87

第五章 营地风险管理

做教育，尤其是孩子教育，安全永远是第一位的，所有的活动，必须在确保安全的前提下给孩子更多的探索和实践机会。风险必然是存在的，安全是相对的，只有通过提高安全意识，加强安全管理，才能消除安全隐患、降低风险系数。

第一节	风险管理的基本概念	94
第二节	风险管理的基本程序	103
第三节	营地风险应急处理	121

第六章 职业素养与技能

营地教育作为一种全新的社会教育模式，是落实素质教育的一个重要途径，是学校教育和家庭教育的有益补充。作为行业从业者，要想成为一名优秀的营地导师，除了应具备一系列行业基础知识和专业技能外，还要有良好的职业道德和职业素养。

第一节	营地导师的基础知识	140
第二节	营地导师的职业能力	144
第三节	营地导师的职业素养	163

第七章 营地教练技术

在营会活动中，营地教官（领队）是整个活动的核心。如果领队水平有限，不能控制节奏、掌控全局，不能有效地带领团队开展活动，营员遇到问题又不能很好地解决，那么，即使活动策划得再好、包装得再漂亮，其结果也将是名不副实、事与愿违。

第一节	快速反应和良好秩序	176
第二节	营地教练技术	188
第三节	营地问题处理技巧	201

第八章 课程研发与流程设计

> 课程研发是营会的首要环节。只有真正自主研发的活动，才能深刻地理解每个活动板块的功能和作用，才能全身心地投入活动的组织实施中去。可是，在行业初期，大家都忙着抢占市场，你追我赶、急功近利，很少有人停下来去做课程的研发工作。

第一节　营会的理念和目标　　　　　　　　　**226**
第二节　课程开发的基本原则　　　　　　　　**230**
第三节　课程开发的基本方法　　　　　　　　**238**
第四节　营会活动流程设计　　　　　　　　　**249**

附录　　　　　　　　　　　　　　　　　　　**266**

参考文献　　　　　　　　　　　　　　　　　**267**

第一章 营地教育概论

营地教育是一种将旅游、学习、亲子互动和生活体验结合在一起，满足家长多种需求的社会教育模式，它是学校教育和家庭教育的有益补充。目前，国内刚刚兴起的研学旅行、综合实践、亲子旅行，以及冬、夏令营都属于营地教育的一种形式。

第一节　什么是营地教育

> **营地导读**
>
> 营地教育起源于美国，至今已有150多年的历史。它的特点是体验式学习，以跨学科理论和实践为依据，以户外团队生活为形式，通过提供富有挑战性、趣味性、创造性和教育性的营会活动，让青少年"有目的地玩"和"深度探索自己"。这种营地式教育通常被称为夏令营。

一、营地教育的概念

营地教育是一种将旅游、学习、亲子互动和生活体验结合在一起，满足家长多种需求的社会教育模式，它是学校教育和家庭教育的有益补充。目前，国内刚刚兴起的研学旅行、综合实践、亲子旅行，以及冬、夏令营都属于营地教育的一种形式。

根据美国营地协会1998年给出的定义：营地教育是一种在户外以团队生活为形式，并能够达到创造性、娱乐性和教育意义的持续体验。通过领导力培训，以及自然环境的熏陶，帮助每一位营员达到生理、心理、社交能力以及心灵方面的成长。在国外，这种营地式教育通常被称为夏令营。

通常认为，1861年美国康涅狄格州教师弗雷德里克·肯恩(Frederick Gunn)带领学生进行了为期两周的登山、健行、帆船、钓鱼等户外活动，这就是(营地教育)夏令营的起源。

经过150多年的发展，营地教育出现多种名称和形式，有营地教育、自然教

育、亲子旅行、生命教育、童军活动、户外教育、冬夏令营等，目前国内刚刚兴起的研学旅行和综合实践，也是营地教育的一种形式。

但无论何种形式，它们共同的特点都是体验式学习，以跨学科理论和实践为依据，以户外团队生活为主要形式，通过提供富有挑战性、趣味性、创造性和教育性的营会活动，让青少年"有目的地玩"和"深度探索自己"。营地教育在国外150多年的发展实践证实，营地活动在帮助青少年建立自信、培养独立品格和领导力、提高社交和动手能力等方面效果显著。

早在1922年，时任哈佛大学校长的查尔斯·W. 艾略特 (Charles W. Eliot) 就曾这样说道："营地教育让学生以全社会的角度来考虑问题，在一次次尝试中获得最终的成功。营地教育和学校教育加在一起，让我们的教育体系变得更加完整。我相信，一个耗时几周且组织良好的夏令营，带给学生的教育意义要远远大于一学年的校内教育。"

二、营地教育发展现状

营地教育起源于美国，至今已经有150多年的历史，现在正被越来越多的国家所重视，已经影响了全世界一代又一代青年人。营地教育在很多国家已被正式纳入常规教育体系，成为青少年成长过程中的必修课程。

对于欧洲和美国人来说，参加夏令营是很多家庭的传统，迪士尼首席执行官迈克尔·艾斯纳 (Michael Eisner) 曾作为营员和工作人员在凯威汀夏令营度过了9个夏天。他说："童年的经历铸就了我克服困难的利器，也建造了摆渡人生的桨橹，夏令营本身就是一种利器，它丰富的内涵让我在漫长的人生中不断地悟出更深的道理。"

经过150多年的发展，在国外，营地教育在课程体系设置、从业人员资质、内部管理的专业化和标准化方面都已有据可依。正常运营的营地每年都接受本国、国际相关机构或协会的考核，社会上已经形成了对营地教育的普遍认知。对欧美家长而言，营地教育所代表的内涵和可期望服务水准是清晰和明确的。

营地教育在国外的发展，概括起来就是"四化"。

(1) 产业化：营地教育的运营历史，已经形成了政府严格把关、公益组织监督管理、社会各界大力支持的运营氛围，形成了完整的产业链。

(2) 专业化：几乎国外所有的夏令营在餐饮、健康服务、顾问等方面均有严格的要求。营地教练不仅需要具备体育卫生、野外生存、紧急自救和救护他人等知识技能，还需要懂得青少年心理学。

(3) 标准化：国外有很多夏令营协会，大多为自律性的行业组织，历史悠久，经验丰富，并形成了标准化的认证和监督管理系统，夏令营机构能够成为知名协会的会员是被公众认可的有效途径。

(4) 细分化：国外夏令营针对青少年的活动主题有体育、艺术、语言、野外生存、社区服务、职业体验、特殊需求等，每一类别下均有数十种至上百种项目。

在国外，营地教育产业最发达的国家是美国，它有 12000 个营地，每年服务 1000 多万青少年，暑期营地教育是上到总统下到百姓家庭都很重视的一项内容。2012 年 7 月，美国总统奥巴马的两个女儿参加夏令营，他表示，尽管两个女儿的短暂离开让他感到不舍，但他仍旧认为将青少年送到夏令营是正确的决定，可以给他们增加新的人生体验。

此外，俄罗斯的营地规模最大，人口仅有 1.5 亿的俄罗斯目前共有 55000 个营地，他们把营地看成是培养未来接班人的重要手段，俄罗斯现任领导人普京和梅德韦杰夫都非常重视孩子们的营地生活，甚至每年的夏令营开营仪式都会抽时间亲自参加。著名的"小鹰"国家营地曾在汶川地震后接待了 184 名中国灾区儿童在此进行了为期三周的康复性疗养，取得了非常好的效果。

在澳大利亚，营地教育与学校教育联系最紧密。政府立法规定学校必须组织每位学生每年参加一周的营地活动。为了达到预期目标，教师与营地专业人员合作设计营地活动，营地为学校提供建议，指导它们如何发展一个合适的项目来满足特定的教育需求。

在亚洲，日本是营地教育最发达的国家，有 3500 多个营地，每年超过 3000 万名中小学生参与营地活动。日本的营地教育普及率最高，营地教育不但纳入了中小学义务教育体系，甚至从幼儿园开始，已经在推广实施营地教育的理念，各种自然学校、森林幼儿园随处可见。

三、营地教育在中国

营地教育在中国，只有十多年的发展历史，尚处于初级阶段，中小学生研学旅行政策的推出也还不到五年的时间。所以，在国内，无论是行业、政策、课程，还是人才、市场方面都不健全、不规范，未来要走的路还很长，需要社会各界的共同努力。

1. 政策方面

2016 年 12 月，教育部等 11 部门联合印发了《关于推进中小学生研学旅行的意见》（以下简称《意见》），要求各地中小学要把研学旅行纳入学校教育教学计划，与综合实践课程统筹考虑，促进研学旅行与学校课程有机融合；同时，《意见》要求各地加强研学旅行精品线路的开发和研学旅行基地的建设。

2017 年 9 月，教育部发布了《中小学综合实践活动课程指导纲要》，提出了综合实践活动是国家义务教育和普通高中课程方案规定的必修课程，是基础教育课程体系的重要组成部分，自小学一年级至高中三年级，所有的学生都要学习、都要参加。

2018 年 10 月，教育部公示了"全国中小学生研学实践教育项目"评议结果，其中 377 个单位获评"研学实践教育基地"，26 个单位获评"研学实践教育营地"。

除国家级基地(营地)外，各省市、区(县)也根据当地的自然和文化资源、知名院校、科研机构，遴选建设了一批中小学生研学实践基地。例如：2018年2月，山东省教育厅发布了首批65个"省级中小学生研学实践教育基地"名单。

2. 营地方面

目前，国内现有的青少年研学旅行和综合实践基地，无论是在数量上，还是在基础设施、管理服务上都无法满足当下巨大的研学市场的需要。现有的大部分营地一般是由景区、科技馆、博物馆、现代农业种植基地等转化而来，全国目前还不到1500个，而真正面向中小学生开发建设的研学旅行和综合实践基地数量更少，平均每个城市不到一个。各地城市自己遴选开发的一些研学旅行基地，由于运营成本高、市场不稳定、人才匮乏、设施落后，大部分还未真正投入使用。

2015年10月13日，国家标准委员会发布了《休闲露营地建设与服务标准》，2018年10月，中国质量认证中心与教育部学校规划建设发展中心联合向社会各界正式发布了《中小学研学实践教育基地、营地建设与管理规范》标准及评价实施细则，包括深圳世界之窗、锦绣中华、港中旅(宁夏)沙坡头、港中旅(登封)嵩山少林文化旅游有限公司、港中旅(珠海)海泉湾有限公司在内的10家单位成为国内首批研学实践教育基地。

此外，万科地产是国内率先致力于营地投资开发的民营企业，目前在海南三亚、广东梅沙、天津东丽湖、吉林松花湖、宁波九龙湖、北京石京龙、云南抚仙湖等地已经开业了八个国际户外营地，未来还将有更多的营地投入使用。

3. 行业方面

营地教育在国内发展也有将近十年的时间，最初是一些从事童军教育、自然教育、亲子活动、春秋游和冬夏令营的教育机构、亲子和户外俱乐部。在2016年国家教育部出台研学旅行政策前后，一大批传统的旅行社、教培机构纷纷转型升级,加入研学旅行的大军中来。由于国家短时间还没有研学旅行明确的准入门槛、行业规范和考核标准,于是一时间,全国各地大小会议遍地,人才培训四起,行业专家林立。如果用八个字概括现阶段国内营地教育(研学旅行)的行业特征,那就是:"鱼龙混杂、乱象丛生。"

关于研学旅行,研学政策正式推出以前,国内部分城市已经率先开始试点工作,影响力比较大的有陕西西安、安徽黄山、江西井冈山等。2016年年底,国家研学政策正式推出以后,研学市场在全国遍地开花,各省市也推出了具体的研学管理办法,要求各地中小学将研学纳入教学计划。但是,对于更多的城市来说,还处于探索实践阶段,主要由于基地数量有限,专业人才匮乏,研学市场巨大,接待能力有限。经过试点以后,2019年,国家政策红利会逐渐释放,各地将有更多的学校、研学机构、研学基地加入到行业中来,这也意味着研学旅行的春天正式到来。

4. 市场方面

由于行业政策的出台,迅速催生了每年上千亿元的教育市场,于是很多业内外人士蜂拥而至,准备瓜分国家政策带来的红利。营地教育市场主要有两种:一种是原有针对家长和家委会的 C 端(Consumer)市场;另一类就是新兴的针对学校的 B 端(Business)市场。这两种市场虽然都属于营地教育,但无论是内容、形式,还是市场开发和管理运营都截然不同。

前者市场比较开放,从业者较多,竞争也很激烈,因为是直面家长,从业者主要靠口碑进行推广,所以他们尤其重视客户满意度,对活动的质量要求比较高;后者学校市场由于是国家政策的要求,还涉及学校主管部门,所以市场开放相对较小,只有少数有实力、有资源的从业者才有机会。一旦进入,该市场就会特别稳定,无须天天忙于招生,只需做好运营和活动执行就可以了。

5. 课程方面

国内早期的营地教育在课程方面主要有几大派系,一是世界上影响力最大的童军教育,二是以美国为代表的体验式教育,三是以德国为代表的自然教育,四是介于旅行社和亲子教育的假期亲子游市场。无论是哪一种,因为其面对的主要是C端(家长)客户,所以其课程更加多种多样,服务质量也比较高,课程设计更接近于教育的本质,而且还需要不断地去完善和创新,这样才能增加客户黏性,持续地满足家长的需要。

面向B端(学校)的研学旅行市场,研学课程主要是整合当地的自然和文化资源,在参观游览的基础上,加上动手体验的环节。由于该市场巨大,每次参加活动的人数多,可能是C端市场的几倍,甚至几十倍,很多景区和研学旅行基地的客户承载能力很难保证质量;再加上组织者为了确保安全、控制活动时间,根本不可能留给孩子太多自由探索的时间和空间。因此,造成活动大多流于形式,课程执行不到位,学生来也匆匆、去也匆匆,挥一挥手,就拍几张合影。

6. 人才方面

无论哪个行业,要想健康有序地发展,人才永远是第一位的,营地教育也不例外,市场虽然很大,但没有人就没有好的营地课程,没有人就不能保证落地执行。

目前国内营地教育的从业者,有些是旅行社导游,有些是退伍军人,有些是教辅机构老师,有些是户外运动爱好者。大家接受营地教育的机会比较少,渠道也相对单一,甚至目前国内还没有一本关于青少年营地教育的书籍,更不要说完善的人才供应体系了。所以大家对营地教育的学习要么是走出去,到国外考察学习,要么是把国外的专家请进来,在国内开展营地师资的培训。比如:德国的自然教育导师培训、美国的国际营地导师培训,以及韩国童军领袖木章培训。

正是因为如此,国家目前在营地教育人才培训方面,还没有健全的人才培训体系,无法解决人才结构性失调问题。社会上出现的一些本土化的营地(研学)师资培训大多停留在政策解读、分享交流、业务推广的层面,而且主要集中在研学旅行这个板块,如果用一句话概括现阶段市场上的师资培训特征,那就是:"学习者是盲目的,组织者是急功近利的,培训者是无中生有的。"

四、营地教育未来发展趋势

营地教育作为一个新兴行业,而且是教育领域,令很多人趋之若鹜,尤其是国家研学政策发布以后,大量的传统旅行社如潮水般涌入,各种校外教辅机构纷纷转型入行。在国内房地产、制造业等传统行业市场低迷的情况下,营地教育行业成为当下最火爆的行业之一。但未来发展趋势如何,是否会像大家预期的一样,还有待观察。

1. 行业逐步完善规范

在接下来的 3～5 年里，国家会逐步推出行业标准和服务规范，一方面提高行业的准入门槛、规范行业的发展运营，另一方面，推出结构性的人才供应体系和一大批配套服务的青少年研学实践教育基地。适合孩子的营地会越来越多，基础设施会更完善，服务意识也会有所改变；一系列有关青少年营地教育的图书会出版发行，在此基础上，国家也会推出行业国家职业标准，明确培训和考试管理办法，并在国内一些城市开始试点，甚至有些高校已率先开设研学旅行服务与管理专科专业或营地教育管理本科专业。

由于行业越来越规范，B端（中小学）市场逐步全面开放，由于孩子的时间（机会）成本和家长的预算有限，而且学校的研学实践活动也已经满足了自己的需要，那么相应的C端（家长）市场就会越来越小，市场竞争也越来越激烈。

与此同时，作为研学的主体——中小学校的态度也会发生转变，从一开始的应付、逃避、害怕研学，到逐步适应，进入工作状态，开始真正地把研学纳入教学计划和教学体系，并投入时间和精力去培养学校自己的研学团队，设计适合自己的研学课程。于是，研学开始逐步回归教育的本质。

此外，从事B端市场（中小学）的门槛会越来越高，对于从业者来说，无论是课程的设计，还是执行的能力都需要进一步提升。学校在探索，也是在选择：一方面选择执行机构，因为没有对比，就不知道好坏，学校不会固定一两家研学供应商；另一方面也会选择课程和营地，去过的、体验过的，就不会再去第二次，它们需要有更多、更好的选择。如果机构不明白以上两点，不懂得改变和与时俱进，就有可能被市场淘汰。

2. 机构组团发展模式

现阶段的营地教育，越来越像传统的旅游模式。大家轻资产进入，上游整合市场流量（客户），下游整合吃、住、行、课程和营地供应商。由于是轻资产运营，而且有传统旅游行业成熟的模式，所以很容易复制，甚至跨区域操作。有人发布一个活动，大家共同招生，看到一个好的行程，大家一起去踩线考察。不用担心没有产品，不用担心招生数量，为了生存，大家抱团取暖、组团发展。这种模式在将来很长一段时间会成为行业的一种主要形态，也许三年、五年，也可能十年，甚至更长。

组团模式的弊端就是，所有的东西都是别人的，自己没有资源和核心竞争力。而且由于资源都是别人的，自己没有执行团队，最后活动质量无法得到保障。聪明的团体开始寻找专业的营地课程供应商或活动执行团队，在一个地区树立行业壁垒，相比其他行业团体，彰显出自己的独特优势。

3. 差异化课程开发

在一段时期内，大部分机构会选择"抱团取暖"的生存之路，只有一部分机构会走差异化发展之路,做组团机构的课程供应商,或做组团机构的活动执行单位。没有差异化,就没有市场竞争力,就没有话语权,只能去拼流量、拼渠道,甚至拼价格。

差异化,不是出奇制胜,打造一两个爆款产品,营地教育爆款产品容易产生,但如果没有丰富的产品种类,不能持续地满足客户的需求,客户的复购率就会下降。快,往往是昙花一现;慢,可能意味着基业长青。就像"生存挑战""木屋建造师"这些爆款产品一样,火一把后,就趋于平淡,火有火的理由——市场需要,死有死的原因——客户已不爱(没有了新意,客户需求发生了变化,他们有了其他选择)。

什么样的项目才会基业长青?在发展中寻找到连接刚需用户和空白市场的桥梁,并不断地完善项目内容,给客户持续的快乐体验。课程研发是一个需要投入大量的时间和精力,见效比较慢的市场模式,而且在一开始还不会被看好,启动比较困难。一旦客户选择了,就会被它丰富的文化内涵和超值的体验所折服,从而成为其忠实的"观众",后续持续地购买你的产品和服务。比如:Kids Camp(儿童彩虹营)十二生肖系列营地全课程,不仅单个活动内容丰富多彩,而且是一系列,更具有文化内涵,他们相信,孩子在这里可以获得更全面、更系统、更专业的营地课程。

4. 专业化分工合作

研学旅行和综合实践这块市场,由于是B端(中小学)客户,市场准入门槛比较高,开放度比较小,最终会被一些有实力、有资源的人占领,但由于市场存量太大,没有谁能一个人独自消化。所以,它们需要大量的自由教练,或者专业的执行团队,为它们的活动做落地执行。

就目前的学校研学而言,一天一个级部,至少300人,关键是学校并不是每天都能外出,一般会集中在周四、周五,那么,事实上就是每天可能会有2~3个级部,600~1000人,而且对于承办单位来说,一天还不止接待一个学校。这么大的量,至少需要30个教练和助教,2~3个营地来完成。没有任何一家机构有这么多全职教练,也没有任何一个营地有这个接待能力。

营地教育行业，不同于其他行业，已有完善的人才供应体系，比如：会计、人力资源，大学里有这些专业学科，社会上有这些职业培训，企业招聘不需要再额外花费时间和金钱进行培训。在营地教育行业，人力资源的成本特别高。再加上行业还有淡旺季之分，所以这些企业一般都不会拥有自己的执行团队，而是采取服务外包的合作模式，选择专业靠谱的机构作为供应商。

因此，研学旅行这个行业在活动执行方面，越来越像拓展训练和传统旅游，每次活动的有效执行都需要大量的自由教练或兼职导游做人力保障。

此外，行业走向专业分工还有另外一个原因，就是B端（学校）客户和C端（家长）客户时间正好可以互补。学校研学一般在工作日（周二到周五，周一除外，学校一般要开会），而面向家长的亲子游和营地活动一般在周末，所以，这个行业状态，无论是自由教练，还是景区（营地），都可以做到时间互补，避免资源闲置，实现合作多赢。

综上所述，营地教育150多年的发展历程表明，未来中国的研学旅行将全面走向营地教育，真正地回归到教育的本质。行业会越来越开放，市场会越来越规范，竞争也会更加趋于公平，分工将更加具体，合作将更加紧密。

由于当下的研学，一次出行几百人，场地和管理团队都面临很大的考验，要数量就无法保证质量，要统一，就不能百花齐放。未来研学活动的组织将会由目前的学校统一组织、以年级为单位，逐步演变为由家委会分批组织、以班级为单位。在这个过程中，学校负责制订研学计划，提供建议指导，并监督执行。

由于权力下放，未来的研学行业将会更加开放，市场也将越来越规范，竞争更加趋于公平。一些有实力、真正优秀的研学机构会脱颖而出，而那些曾经升级转型的旅行社，由于没有核心竞争力，只有被打回原形，仅限于为研学提供交通、食宿、门票等旅行服务。

第二节　营地教育的基本原理

营地导读

就像其他学科一样，营地教育是一门科学，也是一门艺术，有原理可以研究，有方法可以复制，有规律可以学习。行业案例有很多，活动也丰富多彩，但这些都是表面的、他人的，只有透过现象看到本质，掌握事物的发展规律，明白了其中的原理，才能做到举一反三、灵活运用。

一、社会性原理

人是一种社会性动物，天生害怕孤独，喜欢群居生活。无论一个人多么自命清高，多么特立独行，多么腼腆自封，他都需要与人交流，都渴望得到他人关注。人类之所以能够生存发展，就是因为彼此间的族群依赖。

所有的灵长类都是群居动物。比如：动物世界里的猴子，它们会因为害怕被赶出群体，甘愿屈尊受辱。当一个猴王老了，新的猴王取代了它，对它最严厉的惩罚就是把它赶出族群，老猴王离开这个族群的时候，离死就不远了。即便满山遍野都是丰富的果实，它也不能独自存活下去。

以此我们可以推论出，人为什么会为追求社会认同，甘愿放弃个性，遵循共性，这正是我们天生不能承受孤独的属性所决定，而非我们的道德所决定。

印度哲学家克里希那穆提认为，人们的读书、娱乐、交友、恋爱、结婚、宗教、信仰、工作、活动、兴趣、爱好、权力与金钱欲望都是为了分心。分什么心，分孤独的心，怕自己无事可干而感到孤独，怕由孤独感引发莫名的焦虑、恐慌与不安。

所以，人类普遍是渴望被关注、被重视、被感动、被陪伴的，人们用一生的时间，去追寻朋友和爱情，人们看重知己间的惺惺相惜，看重自己的感情归属。孩子和成人不同，他们刚来到这个世界上，内心还是一片空白，所以，他们比成人更需要被关注、被认同、被陪伴。

懂得了孩子的"社会性"原理，我们就不难明白以下几方面。

第一，为什么孩子们在一起，即使没有玩具，没有老师，他们也能快乐地玩上一天？就是因为他们害怕孤独，需要朋友，在和小伙伴玩耍的过程中能够增进感情、收获友谊。

第二，为什么有些被孤立的孩子会觉得活动没有意思，在学校没有朋友的孩子会讨厌上学？那是因为他们没有融入小伙伴中去，没有和营地、学校建立起有效的连接，缺少归属感。

第三，为什么有些孩子热衷于小动物和布娃娃？那是因为他们在现实中缺乏真实的同伴，需要用小动物、布娃娃等虚拟伙伴来满足和寄托自己的情感，表达自己对社会和人生的初步理解。

第四，为什么我们发现自闭症的孩子喜欢画画，而且是各种各样抽象的画？那是因为再自我封闭的孩子，也渴望被关注、被认同，画画就是他们表达自我、与外界沟通交流的一种方式。

为此，我们在营地教育活动中，可以根据孩子的"社会性"原理去设计课程和开展活动。

比如：在营地活动中，实行小队管理制度。每个小队有6~8个孩子，无论活动还是生活，大家都在一起，在这种条件下，孩子们不仅可以团结互助、相互欣赏，从同伴和老师身上获得肯定和认同等感情的支持，而且还可以和小伙伴们一起，进行各种想法的分享、经验的交流和尝试，并通过同伴的看法来调整自己，从而学会处理自己和他人的关系。

再如：实行小队分工，让每个孩子都有事情做，融入小队集体中来，参与到每项活动中去，在活动中，充分发挥他们自己的优势和特长，并对他们的正面行为给予积极的肯定和鼓励，这样一来，他们会感觉到自己在小队中的价值，参与活动的热情会更高。

二、自然性原理

自然是人类生命的起源，也是人类命运的归宿。孩子天生喜欢玩水、玩沙，甚至玩火，这都是孩子的天性，人类基因的发展依赖于大自然的这些基本元素，只有走进大自然，才能放下俗世，回归本源。所以，人类天生有亲近大自然的倾向，对于社会化不深的孩子来说，这种倾向更加强烈。

正是因为人的自然性，我们会发现，只要带着孩子走向户外，他们就会很开心、很快乐，变得格外阳光开朗，就像笼中的鸟儿飞向天空、岸上的鱼儿重返大海。

基于孩子"自然性"的原理，在营地活动的开发设计中，我们要充分利用大自然这个最好的课堂，带着孩子去"拜大自然为师"，跟大自然去交流和学习。

相对于校园、楼房、商场这些人工环境，大自然为孩子的体能、智能、群性和灵性的发展提供了无限的可能。走进大自然，只要用心去听、去看、去感受，森林立马就变成了教室、实验室，甚至殿堂。每一个苹果都隐含着一个万有引力定律，每一只昆虫都具备该家族谱系的所有特征，不知有多少的科学启蒙等待着孩子们好奇的心去感受；自然界又是美丽的，高山流水、朝阳晚霞、春风夏雨、鬼斧神工的自然景观，天高海阔的自然气魄，都会在无形中滋养孩子们的生命、陶冶他们的情操。

真正的自然教育是快乐美好的，事实上，孩子从具体事物中得到快乐，远远超过了从抽象事物中获得的快乐。在美妙的大自然里，孩子的心灵和智慧都得到了不同程度的成长，他们既学会了热爱多姿多彩的生活，又喜欢思考事物内部的因果关系；既懂得了生命的规律，又获得了生生不息的力量。如果孩子能够从小认识大自然这位和蔼可亲、知识渊博的老师，并不间断地跟随学习，相信孩子的一生一定会受益匪浅。

所以，孩子小的时候，就带他走到户外，让他感受阳光，听听鸟语，闻闻花香，孩子大些了，就带他去郊游，孩子自己会玩了，不要因为爱惜鞋子和衣服而去阻止他，不要因为担心疲乏和感冒而去束缚他。家长若能如此，这实在是童年送给孩子最好的礼物。

此外，基于孩子的自然性，在营地活动物料的选择上，要尽量就地取材，选用大自然提供的资源，或者使用天然环保的材料，让孩子们一看就明白道具和食物的来源，并从中学会利用身边的资源，去解决生活中遇到的问题。比如：在野炊活动中，我们不使用专业的户外炊具瓦斯炉、不粘锅等，而是用木棍和石头搭建简易的锅灶，带孩子去地里掰玉米、挖地瓜，到树林里去捡树枝烧火做饭。

在游戏的设计中，多选择"大地游戏"，让孩子与自然融为一体，更加深入地去感受和探索这个世界，比如：森林探险游戏，在游戏中设计几个不同的场景，在老师的带领下，一起爬雪山、过草地、穿树林等，每到一个场地，孩子们都要做出与之相适应的动作。

三、情感动力

情绪心理学研究表明：个体的情感对认知活动至少有动力、强化、调节三方面的功能。动力功能是指情感对认知活动的增力或减力的效能，即健康的、积极的情感对认知活动起积极的发动和促进作用，消极的不健康的情感对认知活动起阻碍和抑制作用。

营地情感对认知活动的增力效能，可以帮助我们解决孩子对有些活动热情不高、兴趣不足的问题。情感的调节功能是指情感对认知活动的组织或瓦解作用，即适当强度的、愉快的情绪有利于大脑思维的组织和进行，而情绪过强或过弱，以及情绪不佳，则可能导致思维的混乱和记忆的困难。

　　为了充分发挥情感的作用，在教学演示环节，要重视教学情境的创造，带给孩子们一种轻松愉快、心平气和、耳目一新的感觉，比如：射箭活动中，可以把传统的箭靶换成稻草人、野猪模型等，从而促进他们心理活动的展开。在活动实践环节，要创新活动设计，贴近生活、寓教于乐，同样以射箭为例，用网上买的弓去射箭，肯定没有孩子用竹条和绳子自己动手制作的体验效果更好。因为有了感情的投入，孩子的积极性会更高,而轻松愉快的课堂气氛是取得优良教学效果的重要条件，学生在情感高涨和欢欣鼓舞之时，往往是他们知识内化和深化之时。

　　脑科学研究表明：人的大脑功能，左右两半球既有分工又有合作，左脑掌管逻辑、理性和分析的思维，包括语言的活动；右脑负责直觉、创造力和想象力，包括情感的活动。传统的学校教学，无论是教师的分析讲解，还是学生的单项练习，乃至机械的背诵等，所调动的主要是逻辑、无情感的左脑活动。而营地的体验式教学往往是让学生先感受，而后用语言表达，或边感受边促使内部语言的积极活动。感受时，掌管形象思维的右脑兴奋；表达时，掌管抽象思维的左脑兴奋。这样，左右脑交替兴奋、抑制或同时兴奋，协同工作，大大挖掘了大脑的潜能，使学生可以在轻松愉快的气氛中学习。因此，体验式教学可以获得比传统教学明显良好的教学效果。

四、无意识原理

　　大脑在工作的时候，从运行的角度看，存在有意识和无意识两种心理状态。

　　所谓的有意识心理活动，就是我们可以觉察到的，就像海平面上的冰山，就像打仗冲锋在前的士兵，是可以被我们觉察到的想法，包括有意知觉、有意记忆、有意注意、有意重现（回忆）、有意想象、有意体验、逻辑和言语思维等。

　　所谓的无意识心理活动，就是我们不需要经过思考，就可以做事情的状态，它是隐藏在心灵深处的一股神秘力量，就像海平面下的巨大冰山，它包括无意感知、无意记忆、无意表象、无意想象、非言语思维、无意注意、无意体验等。

人的两种心理活动不是孤立存在的，任何一种心理活动都不能单独完成认识、适应和改造自然的任务，它们是一种相互配合又相互制约的关系。体验式教学的目的在于尽可能地调用无意识心理活动的认知潜能，也就是强调在不知不觉中获得智力因素与非智力因素的统一。

人的无意识心理活动主要有两个方面：一方面是对事物的一种不知不觉的认知，比如，我们在一边走路一边谈话时，对路边的景物和路况并没有刻意去观察，但我们却不会被路上的石头绊倒。原因就是"石头"的事实引起了我们大脑的反应，并产生了"避让"这种不由自主和模糊不清的躯体反应。另一方面是对事物的一种不知不觉的内部体验作用。例如，俗话说的"情绪传染"就是无意识的心理表现，有时我们会无缘无故地快活、不知不觉地忧郁，这都是心境作用的结果，心境本身就是一种情绪状态，它能使人的其他一切体验和活动都染上较长时间的情绪色彩。

基于无意识原理，在营地活动中，我们可以有意地创设一些场景，制定一些规则，让孩子们在潜移默化中发生改变，达到润物细无声的效果，实现培养良好习惯、塑造优秀品质等教育教学目的。

营地教育所创设的各种情境，大多是人为有意识创设、优化的，有利于促进青少年认知外界环境，这种经过优化的客观情境，在老师语言的引导下，使青少年置身于特定的情境中，不仅影响他们的认知心理，而且可以激发他们的情感活动、参与学习，从而引起青少年本身的自我运动。

比如：关于回答问题的事情，为了塑造轻松愉快的课堂氛围，我们可以制定一个"鼓励发言，无论说得好坏都可以获得掌声"的规则，这样一来，你会发现大家都积极表现、踊跃发言，原来内向、胆小的孩子也被带动了起来。所谓的"环境塑造人""潜移默化地改变"，原因也正是如此。

再如：将活动的场地选在户外营地，而非都市，玩耍的小伙伴们不再是学校同学，而是来自全国各地的小伙伴儿，在这样一个崭新的环境下，孩子们才能放下包袱、重拾自我；在这样的环境中，孩子们才能在与山水的对话、风土的相伴中汲取精神力量，开始变得更加阳光、开朗，亲近自然。

第三节　营地教育的意义

营地导读

营地教育是一种全新的社会教育模式，无论是内容还是形式，它都不同于当下的学校教育、家庭教育，以及各种校外辅导机构，它是学校教育和家庭教育的有益补充。学校重知识（修养），家庭重品德（教养），而营地重能力（素养），三者分工明确，又相互补充。

生活即教育，天地乃课堂，读万卷书，还要行万里路。

营地与学校正规教育不同，它采取非传统的教育方式，主张走向户外，强调大自然的重要性，鼓励青少年以发展自我的智识、冒险的精神以及强烈的好奇心去探索和发现教室以外的世界。通过组织各种富有挑战性和进度性的营会活动，让孩子们"有目的地玩"和"深度探索自己"，从而帮助他们找到自我、建立自信、塑造品格。

国际21世纪教育委员会向联合国教科文卫组织提交的一份报告中指出：21世纪需要培养学生学会四种能力：①学会认知，②学会做事，③学会合作，④学会生存。值得自豪的是，以上这四种能力的培育完全可以在营地教育中完成，这是传统教育所不能及的。

营地教育是一种全新的社会教育模式，无论是内容还是形式，它都不同于当下的学校教育、家庭教育，以及各种校外辅导机构，它是学校教育和家庭教育的有益补充。下面我们从四个方面谈谈营地教育的意义，以及它在孩子成长过程中的重要作用。

一、旅行的意义

旅行的意义，对于孩子来说：不再是学习知识，而是拓宽视野、增长见识，变得更加阳光和自信。

1. 旅行让孩子视野更开阔

古罗马哲学家奥古斯狄尼斯曾说："世界是一本书，而不旅行的人只读了其中的一页。"

父母要多带孩子打开这本世界之书，即便没有太多时间，周末带孩子去周边游，也会极大地拓宽孩子的眼界与视野。李亚鹏让李嫣1岁时学会爬山，5岁独自走完14公里的山路，9岁踏遍大半个地球。乐嘉带女儿灵儿尝试不同的挑战，带4岁的她穿越沙漠，跨过雨林，甚至进入原始森林。

理论家托·富勒说："行路多者见识多。"

不去观世界，何来世界观？世界观决定了孩子的眼界、格局，从而影响孩子的一生。在有限的条件下，作为家长应该给孩子一个不一样的世界观，一个人不走出去，眼前就是世界；一个人只有真正走出去，世界就在眼前。

2. 旅行让孩子更有见识

知乎上曾经有个热门话题：见过世面的孩子，有什么不一样？

最让人感动的是一位父亲写给儿子的信："孩子，你只有见过世面，才能适应各种生存环境，有能力在未来的生活里遇事不惊、泰然自若；你只有见过世面，你的眼里才会拥有更广袤的世界，带着包容与好奇之心走得更远；你只有见过世面，才会领略更多的人生百态，才懂得人生的意义对每个人来说本就不同；终有一天，你将背起人生的行囊渐行渐远，只愿你远去那背影，彰显宽容、自信、坚强和独立！"

孩子的父母是普通的白领，他们没带孩子上早教、进双语幼儿园，更没有买800万元的学区房，而是拿出积蓄，带着孩子到处旅行。而孩子也是因为"去过很多地方，见过很多世面"，成为一个优秀的"别人家的孩子"。此信一出，看哭无数父母，也告诫家长带孩子出去旅行有多重要。

走出去，外面的世界更精彩；对每个孩子来说，让他在年幼时就多去看世界，去看不同的风景，见不同的人，对孩子的影响是终生的。

3. 旅行让孩子从容自信

作为八零后的我们，由于当时没有良好的物质条件，也没机会出去见世面，这种贫穷的基因让我一直耿耿于怀，甚至到了成年之后，都会有一种对生活的不安全感，希望拼命赚钱、出人头地，拼命地用物质来伪装自己。于是，我曾经很羡慕一个朋友，因为他说："在那个年代，我觉得自己比其他人都幸福，不是因为有没有钱，而是发现自己走过大山大水，变得开朗和从容。"

而我希望下一代人，不会是这样，时代已经发生改变，他们也不再是我们曾经的小孩。

如今的社会，孩子的物质生活已经足够丰富多彩了，他们更需要的是精神世界的富足。作为家长，我们要做的是：给孩子广阔的天地，而不是只读书不走路，让他们知道未来的宽阔，明白世界的广袤。

因为他们从小不缺少物质，所以长大以后，不需要用买买买来满足自己；因为从小被不断地满足，所以不会因为得到而炫耀；因为他们走过大山大水，所以不会局限于眼前的一切。

去过很多地方的孩子，因为见过世面，他的视野更宽广、思维更活跃，举手投足都充满自信与见识。经常外出旅行，因为见过世面，他们更容易对物质保持一种天然的宁静，对欲望有天生的收敛，对精神有无限的渴求。

二、玩耍的力量

玩是孩子的天性，玩是孩子童年最重要的功课之一，玩是孩子笑靥如花的唯一有效保证。

上一百堂美学课，不如让孩子到大自然里行走一天；教一百个小时的建筑设计，不如让学生去触摸几个古老的城市；讲一百次文学写作技巧，不如让写作者在市场里弄脏自己的裤脚。玩，可以说是天地之间学问的根本。

没有摸过树的皮、闻过花的香，没有走进过大自然，穿越过老城古巷，没有在清晨逛过菜市场，那么一个孩子将如何成长？这些看似无关紧要的经历和玩耍，说不定比多做几道习题、多背几首诗歌更重要。龙应台说："孩子不会玩，就是缺点。"

1. 有目的地玩

营地教育，作为家庭教育和学校教育的有益补充，我们主张带着孩子"有目的地玩"。

玩是孩子的天性，也是孩子的权利。一方面，在营地，我们不但尊重孩子的这种天性，而且会有意地去放大和强化，所以，叫有目的地玩。比如：为了让孩子更好地玩，玩得安全、玩得放心，在营地，我们会为孩子创造更好的玩耍条件：松软的草地、茂密的树林、安全的水面、宽敞的教室等。同时，有专门的后勤人员负责孩子的衣食住行，有专门的物资管理员为孩子提供活动物料供应。

另一方面，在课程的设计和教学中，我们要让孩子明白当下"工作"的意义，而不是每天盲目地做事情。就像学习一样，如果他不知道学习的意义，就看不到未来，失去了学习的动力。所以，有目的地玩，就是在每天和每次活动之前告诉孩子，完成今天的工作可以收获什么，获得什么奖励（如证书、徽章），还是有可以带回家的作品。比如：在营地《绳结艺术》课程里，我们就不能在那里单纯地教孩子什么是双套结、八字结，以及方回结如何打，而是要提前把一个先锋工程作品——"罗马炮架"放那里，并演示这个作品的神奇之处，从而激发他们的学习兴趣，然后告诉他们，要想完成罗马炮架的搭建，首先要学会几个绳结，接下来才是绳结的学习，这样一来效果就大不一样了。

2. 快乐的童年

美好的东西让人回味无穷，丑陋的事物让人胆战心惊。对孩子来说，童年的经历印象最深刻，对以后的影响也最深远。现在是八零后、九零后的时代，由于这部分家长受教育程度比较高，他们的育儿观念已经悄然发生了变化，认为孩子只有一个童年，成绩并不是第一位的，快乐最重要，错过了就会遗憾终生。身边越来越多国际化学校的出现，也恰恰印证了这一点：随着社会的发展，家长对教育的需求层次和消费水平也变得越来越高。

营地教育的兴起，为孩子们开辟了另一番天地，而且营地大多在郊区，空气清新、风景秀丽、绿色生态、淳朴自然，来到这里，孩子们可以释放学习的压力、探索自然的奥秘、发展自我的兴趣。每到周末，营地都会有同龄的小伙伴，大家一起唱歌、一起跳舞、一起探索未知的世界。

物质的满足只能给孩子带来简单的快乐，真正的快乐应该是发自内心的，它是一种精神的力量。营地活动丰富多彩，富有挑战性和趣味性，孩子通过努力完成任务、达成目标，他们感受到的是成功，收获的是自信，这就是成长的快乐。

参加营地活动，是家长送给孩子们最好的礼物，而中国营地教育事业的蓬勃发展，将会带给更多孩子快乐的童年。

3. 学会与人合作

无论是家庭还是学校，孩子都很难拥有体验群体生活、参与团队合作的机会。在学校里，各种考试、比赛都是以个人为单位报名参加，很少有团队的形式；回到家里，情况更糟糕，很多家庭都是以孩子为中心，尤其是独生子女，他们已经习惯了一个人的生活，形成了独断专行的思维方式。

而在青少年营地，则截然不同。小队是营地获得的基本单位，每队4～6人，大家吃住在一起，活动在一起，在生活中互相帮助，在活动中团结协作、相互欣赏，每个人都能发挥自己的优势。当遇到问题时，他们学会倾听别人的建议、发表自己的看法，设身处地去理解他人，从而消除彼此之间的隔阂、偏见与敌对情绪。当意见不统一时，他们学会了举手表决，他们不再计较个人的得失，懂得集体利益高于一切。

在营地，一群孩子生活在一起，他们可以从中感受到分享的快乐和团结的力量，为了共同的目标和小队的利益，他们学会了团结协作，学会了处理自己与他人、与集体的关系。

三、大自然的重要性

现在的孩子离自然越来越远，高楼林立的城市，挺拔的水泥森林，坚硬的柏油马路，相似的沿途风景，隔绝了我们儿时的记忆，也隔绝了孩子与自然的接触。

孩子不再理解食物的来源，不再清楚家乡的特产，不再对家乡的人文地理感兴趣，甚至已经没有了"家乡"的概念，正如三毛所言："他们不知道什么是萤火虫，分不清树的种类，没碰过草地，也没有看过美丽的星空。"是时候思考一下了，这样真的好吗？

苏联著名教育家卡普杰列夫曾经提出："儿童应该尽早而且长时间地投身于大自然中，从中吸取对它的印象，体验大自然在每个人心中激起的思想和传达的感受，儿童需要亲眼看到太阳和月亮的起落。一句话，儿童必须与自然界形形色色的现象融合在一起。"可见，走进大自然对孩子成长非常重要。

1. 大自然是最好的课堂

大自然是最美的教室，它为孩子们提供了丰富的自然元素，如有花草树木、鸟兽虫鱼、沙水土石等供他们游戏、探究，这些操作材料简单、低结构，虽不像商业玩具那样被赋予特定意义，但它们更符合儿童喜欢自由、不受拘束的天性，能发挥孩子的想象力、创造力及明确个性化的表达。

自然教育，不是通过书本、网络去了解植物和动物。那些图文虽然能告诉孩子植物的名称、习性和特征，但无法让孩子与大自然产生真正的连接，难以培养孩子对自然的热爱与好奇心。一棵树、一朵花、一只小鸟，在孩子真正走近它，触摸过、嗅过，甚至品尝过它以后，当孩子再次站在它面前时，它不再是一棵树、一朵花、一只小鸟，而是可以与孩子有情感连接的、可以对话的"个体"。

2. 大自然促进孩子感统协调

人是通过视觉、听觉和感觉（触觉、嗅觉、味觉）来接收外界的信息，孩子刚来到这个世界上，他们接收外界信息的管道还未发育，过度的声、光、电刺激，虚假的电视画面和声音，以及非天然的塑料玩具，只会给孩子造成伤害，导致的后果就是"感统不协调"。

春夏秋冬，一年四季，大自然的景色都是丰富多彩的。较之城市中的人工环境，大自然提供了丰富的场景，而且这种场景是真实的、动态的、相对柔和的，它更能激发孩子先天的好奇心和主动探索的欲望，在这种环境下学习和游戏，能够为孩子提供丰富、全面、温和的感觉刺激，进而支撑他们感觉的发展和大脑神经的发育。

孩子在成长过程中，尤其是7岁以前，如果生活环境单一或遭受过度刺激，就会造成某种学习管道不畅或管道之间配合不协调，也就是我们通常所说的感统不协调。感统不协调的主要表现有：动作不协调，容易磕碰；听不进去，丢三落四；上课坐不住，被怀疑是多动症。如果孩子从小（尤其是 3 岁之前）就被带着走向户外，到大自然中去摸爬滚打，感受原生态的元素，聆听大自然的声音，观赏五彩缤纷的世界，孩子的感觉器官就会得到良好发育，不会出现感统不协调的问题。

3. 大自然是精神力量的源泉

孩子只有走出去，置身于山水间，与花草虫鸟相伴，才能切身地感受阳光的温暖、大地的呼吸和花草的芬芳。孩子刚出生时，内心就像一个空的容器，他们需要与这个世界建立连接，只有与大自然的花草树木、鸟兽鱼虫、风土水火等基本自然元素建立连接，才能真正认识和了解世界，并在潜移默化中汲取精神的力量。

孩子的精神力量，即我们常说的安全感，它一方面来自家庭的温暖、父母无条件的爱，那是孩子心灵的港湾；另一方面来自外面的世界，与外面的人和物建立连接，学会处理自己与他人、与自然、与社会的关系。

人对陌生的事物一般会充满恐惧，而对熟悉的环境则会充满自信，很多孩子不敢走出去，不敢独自参加社会实践和冬夏令营，个中缘由就在于此。

四、学习以外的领域

营地教育主张走向户外，带领孩子探索和发现教室以外的世界，通过参与各种富有挑战性和进度性的营会活动，让孩子们在学习以外的领域感受成功、收获自信、塑造品格。

在现行应试教育体制下，学校教育的重点是知识，家长和老师关注的是成绩，而素质教育投入明显不足；同时，家庭教育方面，父母在日常生活中给予了孩子无微不至的照顾，凡事亲力亲为，从而也剥夺了孩子们体验生活和锻炼自我的机会。而营地教育的出现，正好弥补了学校教育和家庭教育的不足，为学生走出教室、走进生活提供了一种途径。

1. 帮助孩子建立自信

在营地，考核的标准不再是学习成绩，在校学习成绩好的孩子，动手能力不一定强，不一定懂得团队协作和处理人与人的关系。所以，适当地让孩子参加营地活动，可以让在校充满自信的学生发现自己的不足，相反，也可以让那些在校学习成绩一般的学生，通过营地活动发现自己的长处，从而正确认识自己，找回一些自信，而且这种自信会带到学习中，从而促进学习成绩的提高。

鉴于以上原因，在营地活动的具体实施过程中，我们会有意地创造一些条件，让孩子们都有机会展现自我，完成挑战。

例如：营地活动实行小队制度，每个小队 4 ~ 6 名孩子，小队内部有明确的分工，有队长、物资委员、文艺委员、小队文书等，每个人都可以选择适合自己的职务，发挥自己的优势。在小队，所有人都不是来"打酱油的"，每天都要履行好自己的职责，积极地为小队作出贡献，实现自我价值。比如，文艺委员要发挥自己的歌舞才艺，教大家歌曲和舞蹈，并组织排练节目等。

物质的满足只能给孩子带来简单的快乐，真正的快乐应该是发自内心的，它是一种精神的力量。在具体营地活动中，我们会帮助孩子收获这种快乐，比如：射箭活动，一定要让每个孩子都能射到靶子，只有射中目标，今天的活动才圆满，他们也才会觉得有意义。除了教会射箭方法外，我们可以根据年龄、力量的不同，调整射箭的距离或次数，让每个孩子都能完成挑战。

综上所述，在营地，通过组织各种富有挑战性和趣味性的营会活动，我们可以让孩子在学习以外的领域感受成功、收获自信、塑造优秀品格。

2. 培养自主意识

中国的应试教育，由于评价考核标准的单一，造成培养出来的学生千篇一律，虽然他们的知识水平、考试能力很强，但普遍缺乏自主意识和创新能力。在学习过程中，成绩只是一个数字，并非教育的最终目的。社会更需要的是能独立思考、有创新精神的人。没有思考上的独立，人就会缺乏自主意识，在面对问题时就容易人云亦云、随波逐流。

营地的文化氛围与学校有很大不同，这里没有标准答案，孩子们可以独立思考、自由发言，甚至可以脑洞大开、天马行空，他们的每一个想法都能赢得掌声，每一个提议都会获得尊重。

营地教育是一种体验式学习，鼓励孩子自己去探索和尝试，这是一种"主动"教育的概念，与当下学校"被动式"学习有所不同。在营地，实行小队制度，倡导分工协作，大家在同一个目标下发挥各自的优势，在每项活动中，都给孩子留出自我探索的时间和空间。所以，在营地，每个孩子都有机会活出自我，展现个性的一面，这对于培养他们的自主意识和独立思考能力十分有益。

3. 学会自我管理

首先，孩子的生活能力提高了。有很多家长反映，孩子参加完营地活动后，变化很大，以前在家做什么都要提醒、督促，现在每天自己起床、吃饭、收拾书包，而且房间物品摆放得井井有条，父母突然解放了，一下子还不习惯。其实，这些就是孩子每天在营地的日常生活。

例如，在儿童彩虹营(kidscamp)，入营誓词的第一条就是："对自己负责。"作为一名合格的营员，首先要学会照顾自己，每天吃好、睡好、玩好，该喝水的时候喝水，该休息的时候休息；为了自己的人身安全，不要私自行动、跨越禁区。自己照顾好自己，不给别人添麻烦，心有余力再去帮助他人、服务社会。自己尊重自己，对自己负责就是对他人、对家庭、对社会负责。

其次，孩子们学会了做计划。在营地，每天都有固定的日程安排，每个小队也有自己的活动安排，在此基础上，每个营员还要计划自己每天的日常工作内容，比如写日记、整理内务、个人卫生等，而且他们还要计划每项工作花费的时间、注意事项等。每个孩子做的计划，一般都能很好地执行，因为他们脑海里已经建立了一条信念："这是我自己的事，我要对自己负责。"家长和老师需要注意的是，当孩子离开了营地，要不断地重复、强化这条信念，让它变得根深蒂固、不可动摇。

最后，孩子学会了使用管理工具。就像营地的"日程安排"一样，孩子们也学会了在此基础上制订自己的"工作计划"，每天有哪些工作内容、每项内容的计划时间、工作需要哪些物料、是否需要他人的帮助以及注意事项等。比如：洗衣服可以放在午餐后，大约要15分钟时间，自己没带洗衣粉，需要借用室友的肥皂或求助于生活老师，要注意天气和清洁地面，防止滑倒。再如，吃饭要注意营养搭配，不挑食、不暴饮暴食，吃完饭要记得把水杯装满热水；早睡早起，睡觉前关好门窗，调好空调，插上蚊香。为了确保执行到位，将"工作计划"张贴在最显眼的地方，同时也可以借助闹钟、他人来提醒自己。

4. 培养创造意识

营地活动的教育方式除了言传（听）、身教（看）外，还有实践（做），体验是孩子们最喜欢，也是最有效果的教育方式。比如：荒野求生课程里的制作弓箭，在材料短缺的情况下，用树枝和鞋带制作弓和箭；城市生存挑战里的自己看地图、坐公交车、向陌生人推销东西、赚取路费和午餐等。

孩子参加活动，重点不在于活动本身有没有用、孩子在活动中表现得多优秀，其目的是让孩子拓宽视野、增长见识，收获一种难得的生活经历，这种经历是人生最宝贵的财富，尤其是小时候的见识，它会伴随人的一生。

因为去过很多地方，见过很多人，见过世面，拥有丰富经历的孩子，经历了很多事，他们内心会有种笃定感：无论做什么事，都知道做计划；无论遇到什么人，都知道如何相处；无论遇到什么问题，都知道不会走投无路，我有办法，不需要担心。

比如：制作弓箭的经历，让孩子们学会了善用身边一切可以利用的资源，遇到问题想办法，而不是想妈妈。再如：城市生存挑战活动里的坐公交车，孩子们可以以此举一反三，学会乘地铁，甚至懂得如何坐飞机、轮船，因为事物本身都有一定的规律性和相似性，而且很多道理都是相通的，有些方法是放之四海而皆准的。

5. 培养社会责任心

有些家长在网上抱怨，现在的孩子不仅动手能力差，更可气的是遇到问题还总是推卸责任，抱怨他人。其实造成这种现象怨不得孩子，根源在于家长，因为父母是孩子的第一任老师，家长现在做的(网上抱怨)，正是孩子在不知不觉中学会的。

在日常生活中，当家长管得越多，孩子承担得就越少。比如：在家里，洗衣服、做饭，父母大包大揽，认为孩子只负责学习就好。其结果就是：做饭不好吃，孩子会抱怨，衣服会扔给你，甚至衣服穿多热了、穿少冷了，都会抱怨是家长的错。

反之则不同，如果是孩子力所能及的事情，父母要给他们选择权、自主权，并尊重他们的决定；对于孩子能力之外但和孩子利益有关的事情，父母应该给孩子发表意见的权利，让他积极地参与进来。其目的是让他明白："这是他的事，他的意见很重要。"这样一旦后续出了问题，孩子对事情的反应就不一样了。有句网络名言："自己选的路，跪着也要爬完。"说的就是每个人都要为自己的选择和决定负责，即使是错误的，也要笑着面对。回顾自己的人生经历，对这句话，我也深有同感。我们还拿做饭的例子，现在不应该是父母做好饭端到孩子面前，而是让他尝试一下自己做饭，你会发现，做得再难吃，他也喜欢，有成就感，并最终会把饭吃完。

在儿童彩虹营(kidscamp)，开营的第一天就会告诉孩子：你们是营地的主人，在接下来的几天里，你们要把这里当成自己的家，大家自由组队，制定规矩，自己整理餐具、收拾卫生。在活动中，每个人都要动手参与，无论做得好坏，都是自己努力的结果。

在确保安全的前提下，我们会发现：越放手，孩子越独立，越放手，孩子越快乐；在活动中，孩子虽然累，但乐在其中，虽然慢，但收获颇丰。

第二章 营员管理办法

管理办法以《少先队改革方案》为依据,结合营地教育实际,以培养"完整人"为目标,推动少先队工作的改革创新。通过"小队制度",增强营员的团队精神和主人翁意识,培养营员的自主能力;通过"荣誉制度",创新政治引领和价值引领,发挥思想育人的作用;通过"徽章制度",健全激励机制,吸引青少年积极参加营地活动。

第一节　营员组织管理

营地导读

小队制度是营地教育的一种基本形式，是校外少先队创新发展的一种积极探索，目的是增强孩子们的团结精神和主人翁意识，共同创建自主、平等、友爱、向上的雏鹰小队，使每一位队员主动融入集体，履行队员义务，发挥自己的特长和优势，积极参加集体活动，共享快乐生活。

小队制度源于营地教育的社会性原理，孩子害怕孤单，需要陪伴，他们需要和别人在一起才能感受乐趣，他们必须感到自己属于群体的一员，才会感到快活，有了小队，就有了组织，一群小伙伴结合在一起，同吃、同住、共欢乐，容易齐心协力地滋生出命运的共同体的共识。彼此之间建立的丰富情感，会激发他们产生"同甘共苦、荣辱与共"的小队精神。

小队制度是一种"各尽所能"的团队形式，它可以培养孩子分工与合作的能力。"人人有事做，事事有人做"的活动原则，使得小队成员中的每一个人，都能享受参与的乐趣和团结的力量，更容易获得生命的成就感与满足感。不论是工作(活动/游戏)，还是生活，小队永远是营地活动的基本单位。在小队中，同伴之间相互欣赏、齐心协力，使得各项营地活动更加有趣。

小队制度是营地教育的灵魂，也是一股真正的力量。只要能善用小队的力量，发挥每个人的优势和特长，营地课程将能收到事半功倍的教学效果。小队制度的职责分工、角色扮演，可以帮助孩子们建立个人的责任感和服务的人生观，也可以从中学习对他人的尊重，以及合作的重要性，它同时提供了兼顾个性及群体性发展的空间。

一、小队职务分工

小队重在分工，自己推选小队长，并选择适合自己的角色，然后在小队长的领导下，每个人都发挥自己的长处，为小队服务，尽自己所能，为小队做出贡献。

（一）小队职务分工表

职务	任职条件	工作任务
1. 小队队长	1. 做事认真、有责任心 2. 聪明好学，且不骄傲 3. 有领导能力和沟通能力 4. 遇事能决断而不会垄断	1. 组织领导小队活动 2. 维持小队纪律、考核队员行为 3. 出席小队长会议 4. 转述队员意见，转达老师安排的事项
2. 小队文书	1. 对写作有兴趣 2. 喜欢舞文弄墨 3. 有编辑才能	1. 负责记录本队信息 2. 负责小队会议纪要 3. 收发小队文件（作业）
3. 生活委员	1. 具有丰富的卫生知识 2. 喜爱环境卫生 3. 有良好的生活习惯 4. 有厨艺才能	1. 关心队员健康状况 2. 维护小队活动区域整洁 3. 带领队员整理内务 4. 协助后勤老师的工作
4. 文艺委员	1. 爱好音乐、绘画等艺术 2. 喜欢唱歌，能带头欢呼 3. 有文艺表演天分 4. 生性滑稽，能带来欢乐	1. 设计小队队徽、队旗 2. 编辑小队欢呼、小队歌曲 3. 组织小队歌舞表演 4. 带领小队欢呼、歌唱
5. 物资委员	1. 做事细心认真 2. 能负责保管小队物料 3. 有吃苦耐劳精神 4. 身体强壮、力气大	1. 领取小队活动物料 2. 妥善保管小队物料 3. 统计小队用具数量 4. 汇报用具损耗情况
6. 副小队长	1. 能与队长合作 2. 处事公正、乐于助人 3. 不感情用事	1. 协助队长处理日常工作 2. 队长缺席时代理其职务 3. 随时协助其他队员工作

小队的职务分工，除了以上六种职务外，如果小队人数多，还可以加上安全委员、纪律委员、卫生委员等。其中物资委员又可以分为活动物资委员和生活物资（后勤），活动物资委员负责活动期间物资的发放、保管和归还，后勤物资委员主要负责生活方面物资的领用、检查、归还等。

（二）小队分工注意事项

对于小队辅导员来说，在所有的营地活动中，小队分工绝对是一个很大的挑战。如果没有丰富的经验，开始时一般很难做好。因为孩子来自全国各地，文化背景不熟悉，性格品性不了解，在与他们互动的过程中，肯定会遇到不少问题。因此，下面这些实践经验非常重要。

1. 小队最佳人数

根据张修兵老师长期的实践经验，一个小队有 6～8 名队员最合适。少于 6 人，就会稍显孤单，造成活力不足，激不起士气；多于 8 人，又稍显涣散，凝聚力不足，影响活动与训练的进行。如果在 6～8 人，就会发现人人都与小队有关，每一个人都有责任，分工与合作的功能会发挥到最大限度。

2. 小队编组方式

营地教官首先要根据营期的人数多少决定小队的数量，每个小队的人数要尽量平均，这样在后期活动时才不会因人数差距造成困扰。下面提供 kidscamp 小队的几种编组方式供大家参考。

(1) 先选出小队长：由全体营员投票选出合适的小队长，然后让他们到自己所喜欢的小队长处报名加入小队，直到小队人数额满为止。此方法的优点是：比较容易将领导能力强的同学平均分配在各小队中。此外，对于彼此之间比较陌生的新营员来讲，这是一种比较容易组织小队的方式。

(2) 男女混合编队：先将男女营员按照计划的小队数量平均分队（可采用学生自行编组），然后将男女营员组合成一个小队，这样每个小队都是男女混合编队，且各小队中男女数较为平均。此方法的优点是：可以使营员学习男女两性之间如何分工与合作，并且在某些比赛中，不会因性别差异而造成成绩的差异。

(3) 学生自由编队：按照每个小队人数的标准，由学生自行按兴趣组合。此方法的优点为：完全按照自然教育的理念组队。但在实际情况中缺点也比较多，需要引起注意，比如，志趣相投会使各小队间的表现优劣差距加大，可能有的小队都是男生，有的小队都是女生；有的身强体壮、生龙活虎，有的弱不禁风，安安静静。

3. 小队队长选拔

队长是小队的灵魂，一个小队的成功与失败，小队长的作用占有很大的成分。一方面他要计划小队活动，并领导小队一起完成；另一方面还要做团长和教练的助手，承上启下，责任重大。至于产生方法，不外乎下列三种：①由团长指派，②由队员推选，③先由团长选出，再由队员推选。

作为教练要注意，选拔的小队长，除了具备公正、自律、忍耐、谨慎、体格强健、品学兼优的条件外，还要有伟大的服务精神、高水平的营地技能，以及愿意把技能和经验与队员分享的奉献精神。

（三）小队分工常见问题

小队分工实施过程中，会遇到一系列问题，这些问题带队老师要积极地去面对，并加以引导，给予妥善处理，否则，如果问题遏制或处理不当，都会给后面的管理工作埋下隐患。

1. 多人竞选一个职位

这种情况会经常出现，属于正常现象，队员可以采取竞选演讲的方式：每个人都陈述一下自己为什么要竞选队长（其他职务）职务，自己有什么资历，如果自己竞选成功的话，自己会怎样做。演讲结束，大家举手表决。如果担心破坏关系，也可以采用不记名投票的方式。

2. 有的职位无人感兴趣

这种情况偶尔也会出现。出现这种情况的原因，有可能是教练没有把该职务的工作内容和价值意义讲清楚，导致大家觉得不够好或没意思。所以遇到这种情况，我们可以尝试以下三种引导方式：一是把该职位的任职条件、工作内容，以及对小队的价值意义再深入地讲一遍；二是引导营员要敢于尝试新的职位，迎接新的挑战，看看自己能不能做好，这种方法对老营员比较有效；三是告诉大家要顾全大局，假如这个职位没人做，那么小队活动就无法顺利开展。讲完以后，让大家商议决定，老师不要擅自做主。

3. 有人对分工不满意

在小队分工时，也经常会出现有多人竞选一个职位，最后失败的那些人不满意，出现情绪波动的现象。面对这种情况，我们可以采用本书第五章"先跟后带"的技巧去应对，先安慰一下营员受挫的心灵，然后引导他们想出更好的办法。可以尝试轮值的方式，实践是检验真理（能力）的唯一标准，也可以采用"礼让和分担"的方式，有人主动把某个职位礼让给情绪低落的营员，并采取协助或分担其工作内容的一种方式。

4. 职位和人数不一样

在上面《小队职务分工表》中，我们只列举了六种职务，在实际工作中，可能有的小队人数多，有的人数少。假如人数少，职位多，我们可以让大家先选择自己感兴趣的，然后把剩下的职位抛出来，看有没有人想身兼数职。假如人数多、职位少，我们可以安排两个物资委员，一个负责保管物资箱，另一个负责领用和归还物资；还可以额外增加纪律委员、卫生委员、安全委员等职位。

除以上常见问题外，还有些问题是隐藏的，实际存在的，营员不会主动反映给老师，但老师要有丰富的实践经验和敏锐的观察能力，及时进行纠正。比如：队长并非最佳人选、营员勉强担任某职务等。

（四）小队分工辅助工具

小队分工是营会管理中的一项特别重要的工作，同时也具有很高的教育价值。小队分工做得好，岗位分配得当，职责明确，小队才有可能走向自我管理，带队老师的工作也就变得更加轻松。

由于有些孩子可能是第一次参加营地活动,没有这方面的经验,而且他们是感性的,对新环境充满好奇,容易被吸引、转移注意力,再加上带队老师教学水平有限,讲解不到位,学生听不明白,在实施过程中就会出现以下问题。

(1) 孩子们不清楚都有哪些职位,短时间记不下所有的名称,也不明白每个职务都要干什么。

(2) 小队成员只是反反复复地讨论,但就是不能落地,不能落实到字面上,也不能最终把名单确定下来。

(3) 小队成员中,有人在激烈讨论,有人只能旁观,有些人还会"溜号",被其他事情吸引。

为了避免出现以上问题,将小队分工的工作落实到位,必须采取一些有效的辅助措施,比如:我们可以使用PPT演示,可以制作分工KT板海报,可以使用白板提醒,还可以发放营员手册或分工资料等。除此以外,下面给大家介绍一种比较实用的分工辅助工具——小队徽章。

kidscamp小队徽章是一套简单有效的营会管理工具,可以帮助带队老师(小队辅导员)快速地将分工落地执行。徽章人物活泼可爱、贴近生活,通俗易懂;徽章设计主题鲜明,符合人物个性,令人印象深刻。

小队成员通过使用小队徽章,一方面可以清楚地知道有哪些职位,每个职位是做什么的,这样目标明确、思路清晰,营员们就会不再迷茫,减少了彷徨、不知所措的时间;另一方面,佩戴了职务徽章,就有了可视化的标签和身份,营员会随时随地注意自己的言行,履行好自己的职责。

下面介绍徽章的具体使用办法。

经典案例:十二生肖小队徽章实施办法

营地导师开场白:

接下来我们要做的一项重点工作就是小队分工,每个小队有6~8个人,每个人都有自己的职务，扮演不同的角色，并发放代表相应身份的徽章，然后大家分工协作，做到"事事人有做，人人有事做"，每个人都积极主动，为小队贡献自己的力量。

小队的职务有队长、副队长、小队文书、文艺委员、生活委员、物资委员、纪律委员等。每个职务对应十二生肖中的一种动物，每人至少选择一个，如果有剩余，也可兼职，进行多选。每个职务都是干什么的呢？为什么要让"猪"担任生活委员，"狗"担任安全委员呢？下面我们一个一个地讲解，请大家认真听讲，选择适合自己的职务。

1. 小队队长

带领小队完成各项挑战任务，处理小队日常工作，负责队员之间的沟通协调，代表小队出席队长会议，表达意见并转达指示。

那么，十二生肖中谁适合当队长呢？当然是龙了，因为我们经常说"龙头"，龙是带头的，而且具有至高无上的权力。在站队和行进中，队长是负责扛旗的，站在队伍的最前面。

2. 副小队长

协助小队队长处理日常队务，队长缺席时代理其主持各项工作，作为小队最具有灵活性的岗位，当其他队员需要帮助时，即可转变角色，帮助其他队员完成各项工作。

什么动物适合当副队长呢？应该是蛇，因为有个成语叫"虎头蛇尾"，蛇是负责断后的、收尾的，工作中要做到有始有终、事无巨细、不留遗憾，让队长放心，让队员安心。

3. 小队文书

做好会议记录，负责编辑小队活动日志，记录每天的考评成绩，以及小队成员的身心状况，向老师和全体队员汇报小队情况。

哪个生肖适合当小队文书？最佳对象是羊，因为羊比较温顺善良，做事一丝不苟。看过《疯狂动物城》的朋友都知道，里面有个羊秘书，后来还成了市长，羊善于写作和做会议记录。

4. 物资委员

负责活动物资的领用，并妥善保管，防止丢失损坏，活动结束后，督促大家放到指定位置，然后清点并送还给教学老师。

在这里，哪个生肖适合当物资委员？当然是马，一方面，因为它力气大，比较强壮，以前就是用来拉车运货的；另一方面，马可以"日行千里"，有耐性，善于长途跋涉。

5. 小队后勤

小队成员的生活管家，负责保管小队箱，小队箱主要收纳营地统一发放的物品，以及活动时营员不方便携带的个人物品。

谁最适合当小队后勤，负责大家的生活保障呢？想一想，除了马，还有牛，牛的力气很大，而且干活踏实，默默无闻、任劳任怨，对大家来说，绝对是一个称职的好朋友。

6. 文艺委员

负责带领小队唱歌、跳舞，调查小队成员的才艺情况，负责组织小队成员编排毕营（篝火）晚会所需的歌舞节目。

谁适合当文艺委员呢？当然是鸡，因为鸡有歌唱的天赋，而且性格外向张扬，喜欢舞台表演，敢于在公开场合展现自我。

7. 生活委员

负责监督和照顾小队成员的日常生活，主要包括每天的吃饭、喝水和休息情况；按照统一要求，每天定时查房，并做好记录。

哪个动物最合适做生活委员呢？对，非猪莫属，作为生活委员，不但要以身作则，保持良好的生活习惯，还要确保小队成员每天在营地都能吃好、喝好、休息好！

8. 纪律委员

按照《营员手册》上的营地纪律和营员行为规范，监督小队成员的日常行为，发现问题行为及时提醒纠正，对已经违反和劝说无效的，做好记录，计入营员考评成绩。

在十二生肖中，哪个最适合做纪律委员呢？对，是老虎，看过电影《奇幻森林》的人都知道，里面有个叫可汗的老虎，它号称森林之王，是"丛林法则"的制定者，所有人都要遵守。

9. 安全委员

在营期间，每天注意观察大家的生活和工作环境，时刻保持警惕，随时提醒大家注意安全，远离危险，防患于未然。

哪个动物最适合做安全委员呢？当然是狗，因为狗是负责看门的，也是最忠诚的，如果有坏人，或者危险的事情发生，小狗就会汪汪叫，以此提醒大家要注意了，危险来了。

10. 卫生委员

小队里的急救员，每天随身携带急救包，当有人受伤或身体不舒服时，在老师的指导下，为小队成员提供紧急医疗救助。

在十二生肖中，谁最适合做卫生员呢？当然是兔子，因为小兔子比较温和、有爱心，平时讲究卫生、喜欢干净，而且我们从小听过很多关于"兔子医生"的故事和电影。

听完了职务分工，现在请大家仔细想一想自己适合哪项工作吧？当然也可以挑战一下新的岗位，全方位地锻炼一下自己的能力；在一个小队里，每个人都像机器上的螺丝钉一样，每一颗都很重要，缺一不可，大家思考一下，来选择自己的职务吧。有些岗位可能比较热门，有些比较冷门，但每个职务都需要有人去做，每件事情需要有人去完成。

所以，面对热门的岗位，你需要做好演讲竞选的准备，冷门的也要顾全大局，有人去探索尝试，说不定会有意外收获。

二、小队文化建设

为发挥小队精神，表现小队特色，增强小队成员的凝聚力，各小队要有个性鲜明的小队文化、属于自己的视觉识别系统，从而有别于其他小队，展现独特的精神面貌。在开展小队文化建设时，孩子们可以借鉴校内少先队组织文化中的队旗、队徽和队歌，以便开展工作。

（一）少先队组织文化

1. 红领巾

含义：红领巾是少先队员的标志，它是国旗的一角，是革命先烈的献血染成的。每个队员都应该佩戴它和爱护它，为它增添新的荣誉。

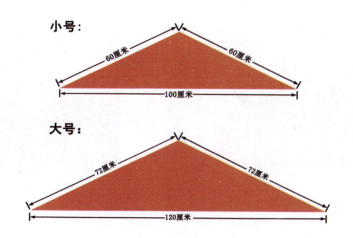

规格和材质：红领巾分为小号和大号两个规格。小号：底边长 100 厘米、腰边长 60 厘米。大号：底边长 120 厘米、腰边长 72 厘米。红领巾的颜色采用国旗红，可用布、绸、缎等材质按照标准制作。

佩戴和使用：

(1) 少先队组织要教导队员爱护红领巾，保持红领巾干净、平整，佩戴时服装规整。

(2) 小学低、中年级队员佩戴小号红领巾，小学高年级和初中队员佩戴大号红领巾。小学低、中年级身高较高的队员，可佩戴大号红领巾。少先队员离队时应珍藏红领巾和队徽徽章。

(3) 少先队员参加校内外少先队集会活动，参加升国旗仪式、开学典礼、毕业典礼等重要仪式，须佩戴红领巾。参加体育活动、生产劳动或在家休息时，可以不佩戴红领巾。天气炎热时，可以暂不佩戴红领巾，但应佩戴队徽徽章。

(4) 少先队辅导员在参加少先队集会活动时，应佩戴大号红领巾。少先队活动邀请有关领导、来宾等成年人参加时，领导、来宾应佩戴大号红领巾。

(5) 红领巾及其名义不得用于商标、商业广告以及商业活动。

(6) 各级少先队组织、少先队员、少先队辅导员不得购买使用不符合规定的红领巾。

佩戴方法：

(1) 将红领巾披在肩上，钝角对准脊椎骨，右角放在左角下面，两角交叉。

(2) 将右角经过左角前面拉到右边，左角不动。

(3) 右角经左右两角交叉的空隙中拉出，右角恰绕过左角一圈。

(4) 将右角从此圈中拉出，抽紧。

2. 队旗

含义和样式：队旗是少先队组织的标志。五角星加火炬的红旗是少先队队旗，五角星代表中国共产党的领导，火炬象征光明，红旗象征革命胜利。

规格和材质：

队旗指大、中队旗。队旗颜色采用国旗红，可用布、绸、缎等材料按照标准制作。

大队旗长120厘米、高90厘米。旗中心是五角星和火炬，五角星为黄色，火炬由黄色线条勾勒出轮廓。中队旗长80厘米、高60厘米。右端剪去高20厘米、底宽60厘米的等腰三角形，形成一个三角形缺口，五角星及火炬在以60厘米为边长的正方形中心。

使用方法：

(1) 大、中队旗是少先队大队、中队的标志，在下列情况下使用。

① 少先队组织在开展集体活动时。

② 少先队大（中）队举行入队仪式时；初中少先队大队举行离队仪式时。

③ 成立少先队大队或中队时。

④ 少先队组织举行重要会议时。

除上述情况外，使用队旗及其图案须经县级（含）以上少工委批准。

(2) 少先队员要热爱队旗，在少先队集会活动中出旗、退旗时应敬队礼。一名少先队员旗手和至少2名少先队员护旗手组成旗手组合，旗手右手握旗杆下部贴腰，左手伸直握旗杆中上部，队旗倾斜成约45°角。升国旗仪式上，少先队员敬队礼，旗手要执旗敬礼。

(3) 队旗平时应陈列在队室，不悬挂。

(4) 队旗及其图案不得用于商标、商业广告以及商业活动。

(5) 各级少先队组织不得使用破损、污染、褪色或不符合制作规定的队旗。

3. 队徽

队徽样式：五角星加火炬和写有"中国少先队"的红色绶带组成少先队队徽。五角星、"中国少先队"五个字和火炬柄为金色，绶带和火炬的火焰为正红色，火焰和绶带镶金边，"中国少先队"字体为黑体。

使用方法：

(1) 队徽是少先队组织的象征，使用范围如下。

① 少先队各级代表大会等重要场合应悬挂队徽。

② 少先队队室、中队角等少先队标志性阵地应悬挂队徽或张贴队徽图案。

③ 团委、少工委的会议室可以悬挂队徽或张贴队徽图案。

④ 有关少先队的外事场合可以悬挂队徽或张贴队徽图案。

⑤ 少先队的各级组织颁发的奖状、奖章、证书和其他荣誉性文书、证件上可以印队徽图案。

⑥ 少先队的报刊和出版物、新媒体文化产品、网站上可以使用队徽图案。

除上述情况外，使用队徽及其图案须经县级（含）以上少工委批准。不同场合使用的队徽可根据实际需要等比例制作。

(2) 队徽及其图案、星星火炬名义不得用于商标、商业广告以及商业活动。

(3) 各级少先队组织不得使用不符合规范的队徽。

4. 队呼

(1) 内容。

呼号："准备着：为共产主义事业而奋斗！"回答："时刻准备着！"

(2) 领呼人。

在队会仪式中，应由辅导员带领队员呼号，也可由党组织、团组织的代表，或拥护党的领导、对祖国有特殊贡献、可以作为少先队员表率的人领呼。

(3) 动作。

呼号时，领呼人面向队员，在"呼号"动令后，领呼人和队员举右拳至肩上，拳于耳侧，拳心向左前方，进行呼号。呼号完毕，领呼人落下右拳，全体队员随之落下右拳。

5. 队歌

少先队队歌：《我们是共产主义接班人》（周郁辉作词，寄明作曲），在少先队集会或活动时唱完整队歌（两段歌词）。在少先队队室陈列队歌曲谱和歌词。

（二）营地小队文化建设

营地小队文化以少先队组织文化为基础，参考雏鹰小队和假日小队的模式，更加重视小队文化建设的自主性、开放性和实践性，每个小队齐心协力打造与众不同的小队风采，从而增强孩子的荣誉感和归属感，培养主人翁意识。营地小队文化建设具体包括以下几方面。

1. 小队名称

可以用动物、植物或自然现象、社会热点词汇等命名，如雄鹰队、向日葵队、战狼队等。名称由各小队自己商议决定，要求简洁、正面、朗朗上口、积极向上，最好不超过五个字。

2. 小队欢呼

小队欢呼即小队口号，其作用在于激励小队士气、振奋精神。措辞以简单、有意义为原则，设计要有节奏感。也可以增加简单的动作，如拍掌、跺脚，或用随身物打拍（如挥动帽子），以增加热烈的气氛。

(1) 猎狗队。

一，二，三，四，猎狗猎狗棒！棒！棒！

五，六，七，八，猎狗猎狗耶！耶！耶！

(2) 战狼队。

战狼、战狼，狼中之王！

战狼、战狼，百战不殆！

3. 小队标志

根据队名绘制一个简洁、明显、美观的图案，作为小队标志。图案的含义要能恰当地诠释小队名称，色彩要饱满、亮丽，避免线条画、抽象画和自由涂鸦。

4. 小队队旗

小队队旗代表小队的精神和荣誉。将小队的标志制作在旗子上，图案线条应简洁，色彩宜鲜明，旗子通常用白色六号旗（40厘米×60厘米），切记要留旗腰，以便套装在旗杆上，下方用布条绑牢或胶带粘住。有时根据需要，也可以将小队口号写在旗子的上面，或者选择有代表性的一两句。

5. 小队歌曲

小队成员可根据自身条件创作新曲，或者用老曲配新词，歌词要简短轻快、活泼易唱，且能体现该队特色并富有积极意义。例如：

(1) 骆驼队歌。

我们是只好骆驼，跋山涉水走沙漠；任重道远能吃苦，生活责任我们负。

走吧、走吧，向前走吧，我们永远不后悔。

改编自《小星星》

一闪一闪亮晶晶，满天都是小星星；挂在天上放光明，好像许多小眼睛。

(2) 战狼队歌。

六只战狼，六只战狼，跑得快，跑得快。

我们非常勇敢，我们不怕困难，争第一，争第一。

改编自《两只老虎》

两只老虎，两只老虎，跑得快，跑得快。

一只没有耳朵，一只没有尾巴，真奇怪，真奇怪。

6. 小队日志

小队日志也叫小队记录本。其内容除记录小队名、队标、队呼，以及小队成员名字和职务外，小队成员之间的生活点滴、活动情形均可记载，格式不拘，可以用导图，也可加插图。

三、小队价值契约

小队价值契约是培养小队成员建立营地主人翁意识的重要途径，也是引导营员学会自我管理的一种实用工具。在制作时，每个人首先设定自己的营期目标和心愿，然后再共同制定小队的目标和约定，最后各自签名确认，其最终目的是帮助大家实现小队自治。

在小队开始工作前，营地教官首先要告诉大家什么是价值契约，以及这项工作的目的和意义；然后，为大家展示小队契约的内容和形式。确认都清楚以后，先不着急发放物料（模板或白纸、彩笔、圆珠笔等），而是给大家3～5分钟思考和讨论的时间，等胸有成竹以后，再开始付诸实施。小队价值契约实施步骤具体如下。

第一步：绘制框架模型

所有营员站立并围成一个圈，伸出左手，五指伸开放在一张和小队旗同样大小的白纸上，然后调整各自的位置，让相邻队员间的大拇指和小手指相连（见下图），最后围成一个圈；然后左手保持不动，右手拿笔沿着左手的手掌和手指把轮廓画下来。注意相邻队员之间的手掌不要断开，手掌围成的圆圈要大小合适、自然流畅，美观大方。

第二步：写下目标心愿

所有营员将各自考虑好的目标和心愿写到五个手指上，目标要现实，要结合营期的实际情况，比如：活动方面挣得几枚徽章，交到几个朋友，拿到荣誉证书。五个手指意味着至少要写五条，除了活动方面的目标，还可以写生活方面，比如吃好、睡好、玩好，这样写当然也可以，这正是营员个性的表现，只要是真实的心声，无须过多干涉；如果五条还不够，还可以写下自己人生的目标或心愿，比如上哈佛大学、去迪士尼游玩、不想再上辅导班。总之，要打开孩子的思维，不要过多地限制，选择越多，孩子思维越开阔，就越可能诱发出孩子内心的真实意愿。如果只是为了好看，统一标准，做样子给他人看，就失去了教育的意义。

第三步：商讨目标约定

小队的共同目标和约定需要大家一起讨论决定，就像召开小队会一样，每个人都发表一下意见，然后归纳整理出大家普遍认同的。小队目标可以是争做最强战队，每天拿到荣誉旗，也可以是最团结、最友好的小队。共同的约定是指为了确保小队各项活动的顺利进行，大家共同制定的活动或生活方面的规则纪律，以及其他工作计划、共同约定等，比如：不看电视，不说脏话，按时睡觉，每天起床后到队长房间集合，人齐了再出发等。在制定目标和约定的时候，要尽量多给大家一点时间，让他们多想一些事项，这样更有利于后期的管理。

第四步：宣誓签名确认

所有的工作完成以后，在老师的监督下，小队长带领队员一起当众宣誓，宣誓完毕，每个队员在自己手掌心空白的地方签下自己的名字，再次确认，承诺遵守。制作好的小队契约要悬挂在显眼的位置，可以时刻提醒各位小伙伴，要说到做到。

第二节　营员思想管理

营地导读

　　荣誉制度是一种校外少先队创新教育形式,通过政治引领和价值引领,充分发挥思想育人的作用,教育并引导青少年听党的话、跟党走,做到爱祖国、爱人民、爱劳动、爱科学、爱社会主义,立志做中国特色社会主义事业的接班人,准备为实现中华民族伟大复兴的中国梦贡献自己的力量。

　　人的品格各有不同,有高低贤庸之分。世人的品格犹如一座金字塔,越是高尚的便越少,因此需要鼓励大家去力争上游,成为品格高尚的人。

　　社会是需要品格高尚的人去支持和领导的,品格高尚的人越多,社会越是安定和进步,否则的话,那就险象丛生,危机重重,社会从此黯淡无光了。

　　荣誉制度作为一种营员管理办法、校外少先队的创新教育形式,它更加重视思想政治引领和价值引领,以营地体验式教育为基本途径,帮助青少年形成正确的人生观、价值观和世界观,培养和发展他们的好思想、好品行、好习惯。

一、荣誉制度的价值

　　荣誉制度的功能是启发青少年内在的荣誉感和价值归属感,使他们拥有崇高的理想,重视个人荣誉和小队荣誉,自然而然地产生自尊心;营地小队精神有赖于荣誉制度去促进。如果营地教育缺乏了荣誉制度的实施,犹如航海失去了方向,营地活动也便谈不上是一种训练了。

荣誉制度的实施，可以使得青少年获得"陶冶高尚的情操，鼓舞向上的志气"的功效。同时在他们心目中，也能感觉到这样地去进行，正是在实现他们自己的理想。

营地教育以培养"完整人"为目标，通过荣誉制度可以弥补现代社会只重视物质文明，而忽略精神文明的缺陷，并以此促进青少年道德的成长，使其品格日趋高尚。

人格的训练必须在少年时期注意培养，它是不能从书本上获得的，要从内心和行为上，出于自动自发的，时时存好心、行好事、做好人，形成了习惯才能坚定不移地建立起来。所以，人格训练和智识训练截然不同。一个人在事业上的成就，以及对社会的贡献，品格是占第一位的。因为智识可以有助于为善，也可以有助于为恶，而其决定性，则是因他的品格而移转了。

所以，我们可以知道，"力求自己智识、品德、体格之健全"，绝不只是一句誓词或口号而已，而是营地荣誉制度的精神标杆；而我们的铭言"准备、日行一善、人生以服务为目的"，正是期许所有的青少年实践荣誉制度的具体方法。

在一个人从小到大的成长过程中，除了生理上的成长外，更重要的是道德、人格等心理方面的培育发展；从一个混沌无知、不谙世事的儿童，到具有崇高情操，爱国、敬业、诚信、友善的成人，时时都需要荣誉制度的规范与支持。因此，我们可以发现荣誉制度在整个营地教育（校外少先队教育）过程中，占了相当大的比重，尤其是培养少年儿童成为优秀的社会主义建设者和接班人时，在人格、品德上的教育，以及精神上的陶冶，正是使他们与众不同的优良标识。

"荣誉"是个乍看上去抽象的字眼，却又存在于每位孩子的心中，成为行为的准则、精神的信仰，表现于外的，就是开阔的胸襟，雄伟的气度。或许，我们可以这样来形容一位具有高尚荣誉感的青少年："合宜的举止、阳光的节操、远大的志向"——也就是一位"人上人"。

二、荣誉制度的内容

在营地教育中，荣誉制度是一种针对营员的思想管理办法，由于它属于精神层面的东西，容易给人一种虚无缥缈的感觉。但事实上，荣誉制度不是演讲中激情洋溢的空话和口号，它有具体的实施内容和表现形式，例如营地的誓词，以及各种仪式和典礼的安排，这些都随时可以激荡孩子们的心灵，营造良好的教育情景。

（一）队礼姿势

在这里给大家列举两种队礼姿势，营地教育从业者可以根据实际情况，因时因地选择使用：一种是国内通用的少先队队礼；另一种是国际上通用的"三指礼"。

1. 少先队队礼

含义：右手五指并拢，高举头上。它表示人民的利益高于一切。

做法：立正，右手五指并拢，手掌与小臂成直线，自下至上经胸前高举头上约5厘米（约一拳），动作自然流畅，掌心朝向左前方。

用途：学校或班级活动的集会仪式、升旗仪式等。

2. 营地三指礼

含义：三指并拢，分别代表：一是对自己负责，二是对他人帮助，三是对社会有贡献。

大拇指压小手指代表，大的帮助小的，强的帮助弱的，大家团结在一起。

做法：立正，右手三指并拢，大拇指压小手指，向右侧伸直与肩平后，小臂向内弯曲约30°，手掌向前，三指尖在眉目上方额头位置。

主要用途：三指礼一般适用于特色主题夏令营，非统一的中小学生研学和综合实践活动。孩子们统一着主题营服，而非穿校服、配套红领巾的场合。

（二）营地誓词

1. 少先队入队誓词

内容：我是中国少年先锋队队员。我在队旗下宣誓：我热爱中国共产党，热爱祖国，热爱人民，好好学习，好好锻炼，准备着：为共产主义事业贡献力量！

动作：宣誓时，少先队员面向大队旗，跟随领誓人右手举拳至肩上，拳于耳侧，拳心向左前方。旗手执大队旗倾斜，旗面朝向队员，护旗手执旗两角展开旗面。

用途：一年级小学生入队宣誓。

2. 营地入营誓词

内容：我很高兴参加本次训练营，我保证，严格要求自己，遵守营地纪律，终身奉行下列三事：①敬天乐群，做一个堂堂正正的好公民；②随时随地帮助他人，服务社会；③力求自己智识、品德、体格之健全。

做法：立正，右手三指并拢，大拇指压小手指，向右侧伸直与肩平后，小臂弯曲90°向上，手掌向前，高度与头基本平行。

主要用途：一般用于特色主题夏令营开营仪式上，在营地教官讲完营地纪律后，大家一起宣誓确认。除此以外，营地誓词也可根据需要进行改编和简化，也可用于新营员的"跃龙门"仪式。

(三) 集会仪式

1. 少先队集会

少先队组织在重大的节日、纪念日、组织集会或者举行大、中队会时，都应该举行队会仪式。

举行仪式前，先要集合，整理队伍，报告人数。

报告时，小队长向本小队队员发出"立正"口令，然后跑步到中队长面前，敬礼，报告："报告中队长，第×小队应到队员×人，实到×人。报告完毕。"中队长回答："接受你的报告！请稍息。"敬礼。小队长回原位发出"稍息"口令，小队稍息。

各小队报告毕，由中队长向中队辅导员报告。

报告时，中队长向全中队发出"立正"口令，然后跑步到辅导员面前，敬礼，报告："报告辅导员，本中队应到队员××人，实到××人。报告完毕。"

辅导员回答："接受你的报告！请稍息。"并根据活动性质提出祝贺语，如："预祝本次活动成功！"敬礼。中队长敬礼，回原位，发出"稍息"口令。

(如是大队集会，就由各中队长依次向大队长报告，再由大队长向大队辅导员报告。视活动实际情况，也可由大队长直接向大队辅导员报告。)

接着活动开始，程序如下。

(1) 全体立正，仪式开始。

(2) 出旗 (奏出旗曲，全体队员敬礼)。

(3) 唱队歌。

(4) 中队长讲话 (如果是大队集会，由大队长讲话)。

(5) 进行活动。

(6) 辅导员讲话 (活动结束时作简短小结)。

(7) 呼号。

(8) 退旗 (奏退旗曲，全体队员敬礼)。

(9) 活动结束。

出旗时，旗手、护旗手应从整个队伍正后方出发，从全体队员中间经过，到队伍正前方停下，退旗时按原路退出。出旗和退旗时，辅导员、全体队员和护旗手敬礼。

2. 营地集会仪式

在营地每天正式活动开始之前，都要举行集会仪式，所以又叫"开始仪式"。正式仪式开始之前，所有营员站成"马蹄"队形，又叫"U字"队形，集会内容主要有以下四个方面。

1) 检查

检查有三项：一是检查人数；二是检查衣着是否整齐，是否符合今天的主题活动；三是检查队员的精神状态是否良好。具体检查方法如下。

(1) 检查人数，下达口令：向右看齐，向前看，报数，然后队员依次报数。

(2) 衣着检查，队长或生活委员出列，围绕本队队员上下打量，帽子、上衣、裤子、鞋子如有不整齐让其重新整理，如果发现着装不规的，上报老师。

(3) 精神状态检查，检查采用一个"饿虎扑食"的动作，检查者左脚向前一小步，双手抱拳置于两肩，面对检查者三步以上的距离，然后就像老虎发现猎物一样，突然做出一个动作：右脚向前一大步，双拳变爪向前上方快速打开，就像老虎扑食一样，同时嘴里大声地发出一个声音——哈！

检查者做完动作后，快速收回，身体恢复站立姿势，然后让被检查者做同样的动作回应。在回应时，检查者要留意，是否有人动作慢、无精打采，像病猫一样，若有则说明该队员可能没有休息好；如果发现有气无力，那么可能是没有吃饱饭；当然也可能是队员身体不舒服，要特别留意，进行重点关注；如果发现有人脸上不干净、眼角还有眼屎，发出"哈"声音时闻起来还有特别气味，那么说明此人肯定没有洗脸、刷牙。

检查完毕，各队队长跑步到教官面前，进行报告，报告之前先立正，向教官敬礼，教官回礼后开始报告，报告内容为："报告教官，××队应到×人，实到×人，大家衣冠整齐，精神状态良好，报告完毕！"队长报告完毕后，教官先敬礼，队长回礼，然后返回队伍。

在检查过程中，如果小队人数不齐，要说明原因；如果有人衣冠不整齐，要让他整理着装，如果衣服、鞋帽不符合今天的主题活动，要报告教官；如果有人精神状态不好，或者身体受伤了，要在报告时将状态不好的原因和受伤情况一并告诉教官。

2）升旗或出旗

有条件的情况下，举行升旗仪式，若是在室内或活动场地不具备升旗的条件，可以采用出旗/退旗仪式。营地出旗和少先队出旗不同，一般使用国旗，而不是大队旗。执旗手右进左出，在马蹄形内走一圈，国旗所到之处，营员行少先队礼或三指礼，然后目光随着国旗方向移动，当教官说礼毕后，所有人才可以把手放下。

3）宣布活动主题

告诉大家今天的活动主题，有哪些精彩内容。在预报活动主题的同时，也要进行天气预报，以便提醒大家注意天气变化、增减衣物、注意喝水、防止中暑等。此外，还可以加上自己的风格，可以像电视动画片里的播报员一样，或风趣幽默，或简单粗暴，让人印象深刻。

4）团呼或队呼

团呼是为了鼓舞士气，振奋精神，团呼完毕，每个小队还可以再来一次小队呼，而且小队之间可以比赛，彰显各自小队的精神。

团呼动作：当教官下达"团呼准备"的口令后，全体队员左脚向外迈出一小步，双脚距离与肩同宽，同时双手抱拳，右手在前，拳心朝里，左手在后，拳心朝外，分别横在胸前和背后。当教官说："团呼开始！"所有人的右臂向右后上方45°的方向连挥三次，同时嘴里呼喊："加油！加油！加油！"之后，双脚自动归位，回到立正动作，双手鼓掌3～4次，然后放下，礼毕。

队呼动作：小队呼由小队自己进行个性化设计，比较常见、通用的方式有两种：一种是大家围成一个圈，所有人伸出右手，叠放在一起，由上至下，连续三次，同时呼喊："加油、加油、加油！"另一种是所有人围成一个圈，然后伸出右拳，拳心朝下，大拇指伸开，让左边的伙伴用伸出的拳头握住，同时也握住右边伙伴的大拇指，这样大家彼此相连，缓缓升起，然后由上至下，连续三次，同时呼喊："加油、加油、加油！"

除了集会仪式外，营地还有开营仪式、毕营仪式、升旗/降旗仪式，就职仪式、颁奖仪式、入营（跃龙门）仪式等，这些仪式都是营地荣誉制度的具体内容，可以创造积极向上的成长环境。

（四）荣誉奖章和证书

如果说誓词纪律和各种仪式是具体内容的话，那么各种荣誉证书、奖章徽章就是表现形式，它们是实施荣誉制度的物质载体，也是实现荣誉制度的物质保障。证书和徽章的发放需要通过各种仪式去呈现，仪式可以打造荣誉感，而证书、徽章是对一个人能力和品格的认同和肯定。

颁发证书或徽章时，要注意现场氛围的营造，可以通过播放激动人心的音乐，如《欢迎进行曲》；颁发证书完毕，本队队员可以来一次小队欢呼，也可以一起唱《荣誉在我心》，其他营员可以采用营地特有的鼓掌赞美方式——《爱的鼓励》。

总之，要调动起现场热烈的氛围，给领奖者强烈的视觉、听觉，甚至感觉方面的刺激，让他们的荣誉感、自豪感爆棚，从而实现荣誉制度的功能和作用。

三、荣誉制度的实施

荣誉制度的建立，需要小队制度和徽章制度去支持，它们三位一体、相辅相成。在青少年营地教育过程中，有了社会环境和自然环境的浸润而得到滋养后，荣誉制度才能正确地建立起来。团长既要能以身作则，给孩子们树立一个良好的榜样，从而赢得青少年们的景仰，又要尊重各小队长的意见，增强他们的自信心，并且要经常进行鼓励，使得他们坚持不懈、自强不息地向上、向前、向善。这样积极地推行荣誉制度，必然能发出它特有的光芒和热量。

除此以外，在实施过程中，我们还要注意以下问题。

1. 荣誉制度与少先队的关系

荣誉制度作为一种思想教育工具，校外少先队的创新教育形式，在实施过程中，要以《少先队改革方案》为指导思想，以《少先队礼仪规范》为依据，充分发挥思想育人的作用，教育引导青少年听党的话、跟党走，做到爱祖国、爱人民、爱劳动、爱科学、爱社会主义，立志做中国特色社会主义事业的接班人，准备为实现中华民族伟大复兴的中国梦而贡献力量。

2. 荣誉制度与小队制度的关系

实施荣誉制度，必须同时注重小队制度的推行，通过小队制度，可以建立舆论、造成风尚，使得孩子的个性与群体性可以和谐调和、自然发展。如果疏忽了小队制度，孩子们就会感觉到缺乏团体的激荡，以及优良的情境，于是便不易振作自己去追求充沛的精神世界了。

3. 荣誉制度与徽章制度的关系

实施荣誉制度，必须同时注重徽章制度的推行，使得孩子们多才多艺，内外兼修，精神与技能相辅相成。如果疏忽了徽章制度，没有看得见的物质载体，青少年就会感到缺少实际的工作资料，对于推动他们追求目标、实现理想将会大受影响，以至于无法给予有效的鼓舞了。

第三节　营员目标管理

徽章制度是一种激励形式，一种外在的成绩，是对自己负责的表现。在营地，每当孩子参加完一次活动，完成任务挑战即可获得一枚相应的技能徽章，徽章可佩戴、可收藏，它是一种荣誉，是具备相应能力的象征，是对孩子劳动付出的肯定，是对他们个人能力的认同。

一、徽章制度的产生

在人类社会的群体生活中，大多数人是有依赖性的，然而依赖性过重的人，在与人相处时受益于他人的就会多，而贡献给他人的就会少，这样的人往往是缺乏服务能力的，索取大于贡献，对于人类社会造成了有损无益的情形。

一个人只有去除依赖性，他才能拥有独立的人格。独立人格是非常重要的，而独立的人格是如何产生的呢？独立人格产生于独立精神，而独立精神则源于独立的能力。换言之，没有独立能力就不能产生独立精神，也就不能形成独立人格了。

在人类社会，独立的能力原本是与生俱来的，但由于社会的进步而逐渐退化，以至于消失殆尽，于是很多人在成长过程中，事事依赖于人，可想而知，这种情形对于社会的影响会有多大。如果想恢复这种天赋本能，使其拥有独立的精神和人格，以及服务于他人的能力，最有效的办法就是在少年时期，让他有机会离开人工环境，到自然环境中去培养独立自主意识，锻炼自立、自强、自治的独立能力，所谓的"回归自然""返璞归真"就是这个道理。

到了野外，在什么都没有的情况下，如何取水、生火、获取食物？利用大自然提供的有限资源解决生存、生活问题，这不仅仅是对生存能力的训练，更是对创造意识的培养。在野外求生课程中，孩子们走进原始状态的生活，体验了一无所有的经历，学会了遇到问题想办法，而不是想妈妈（依赖他人），懂得了如何利用身边的资源去解决问题，从而逐步形成一个人的独立意识，同时，在活动的过程中培养了坚强果敢的毅力和吃苦耐劳的精神，并收获了露营、野炊、先锋工程等各项生存技能。

在营地活动中，为了提升训练的效果，实现教育的目的，我们不但刻意设计了各种训练场景，而且根据孩子们的年龄和心理，按照学习的进度，采用科学的教育方法设计出了一套徽章体系。营员在学习过程中，只要能学会或持续发展一项技能或兴趣，便可考取一枚技能徽章，技能徽章达到一定数量或参与活动达到一定次数，还可以获得一枚进度性奖章。这些徽章的授予目的在于激发孩子们对营地活动的兴趣，是对他们广博知识和专业技能的肯定和鼓励。

二、徽章制度的价值

徽章制度是发展青少年潜在的成就和欲望的，使他们感受到营地活动的愉悦，乐于追求，自然就产生了进取心。营员的技能是有赖于徽章制度去促进的，如果在营地管理中，缺少了徽章制度的实施，就犹如一部机器没有了燃料的供应，孩子们也便失去参与活动的动力了。

实施徽章制度能使青少年在营地生活中获得"锻炼野外生存的技能，增进服务他人的才能"的功效。同时在孩子们的心目中也可感觉到这样进行，正是在充实他们自己的活动。

徽章制度的价值并不在于那一颗颗闪闪发亮或琳琅满目的图案，而是表扬孩子们在追求这些徽章时，所表现出的奋发向上、超越自我和他人的拼搏精神。当我们看到他们第一次把徽章佩戴到身上，那种兴高采烈、欢呼雀跃的心情时，当我们看到他们忙得焦头烂额、筋疲力尽，只为通过某种技能考验时，我们才发现一枚小小的、不起眼的徽章，在他人看来不过是某种图案，然而对他们而言，却是能力的认同、成就的象征。

三、徽章制度的内容

徽章制度的内容多种多样，包括技能徽章、荣誉奖章、活动纪念章、荣誉证书、比赛奖杯、奖牌、奖章等，此外还有营员身份识别章，比如：少先队员徽章、童军徽章、kidscamp 营员徽章等。

1. 识别章

识别章包括三种：第一种是身份识别，如少先队员的队徽、团员的团徽以及童子军的童军徽，它是一种身份的证明；第二种是机构徽章，比如××营地徽章，××企业徽章，××学校徽章，它就像工作证一样，让人知道它来自哪里；第三种是等级章，比如少先队的队长、中队长、大队长，营地技能里面的初级、中级、高级，军人领章里的一星、二星、三星等，这些都属于等级章。

2. 纪念章

一般大型的公益活动、亲子活动，如社区服务活动、慈善义卖活动、志愿者服务活动，会颁发统一的纪念徽章，用于证明参加过某些社会活动；另外一些大型比赛、周年庆典，或者主题冬夏令营也会给参与者颁发纪念徽章或纪念奖章，用于表达重在参与、以示鼓励。

3. 技能章

技能章是营地徽章制度中最重要的内容，是徽章制度的主体部分，而其他识别章、纪念章、荣誉证书等都是辅助内容，它是激励孩子参加营地活动，并认真学习、刻苦训练的主要动力，是培养孩子独立能力，乃至独立人格的重要途径。营地技能章有很多，比如滑雪技能、露营技能、野炊技能、创意木工、歌舞才艺、帆船／皮划艇、野外定向、科学探索等。

4. 荣誉证书

荣誉证书同样用在冬夏令营或竞技活动中，在营员完整地参加完夏令营活动，并完成各项任务挑战，考评合格，无违纪行为的情况下，可以颁发一张荣誉证书，又叫毕营证书或暑期社会实践证明。此外，在区域或全国营地技能比赛中获得名次，或者特别奖项的，可以颁发比赛荣誉证书，特此证明，以资鼓励。

证书内容一般包括：活动主题，举办时间、地点，以及活动或比赛内容，最后是证书编号、证书签发人、颁发机构和颁发时间。

四、徽章制度的实施

徽章制度的建立，是需要小队制度和荣誉制度支持的，孩子们在外在和内在因素的激励下而得到滋养，然后徽章制度才能正确地建立起来。团长要能经常创造机会，使他们不断地得到锻炼和学习，更要有目的地创造适当的环境和实际的活动内容，使他们从实践中获得真实宝贵的经验。各种技能并不是全部由团长亲自直接指导，更多的时候是通过小队长传授给队员，或者小队员之间的相互学习和促进，在这种学习模式下，徽章制度必然能多彩多姿，收获丰硕。

1. 徽章制度与少先队的关系

营地徽章制度，作为校外少先队工作的一种创新教育形式，在具体内容设计和实施过程中不能与学校徽章制度发生冲突，给孩子造成混乱。要以中小学徽章体系为基础，然后进行内容的拓展和创新，以此丰富孩子们的课余文化生活，让营地教育真正成为学校教育的有益补充。

2. 徽章制度与小队制度的关系

实施徽章制度，必须同时注意小队制度的推行，使营员得到伙伴们的指导，互相切磋，共同学习。如果疏忽了小队制度，孩子们就会感觉到孤单寂寞，缺少竞争进步的因素，因此便无法使他们的技能到达相当的水准，也无法发挥他们的高效率了。

3. 徽章制度与荣誉制度的关系

实施徽章制度，必须同时注重荣誉制度的推行，使孩子们产生光荣的感觉，受到鼓励，自求进取。如果疏忽了荣誉制度，孩子们就感觉到缺少了一种吸引的力量，而且技术部分便容易超越道德的分量，乃至失去了营地教育的意义。

经典案例:"kidscamp 十二生肖徽章体系"

上树摘桃,下水抓鱼,躺在草地上数星星……这是多少人童年的记忆。但如今的孩子沉迷于网络,对各种电子产品爱不释手,如何让他们放下手机,走出家门,走进自然,拥有一个健康、快乐的童年?

在国外,英国民间机构"国民信托"为儿童列出了12岁前必须完成的50项户外活动,美国和澳大利亚也这么做,美国小学生就有一个长达100项的暑假必做活动。为此,kidscamp借鉴了国外营地教育的实践经验,并结合国内实际,经过删选、优选,最后整理出12项可操作性比较强的中小学生12岁以前应该经历的校外生存、生活技能。

孩子应掌握的12项技能板块分别是科学探索、创意木工、野外求生、急救护理、划船航行、绳结艺术、野外定向、露营技能、攀岩登山、歌舞才艺,以及滑雪、烹饪技能。为了让孩子们能够快速地认识和了解这些活动,我们把这12项技能与十二生肖相对应,根据生肖的特点,确定其代表的技能类型,然后把每个生肖代表的主题用精美的卡通图案展现出来。于是,kidscamp的"十二生肖徽章体系"诞生了,以下是具体内容。

课程简介:生活中有很多奇妙的现象,例如针扎气球不爆,火在水里不灭,不懂的话可能以为是魔术,是幻觉,但当我们去探索、去尝试,你会发现原来这些都是科学。

课程内容:科学小实验,自然观察,科技参观,科技展览等。

考核办法:完成任意一项即可获得科学徽章:①完成三种以上科学实验,并能说明其中的原理;②独立完成一项科技小发明,并能成功进行演示;③能说出20种以上植物或动物的名字。

创意木工

课程简介：把一块看似没用的木头做成自己想要的东西，这除了需要想象力外，还要花费一些时间和精力，在创作过程中，孩子们"手、心、脑"并用，专注力得到培养，动手能力得到锻炼。

课程内容：传统木工工具使用，动力轮船、竹蜻蜓、木屋创作。

考核办法：完成任意一项即可获得木艺徽章：①熟练使用各种木工工具，能够完成相应的挑战；②1分钟之内，完成10种以上卯榫结构的拼装；③能够独立完成一件木工作品。

野外求生

课程简介：孩子在户外玩耍时，难免会擦伤、烫伤，小伤虽不严重，但处理不当就会造成二次伤害，让问题变得严重。假如孩子懂得简单的急救护理常识，有过实践经历，这些就可避免。

课程内容：三角巾/绑带包扎、止血法、急救技能/卫生常识等。

考核办法：完成任意一项即可获得卫生徽章：①能够使用三角巾/绷带完成头部、手心或脚部的包扎；②懂得中暑、低血糖、胃疼、晕车的急救常识；③学会三种以上止血方法，并知其原理。

航海技能

课程简介：孩子无须海陆空样样精通，但都要去探索尝试。只有了解了自然，完成挑战，孩子才会更加自信。当孩子学会航海划船、驾驭风帆，才能真正体会到风一样的自由。

课程内容：扎筏泅渡，帆船体验，独木舟、皮划艇体验等。

考核办法：完成任意一项即可获得划船徽章：①能够驾驶皮划艇，完成直行、左右转弯等动作；②能够独立驾驶帆船，在规定的时间到达目的地并返回；③以小队为单位完成扎筏泅渡活动。

急救护理

课程简介：到了野外，在什么都没有的情况下，如何取水、生火，获取食物？利用大自然提供的有限资源解决生存问题，这不仅是对生存能力的锻炼，更是对创造能力的培养。

课程内容：制作弓箭、滤水器、打火石取火、搭建茅草屋等。

考核办法：完成任意一项即可获得求生徽章：①把一瓶污浊的脏水过滤成可以饮用的纯净水；②使用自己制作的弓箭，五米以外连续三次射中目标；③用打火石点火，做到三下之内点着。

绳结艺术

课程简介：绳结不仅是一种技能，还是一门艺术。绳子在生活中应用广泛，无处不在，不同的绳结有不同的用途，常用的有十几种，一旦学会，将会受用终生。

课程内容：初级绳结、编绳课程、旗杆/三脚架/晾衣架等制作。

考核办法：完成任意一项即可获得绳结徽章：①熟练掌握双套、称人结、营钉等六种以上常用绳结；②能够独立完成旗杆的扎做；③用绳结创作一件手工艺术品，如手链或中国结。

野外定向

课程简介：又叫徒步或远足，它不仅安全有趣，而且极富教育意义，尤其适合春秋游活动。在活动中，孩子不仅可以学会使用地图、指南针，还可以学会观察追踪、辨别方向等野外生存技能。

课程内容：野外定向技能、正置地图、图例识别、追踪记号等。

考核办法：完成任意一项即可获得定向徽章：①独立完成一次野外定向活动，找到宝藏、打开宝箱；②能够使用记号、图例，绘制放学回家的路；③能够举例说出三种以上高级追踪技巧。

露营技能

课程简介：周末假期，离开都市，来到户外，无论是沙滩，还是草地，大地为床天作幕，清风相伴月长随。新鲜的空气，璀璨的星空，醉人的歌谣，真正感受夜晚、融入自然。

课程内容：营区规划、帐篷搭建、营地安全、先锋工程等。

考核办法：完成任意一项即可获得露营徽章：①能够独立完成帐篷的搭建；②能够独自收拾露营装备、整理内务；③以小队为单位，能够在规定的时间内，完成露营区的搭建。

攀岩登山

课程简介：智者乐水，仁者乐山。走向户外，最好的活动莫过于游山玩水，以山的风骨、水的情怀去滋养孩子的心灵。然而，只有专业的组织、丰富的实践经验，才能玩得开心，玩得安全。

课程内容：户外行囊装备、登山和远足技能、攀岩速降技能。

考核办法：完成任意一项即可获得攀岩徽章：①能够正确地打包行李，完成5公里以上徒步；②征服一座海拔300米以上小山；③熟练使用绳索，在规定的时间内完成攀岩和速降任务。

歌舞才艺

课程简介：每个孩子都是一粒独特的种子，天生孕育着巨大的潜能，有的擅长唱歌，有的擅长跳舞，有的具有绘画天赋，我们要做的是：为孩子创造机会，让他们发现自我，找到自我，培养兴趣爱好。

课程内容：君子六艺，营地歌舞，营火晚会，创意折扇/风筝。

考核办法：完成任意一项即可获得文艺徽章：①熟练掌握两首比较有代表性的营地歌曲；②会跳至少两支欢快的营地舞蹈；③能够熟练演奏一种乐器，或表演一个文艺节目。

烹饪技能

课程简介：野炊，就像行军打仗一样，到了一个地方，大家停下来安营扎寨、埋锅做饭。利用大自然给予的资源，制作一顿美味午餐。野炊，不同于自家厨房，给孩子们的感觉自然不一样。

课程内容：无具野炊（竹筒饭/叫花鸡/烤地瓜）、餐具制作等。

考核办法：完成任意一项即可获得烹饪徽章：①能够利用大自然资源，制作三种以上野炊餐具；②掌握一种以上无具野炊技能：竹筒饭/叫花鸡/烤蛇面等；③会搭建一种以上锅灶，如土灶或砖灶。

滑雪技能

课程简介：雪是冬季里上天送给我们的礼物。滑雪是冬季最适合孩子亲近大自然的户外活动。在雪场孩子们从一开始无法站立到自由飞翔，这个过程不仅有趣，而且富有挑战。

课程内容：堆雪人、打雪仗、双板滑雪，以及各种冰雪运动。

考核办法：完成任意一项即可获得滑雪徽章：①学会基本的滑雪技能：犁式滑降、刹车、转弯、蛇形滑降等；②独立完成一个雪人的创作；③熟练掌握一种以上冰上运动项目。

kidscamp作为国内中高端营地教育品牌，其自主研发的"十二生肖徽章体系"是公司为了适应国内本土化发展而专门设计的。十二生肖无人不知、无人不晓，作为一种管理工具，可以有效地与孩子产生共鸣。再加上徽章图案个性鲜明、主题明确，无须过多解释，孩子们就能快速形成认知。

国内对营地教育感兴趣，打算进行营地规划设计的机构，可以以此为基础，打造别具特色的中小学生研学旅行或综合实践教育基地(营地)。集十二生肖，做先锋少年，通过十二生肖徽章体系，不仅可以激发孩子参加活动的兴趣，而且大大增强了客户的黏性，使活动的复购率显著提高。

　　十二生肖徽章体系，除了用于技能考核以外，kidscamp还开发了"公园定向"和"动物奥运会"等应用型经典活动。比如，应用案例一："公园定向"，将公园地图全程设置12个目标点，每个目标点依次用十二生肖图案进行标识，同时借用手机二维码识别技术，每到一关（目标点），用手机扫描二维码，弹出挑战任务，任务设置可以结合现场环境，也可以与生肖图案主题有关。

　　应用案例二："动物奥运会"，又叫"校外运动会"或"中小学生校外实践技能大赛"，是相对于传统"校内"运动会和学校知识学习而言，它的内容不再是跳高、跳远等田径比赛，而是走进生活，走向户外，是体能、智能和动手能力的考验，内容更加实用和丰富多彩。

　　在动物世界里，猪喜欢吃（烹饪），鸡喜欢表演（歌舞），老马识途（定向），狗拉雪橇（滑雪），猴子爬树（攀岩）……每个动物都有自己的特长，孩子也一样，每个人都是与众不同的，都有自己独特的天赋，不去探索尝试，怎么知道自己原来有这方面的潜能？

　　动物奥运会就是以此为前提，经过删选、优选整理出12项适合中小学生的户外活动，12项活动分别对应十二生肖。该活动会根据季节和营地实际情况，因地制宜，选择 6～10 项有代表性，而且可操作性比较强的主题活动。该活动与学校运动会有所不同，强调人人参与，共享欢乐，而且所有参与的孩子只要完成任务挑战，即可获得一枚相对应的技能徽章，在比赛中获得名次的，还可以获得证书、奖牌等其他奖励，并举行隆重的颁奖仪式。比赛项目不同，奖牌主题图案不同，并有金牌、银牌、铜牌三种类型。

以上营地"营员管理"的三大制度源自世界童军运动，它们是童军教育的核心所在。

其中小队制度是营地活动的基本单位，它是一种组织管理形式，孩子们从中学会了团结和帮助他人；徽章制度是一种目标驱动工具，徽章可佩戴可收藏，它是孩子们能力的象征，是一种看得见的外在成绩，是为自己负责的表现；荣誉制度是一种思想管理工具，它可以启发青少年内在的精神，使他们拥有崇高的理想，从而树立正确的人生观和价值观。

以上小队制度、徽章制度和荣誉制度，彼此联系、相互促进，三位一体，共同构成了一个科学、系统的营员管理体系。

第三章 营地生活管理

营地教育在实施过程中,有两大板块:营地活动和营地生活,其中营地活动是核心,营地生活是保障,生活管理得好,活动才能顺利进行。孩子是感性的,只有吃好、休息好,满足物质方面的需要,才能以最佳的状态投入营地活动中去,否则身体(潜意识)就会"反抗",不配合。

第一节　营前生活管理

> **营地导读**
>
> 俗话说："凡事预则立，不预则废。"对于一次营会活动，前期的准备和计划是活动顺利开展的保障，也是营会管理的一项重要内容，如果前期工作不到位，营期开始以后就会出现各种问题，以至于浪费时间，耗费大家精力，大大较低了活动的质量和工作效率。

一、报到通知单

孩子在入营之前，我们一般都会发一份《报到通知单》，内容包括报到的时间、地点，需要携带的物品，以及注意事项。对此，大家可能习以为常，觉得和营地管理没啥关系。然而，事事并非这么简单，我们要把《报到通知单》重新进行定义，把它当作孩子参加夏令营的第一个任务。根据《报到通知单》的要求，孩子需要自己收拾行李、装备行囊，从中学会自我管理。

1. 营会基本信息

营会基本信息包括：营会的主题名称、营期的时间、地点，报到的时间、地点；是否统一集合出发？集合的时间、地点，车辆或航班信息；报到时的着装要求，报到联系人和联系电话。

统一集合，如果是大巴出行，要注意集合的地点，大巴车是否可以停靠，家长接送孩子是否方便停车；如果是高铁或飞机出行，要明确通知几号门进，在(ABCDEF)哪个区域集合；出发前一天晚上和出发当天都要通知家长，出发前检查携带物品是否齐全，尤其是身份证件。

2. 出行携带物品

本部分内容是《报到通知单》的重点，通知内容不是简单地把需要携带的东西罗列出来，而是需要由熟悉营会的管理人员进行精心设计，将出行需要携带的物品进行科学分类、规范化管理。在这里，我们以冬夏令营为例，进行《报到通知单》的内容设计。

首先，要明确规定需要携带的行李有两件，一是行李箱，二是双肩小背包；然后，根据行李箱和背包的功能不同，明确界定每个行李里面装什么东西，不能混乱；最后，告诉家长，所有行李必须让孩子亲自打包收拾，可以协助，但不能代劳。

以上工作不仅内容明确，而且思路清晰，孩子自己收拾行李，不但清楚自己带了什么东西，放在了哪里，而且通过实践，孩子在不知不觉中学习了行囊装备知识，同时也建立了自我管理意识。

3. 报到注意事项

冬夏令营报到注意事项一般包括：营地会发放的物品，比如帽子、营服、活动装备等；营会限制携带的物品，比如玩具、零食、现金等；营会禁止携带的物品，比如手机、首饰、刀具等。管理人员应该清楚，哪些东西会给出行安检带来麻烦，哪些东西会给营会管理造成不便，哪些东西会给营员人身安全埋下隐患，列出这些物品，将其列入出行禁止携带物品的名单。

除了以上内容外，有时夏令营会有特殊活动安排，需要营员特别携带一些物品，比如：晚会的服装、演出道具，用于交换的纪念品，以及拍卖会的地方特产、闲置物品等。

二、入营调查问卷

入营调查问卷，可以让带队老师提前对营员有一个大致了解，知己知彼，做到心中有数，从而为接下来的夏令营管理工作提供参考和指导。调查问卷在孩子报名后发出，由第三方家长填写，收集到的信息会比较客观实用。调查问卷的内容应包括以下几个方面。

1. 营员基本信息

营员基本信息包括来自城市、学校、民族，姓名、性别、年龄，以及身高、体重、腰围等基本信息，从中可以初步了解孩子的文化背景和体型特征，为入营后的营服发放和小队分组提供信息依据。

2. 营员性格特征

性格没有好坏，只是不同而已，清楚孩子的性格特征，是进行"因材施教"的前提。尤其是在小队建设中，要将不同性格的孩子安排在一起，这样才能组成一个稳定、完美的团队，就像《西游记》里的唐僧师徒一样。

为了能够快速有效地了解孩子的性格特征，我们可以给家长四个选项，让他判断自己孩子的性格表现更像《西游记》里的哪个人物。是唐僧、孙悟空、猪八戒，还是沙和尚？因为四个人分别代表四种典型的性格类型：完善型、能力型、活跃型和平稳型。

3. 营员特长爱好

每个人都有特长爱好，知道了这些，在小队分工和某些活动中就可以进行引导，给他们一个展现自我的机会，当孩子在做自己喜欢或擅长的事情的时候，他们会干劲十足，并且乐此不疲。

4. 营员生活禁忌

在每期夏令营里，总会遇到几个有生活禁忌或家长提醒需要特殊照顾的孩子，对此，带队老师要特别注意，一定要将相应的工作做到位，如果疏于管理，那就是典型的失职，不可原谅。

5. 同行营员关系

调查这个问题是想了解本次夏令营，孩子是一个人参加，还是和其他小伙伴一起。如果是独自参加，就要在营期中特别留意，看他是否能融入小队活动中去；如果是一起来参加的，就要留意他们之间的关系是否适合安排在一起。

6. 参加营会缘由

家长给孩子报名参加夏令营的原因是多方面的，但也有主次之分，了解了家长的这些目的和期望，我们就可以在活动中对孩子进行有针对性的教导，同时也为我们进行营会的策划设计提供了依据。

在这个问题中，有些潜在的原因，家长是不方便说出口的，我们需要用选择题的形式进行呈现，方便家长选择；但是另外一个问题，家长对本次夏令营的期望，就需要采用开放式问题，让家长认真思考后写出来。将这两个问题的答案进行对比后，我们就可以得出更加有效的结论。

入营调查问卷

营员姓名：	性别：	身份证号：	就读学校：
目前身高：	体重：	裤子尺码：	上衣尺码：
通信地址：		联系方式：	
家长基本信息			
家长姓名：	妈妈□ 爸爸□	单位名称：	单位地址：
家长电话：		资料邮寄地址：	
其他重要资讯			
孩子特长爱好：		性格表现：	悟空□ 八戒□ 唐僧□ 沙僧□
是否有夏令营的经历：			
对本次夏令营的期望：			
是否有生活禁忌：			
其他需要特殊照顾的地方：			

三、入营检查事项

入营检查事项包括两个方面，一方面是营会的准备工作是否到位，另一方面是营员的身心状态和携带的行李是否有问题，这两项工作分别采用《营前检查表》和《入营检查表》进行逐一确认。

1. 营前检查

①交通食宿是否安排妥当；②活动物资是否到位；③工作人员是否到位；④场地是否布置完毕；⑤文书资料（营员手册、执行手册、营员名册）是否准备完毕；⑥营会安全检查结果如何；⑦营会风险措施（保险单、应急渠道）是否到位；⑧应急预案是否备好；⑨场地使用手续是否办理完毕。

2. 入营检查

(1) 检查并询问，通知的个人行李物品是否携带齐全，不全的要进行登记，并及时采取弥补措施。

(2) 检查有没有携带手机、手表、首饰、现金等贵重物品，若有则提醒放好，或交给老师代为保管。

(3) 检查是否携带零食，如有携带，检查是否有不健康食品，是否会污染床品和环境，并提醒注意零食是否腐烂过期，同时告知如果发现不好好吃饭，所有的零食都将被没收。

(4) 检查是否携带玩具，如有发现评估是否安全或影响他人，并提醒禁止带到活动中去。

(5) 检查是否携带刀具、打火石、打火机、颜料等危险物品，如有发现，立即收回，统一保管。

(6) 检查营员身心状态，询问是否正在服药，若有则了解是否携带药品，药品用途和现在身体状况，并做好记录，以便后续跟踪服务。

KiDs Camp

哈尔滨冬令营-报到通知单

冬令营目标：
1. 作为学校教育和家庭教育的有益补充，让孩子学会自我管理，培养创造意识；
2. 教给孩子终身受用的生存技能和价值观，为社会主义培养合格的建设者和可靠的接班人；
3. 为孩子创造更多的探索和体验机会，让他们在学习以外的领域，感受成功、收获自信。

冬令营基本信息：

营期名称：2018哈尔滨（冰雪奇缘）冬令营	活动营地：哈尔滨伏尔加庄园	
营期时间：1月29日至2月2日(5天4夜)	集合时间：1月29日早晨 7:30	地点：流亭机场**T2国际**出发大厅
航班信息：去程 东方航空 MU2701（09:40-11:35）;	返程 青岛航空 QW9882（22:45-00:50）	
报到服装：不宜过厚，哈尔滨白天气温和青岛夜间差不多	带队老师：秦燕	联系电话：150 5420 7059

需携带的物品（精彩的旅程即将开启，为确保活动有效开展，孩子快乐体验，大家顺利往返，请协助我们完成以下工作）

★ 随身双肩小背包

□圆珠笔、笔记本	□课外书籍1-3本（飞机和每天中午、晚上看）	□滑雪防寒手套
■发放的帽子、脖套	□保温水杯（空杯，不加水）	□零用钱（建议勿超过200元）
□小包餐巾纸3包或1卷	□个人药品（正在服用的药品）	■近视镜/手表/充电线（若有，请放小背包）

★ 托运行李箱

1号袋：□内衣/裤2套	2号袋：□保暖内衣1套	3号袋：□睡衣1套（若有，请携带）
4号袋：□洗漱用品1套	5号袋：□备用棉鞋1双	6号袋：□厚袜子2双
7号袋：□羽绒/棉服或冲锋衣1件	8号袋：□滑雪裤1条（发放的）	8号袋：□备用裤子1条

★ 出发时着装

上身：外层（滑雪服/羽绒服）+中层（抓绒衣/薄羽绒/马甲或毛衣）+内层（保暖内衣）	头：帽子/脖套（会统一发放）	
下身：外层（棉裤或抓绒裤）+内层（保暖内裤） 脚：雪地靴+棉袜	备注：机场发放分队马甲，统一形象，便于识别	

★ 发放物品（无需准备）

□ 营员装备：滑雪装备（雪仗、雪板、雪鞋、头盔）；

□ 其他物资：戏雪装备、营地币、技能徽章、荣誉奖章、毕营证书，以及DIY物资，手工纪念品等。

温馨提示：■以上是入营第一课，让孩子练习装备行囊，学会自我管理。请家长协助孩子准备，由孩子自行整理，以免不清楚携带的物品有哪些，以及放在哪里。■为了减轻孩子负担，并快速安检，请勿将零食、水果、饮料等放在小背包内。■本次活动禁止携带手机、游戏机、玩具、电池等电子产品。

温馨提示： 以上表格为kidscamp张修兵老师研发设计的，仅供参考交流，不得用于商业用途，如需电子版文件，请关注kidscamp微信公众号，联系我们。

第二节　营地生活管理

> **营地导读**
>
> 在生活管理方面，营地教育与传统的亲子旅行、研学旅行有很大不同，生活管理是营地教育的重要组成部分，它与活动管理相辅相成、有机结合，构成了营会管理的基本内容。生活管理不仅是营地工作人员应该具备的知识和技能，更是针对孩子的一项重要教育课程。

营员进入营地以后，生活方面由小队辅导员全程负责，每个小队 6～10 人，配一名专职辅导员，小队辅导员除了协助教官、带领小队开展活动外，就是负责本小队队员的营地生活管理。营员的生活管理具体有以下几个方面，这些内容都是营地的日常管理工作。

一、营员内务检查

营员内务检查一般是每天中午和晚上各一次，但每次的检查重点有所不同：中午是发现问题、提醒改正，安全检查、排除隐患；晚上是全面正式检查，计入小队考评分数。在每天正式检查之前，一般会由各队生活委员先检查一遍，记录个人考评分数，做得不到位的提醒改正，再迎接老师的检查。

1. 物品摆放

进入宿舍以后，个人行李箱、背包需要整理好并摆放在指定位置，拉链要拉上，不能敞开随意放置；个人床铺要铺好或按统一要求叠放整齐，不能乱成一团；水杯、帽子、分队服等常用物品要摆放整齐，放在指定位置；脱掉的衣服、鞋子要各自分开放置，不能混在一起，防止错拿或丢失；洗漱用品摆放整齐，统一放在卫生间洗漱台上。

为了管理规范，节省后续事件，小队辅导员要提前规划好房间的物品摆放方案，然后将温馨提示牌放到指定的位置，入住前通知所有的队员按照指定要求整理内务。

2. 个人卫生

个人卫生包括三个方面：第一，洗脸刷牙，每天睡觉前和起床后各一次；第二，洗头洗澡，夏天要做到 1～2 天一次，如果天气炎热、出汗比较多，可以一天两次，冬天可以放宽为 3～5 天一次；第三，衣物换洗，脱下的衣物要及时清洗出来，不要过夜，更不能带回家。

个人卫生检查可以通过观察面部、闻闻口气、翻看衣物等方式进行检查,还可以发动宿舍队员相互监督,相互报告对方的个人卫生状况。

3. 房间卫生

房间卫生也包括三个方面:一是地面要干净,物品摆放要整齐,不能有生活垃圾,也不能有衣服、帽子等不应该放在地上的物品;二是桌面物品要摆放整齐,从左到右、从高到低、靠墙摆放;三是卫生间水池、地面上不能有污水、泡沫、垃圾等,用完的物品放回原处,摆放整齐。

以上是营员内务检查的三个方面。在工作中我们经常发现,有些孩子不需要监督,内务就能做得很好,因为他原本就具有良好的生活习惯;而有些孩子,即使别人付出很多时间和精力,他也做得差强人意,原因是他以前懒散惯了,一时间适应不了。这时我们就要注意,调整我们关注的焦点,把注意力放在他们的进步上,而不是不好的地方,只要每天有进步,就可以加分奖励。

二、营员饮食检查

饮食检查主要包括两个方面,一是每天的一日三餐,二是活动期间的加餐(茶歇),除了发动小队成员之间相互监督外,小队辅导员还要适时引导、注意观察、把控全局。

1. 活动加餐

营地活动一般每天安排两次加餐,上午一次,下午一次,上午在10点左右,下午在4点左右。加餐时间就是营地活动的半场休息时间,休息时间的主要活动是喝水、去洗手间,有时也可以提供水果和糕点。这里需要注意的是,喝水、上厕所不是大家随意,而是要当成一项任务,尤其是喝水,每次不管渴不渴都要喝,每天至少喝2~4杯水。一旦发现谁没有喝水,或者喝水不到位,就扣考评分。

关于饮用水,夏天提供大桶矿泉水,并给肠胃不好、不能喝冷水的孩子准备一壶热水，冬天用保温桶、饮水机或暖瓶提供热水；此外，需要特别注意的是，尽量不要使用自来水，一方面是口感不好，更重要的是容易造成孩子水土不服、嗓子发炎；有时为了出行方便，外出活动最好提供矿泉水或纯净水（冬天除外），不让孩子携带水杯，这样可以避免水杯丢失在营地外面。

2. 一日三餐

在一日三餐方面，小队辅导员每天要做的工作有以下几方面。

(1) 按照第二章"营员管理办法"中的餐饮纪律的有关规定对小队成员进行引导、管理和考评。

(2) 提醒有生活禁忌和需要服药的孩子注意饮食、记得按时服药，并进行跟踪观察。

(3) 注意小队成员是否有暴饮暴食、挑食偏食的现象，提醒其注意营养均衡，小心消化不良，如果出现肠胃不舒服、晚上入睡困难，及时报告老师。

(4) 注意入营携带零食的孩子，是否出现不吃饭的现象，不吃饭可能会告诉家长说营地饭菜不好吃，为买零食找借口。

(5) 询问小队成员的吃饭情况，收集关于餐饮的建议，以便晚上老师开会时反映问题，让后勤人员及时调整餐品和供给。

三、营员身心检查

身心检查是营地生活管理中的一项特别重要的工作，小队辅导员要将其放在首位，它直接反映出营员对本次营会活动的满意度。身心检查主要包括三个方面：身体状态、情绪状态和意外伤害。

1. 身体状态

活动期间，注意观察孩子的身体状态，发现精神萎靡、有气无力，活动参与积极性不高的情况，要及时上前询问哪里不舒服，并初步判断是中暑、感冒、肚子疼，还是肠胃不舒服，然后通知教官或队医再次进行确认。

每天中午和晚上，宿舍例行检查时要询问小队卫生委员，以及小队每个成员有没有感觉身体不舒服，并在考评表上进行记录，发现有感冒症状、消化不良的，要及时采取措施，将病灶消灭在萌芽状态，尤其是晚上，须防止病情恶化和影响大家休息。

2. 情绪状态

孩子对活动和生活是否开心，对活动和生活是否满意，会直接体现在情绪上。如果发现营员情绪低落、激动，或不稳定，一定要及时了解具体情况，情绪背后的动机是什么？我们可以通过直接对话和咨询他人两种方式去求证情绪背后的原因。一般有以下几个方面，小队辅导员可以采取相应的办法疏导情绪。

(1) 独立性差，安全感不足，想家。

对于这样的孩子，要给他更多的工作去做，让活动充实他的生活，让他没有时间停下来想家；一旦出现想家的状态，可以通过转移注意力进行化解；如果转移注意力不能奏效，比如晚上睡觉的时候，就需要由老师在身边进行陪伴，就像父母在身边一样，赋予其一定的安全感。

(2) 队员之间发生矛盾，受到打击。

如果是队员之间发生矛盾，首先要了解事件的起因。如果是误会，那么大家一起将事情讲明白就可以解决；如果是因自己做得不够好，被大家埋怨，就使用正面管教法让进行语言攻击的人进行道歉，并想办法帮其做得更好；如果是因为意见不统一，大家可以举手表决，或者两条腿走路，去分别验证谁的办法更好。

(3) 不能融入活动中去，被冷落。

有时可能是因为性格问题，或者是小队成员中没有自己认识的小伙伴，又或者工作内容没有自己擅长或喜欢的部分，于是大家在活动的时候，有些孩子就会被冷落，在那里无所事事。出现这种情况，小队辅导员就要介入，提醒队长或其他成员带着他一起玩，或者给他一些特殊的工作去做。

(4) 对活动没有兴趣，觉得没意思。

出现这个问题，可能是他以前参加过类似活动，或者是活动难度太低，缺乏挑战性，不太适合他的年龄和水平。遇到这种情况，我们一方面可以给他安排一些比较特殊的工作，比如，从一个体验者上升为领导者或教学者；另一方面可以通过增加活动的难度，让任务更具有挑战性。

3. 意外伤害

检查小队成员的身体，有没有擦伤、划伤、烫伤、扭伤等意外伤害。如果有，了解造成伤害的过程，在什么时间、什么地点、因为什么造成的。确认是否已经对伤口进行了处理，是否严重，是否需要进一步观察和处理，是否需要告知家长。

作为一名合格的小队辅导员，要清楚每个孩子的身体状态，清楚每个意外发生的过程，即便是小小的磕碰和擦伤，这样才能做到对孩子了如指掌，能够掌控局面。有些意外伤害需要告知家长的，要第一时间通知到位，不能等到家长打电话来兴师问罪，那时就被动了。

四、生活物资检查

通过加强生活物资管理，可以让营地的服务做得更加全面到位，避免遗漏和失误，大大提高营地的服务质量。生活物资检查主要包括：房间生活设施、小队物资箱和宿舍生活用品等。

1. 房间生活设施

营员房间生活设施主要包括床铺、桌椅、空调、衣橱，以及卫生间里的热水器（冷热水）、马桶、上下水等。在每天的例行检查时，都要确认这些设施是否好用，发现问题要及时报修或更换房间。

除了以上内容，每天晚间例行检查时，小队辅导员还要检查营员门窗有没有关好，蚊香液有没有插上，空调温度是否合适，若发现问题，要立即纠正，不能只是提醒，因为孩子很容易忘记。

2. 小队物资箱

小队物资箱一般用来放置小队的公共物品，比如：餐巾纸、急救包、文具、防蚊液、青草膏等，物资箱一般由小队物资委员进行保管。小队辅导员要提醒物资委员保管好物资箱，并每天检查物品损耗情况，有没有丢失，需不需要增补。

小队物资箱是帮助小队实现自我管理的一种有效工具，小队辅导员要做的是与负责后勤和物资的工作人员保持紧密联系，确保物资箱里面的物品充足齐全，这样，有些问题小队成员就可以自行解决，无须劳烦其他工作人员。

3. 宿舍生活用品

如果营期住宿的房间并非酒店，不提供打扫卫生服务，就需要后勤管理人员多付出一些劳动，每天为宿舍提供常用的生活物资，比如：衣架、卫生纸、蚊香片、洗衣粉（肥皂）、垃圾袋等物品。就像酒店保洁一样，每天带着各种物品把所有的房间检查一遍，不要等到物品缺少，营员索要的时候，那时就会变得被动，而且容易手忙脚乱，同时给人一种服务不到位的感觉。

在营期结束后，后勤工作人员要注意查房，一方面检查孩子有没有落下的物品，另一方面回收发放的各种物资。捡到物品要及时报告，争取在孩子离营前发布失物招领，回收的物资统计损耗。

营员巡检表

小队名称：　　　　营期：　　　　　　第　　天

项目序号	挑战任务		营地生活						个人表现	
	完成	优秀	吃饭	喝水	休息	洗漱	情绪	身体	纪律	职责
1										
2										
3										
4										
5										
6										
7										
8										
9										
10										

使用说明：将本队成员按照站队顺序1～10进行编号，用数字代替姓名；每天挑战任务完成打"√"，没有完成打"×"，完成好的加1分，奖励营地币1元；营地生活没有问题的打"√"，有问题的打"×"并要注明情况；个人表现合格的打"√"，不合格的打"×"，每天小队考评前3名奖励1～3元营地币。

夏令营小队考评表

营期基本信息						
小队名称		辅导员			联系电话	
营会名称		营　地			营期时间	
小队考评结果						
考评项目	时 间	评价结果			备注	
小队纪律	D1	A．良好	B．合格	C．差		
	D2	A．良好	B．合格	C．差		
	D3	A．良好	B．合格	C．差		
	D4	A．良好	B．合格	C．差		
小队活动	D1	A．良好	B．合格	C．差		
	D2	A．良好	B．合格	C．差		
	D3	A．良好	B．合格	C．差		
	D4	A．良好	B．合格	C．差		
小队内务	D1	A．良好	B．合格	C．差		
	D2	A．良好	B．合格	C．差		
	D3	A．良好	B．合格	C．差		
	D4	A．良好	B．合格	C．差		
小队状态	D1	A．良好	B．合格	C．差		
	D2	A．良好	B．合格	C．差		
	D3	A．良好	B．合格	C．差		
	D4	A．良好	B．合格	C．差		
小队物资	D1	A．良好	B．合格	C．差		
	D2	A．良好	B．合格	C．差		
	D3	A．良好	B．合格	C．差		
	D4	A．良好	B．合格	C．差		
考评成绩统计						
D1		D2		D3		D4

评价说明：①小队成员团结互助、相互监督，先进行自我考评，然后迎接老师考评；②考评结果 A 良好 +1 分，B 合格 0 不计分，C 差 -1 分；③考评以小队为单位，只记小队成绩，不记个人。

考评人：（签字）

第三节　营员管理制度

> **营地导读**
>
> 俗话说："没有规矩，不成方圆。"孩子在成长过程中更需要明确的界限，没有界限，就没有安全感，没有界限，他们会不知对错。如果界限不明确，会让孩子变得茫然，不敢轻易地去探索，担心犯错，做起事来就会畏首畏尾、战战兢兢、如履薄冰。

在大量的生活实践中，我们发现孩子不是不喜欢规矩，而是不喜欢没有明确界限的规矩，只要我们界限明确，孩子就知道什么该做、什么不该做，而且他们还知道：只要在界限范围内活动，他们就是安全的，行为不会受到责备和惩罚。只有告诉孩子们明确的界限，他们才能在制定的规则框架下自由探索、释放自我。这也是德国华德福教育中崇尚的"放养"教育模式，他们看似散漫，甚至有些混乱，然而事实上，注意观察，你会发现德国小孩的"江湖规矩"，他们是形散而神不散。

一、营地纪律

相对于营地的誓词纪律而言，营地纪律是更加具体化的行为准则，它涉及营会活动的方方面面，是指导营地老师开展日常管理工作的基本方法，是对营员在营期间进行行为考核的重要依据。

1. 餐饮纪律

1）文明礼仪

入座以后，任何人先不要动筷子，等小队成员到齐了，饭菜都准备好了，在文艺委员或队长的带领下，大家全体起立唱《谢饭歌》或吟诵《感恩词》。唱完以后，各小队可自主加上自己的特色内容，比如：感谢厨师，感谢老师，你们辛苦了！然后大家拿起筷子，夹一块自己最喜欢吃的给左边的伙伴，同时说一句："感谢您的陪伴，您辛苦了！"然后夹一筷子给右边的伙伴，同时送上一句祝福："用餐愉快！"或"吃好、喝好！"然后坐下，开始安静地吃饭。

2）就餐规矩

安静就餐，餐厅内严禁大声喧哗，不能谈论与吃饭无关的话题；夹菜规矩，严禁过河，只能夹自己前面和左右两边的三个菜，严禁起身夹菜（盛汤除外），且每个菜最多连续夹三次，严禁把喜欢吃的都往自己碗里放；转桌规矩，顺时针慢慢转，每次最多转三个菜的位置，转桌时注意不要耽误他人盛汤或夹菜，小心碰到他人的碗筷和水杯；吃饭或夹菜时，不小心掉在地上或桌子上的饭菜要负责用餐巾纸把它清理掉，放在自己的盘子里或丢到垃圾桶里。

3）良好习惯

讲究卫生，每次餐前要洗手，饭后漱口；吃饭要多次少取，避免浪费，提倡光盘行动，自己碗里的饭菜要全部吃掉；吃饭要营养均衡、荤素搭配，不挑食、不偏食；随身携带水杯，尤其是夏季要多喝水、勤喝水，不要等到口渴的时候再喝；吃完饭后，主动将桌面、地面收拾干净，凳子摆放整齐，然后将餐盘和垃圾送到餐具回收处。

除以上内容外，生活老师还要提醒小队成员注意自己的生活禁忌，有没有不吃辣的、海鲜过敏的，是否有少数民族不吃猪肉的。对于家长告知需要特殊照顾的对象，生活老师尤其要注意，将家长提醒的事情落实到位，比如，有的孩子需要饭前或饭后吃药的，有的喜欢暴饮暴食的，有的挑食偏食，甚至喜欢买零食的，有洁癖的，甚至有年龄小不会用筷子的。

2. 住宿纪律

1）文明礼仪

营员在宿舍要合理着装，睡觉前可以穿便装，但不能只穿内衣；进入他人房间要先敲门，得到允许后方可进入；注意男女有别，不乱走动串门，要注意保护自己和尊重他人隐私。

2）宿舍规矩

保持房间整洁，按营地统一要求摆放物品、整理床铺；爱护房间公共物品，严禁在床上吃零食和写东西；熄灯后严禁串门，不得反锁门，未经允许，不得留宿他人；严禁在房间嬉戏打闹，小心开关房门，以免碰头或夹手；营员可以制定自己小队专属的开门暗号，比如用敲门的节奏、密语等。

3）良好习惯

注意个人卫生，每天洗脸、刷牙、洗澡、洗衣服，做到脏衣服不过夜；早睡早起，并养成午休习惯，保持每天精神饱满；养成睡前读书的习惯，营地禁止用电视、手机、游戏机等电子产品；根据营地作息时间设定闹钟，凡事提前5分钟是个好习惯。

3. 交通出行

1) 文明礼仪

公共场合严禁大声喧哗，遵守交通规则，服从车站和乘务工作人员的管理；注意环境卫生，不乱丢垃圾，乘坐公共交通工具时，不吃自己携带的零食，防止异味和产生垃圾；出行期间注意形象，不争抢、不吵闹，不干扰和影响他人，按出行队列和行装的统一要求做到快速反应和维持良好秩序。

2) 安全守则

乘坐大巴时要系好安全带，不得嬉戏打闹，前进过程中严禁站立；熟记并看好自己的行李物品，防止拿错和丢失；不要随便将行李物品放到行李架上，防止滑落或者下车忘记；在指定位置或对号就座，严禁私自交换位置或更改车辆；出行期间，万一走失或掉队，请待在原地，求助身边的工作人员，拨打带队老师的电话。

3) 良好习惯

出行之前，列出自己的物品清单，熟悉内容和存放位置；下车时，提前检查自己的行李和随身携带物品，防止落下；每次出行，小背包里携带 1～3 本课外书籍，用于打发旅途中的闲暇时间；出行期间不携带金钱、手机等贵重物品，或者将其放在带有拉链的内层口袋，防止丢失和滑落。

4. 活动纪律

1) 活动规则

每天出门前根据统一要求，穿合适服装，携带所需的户外装备；听从指挥、服从安排，在指定区域活动，未经允许不得离开活动区域；按照老师讲解和演示正确使用发放的工具和装备，严禁乱用和破坏；活动期间，个人任务完成以后要主动报告老师和帮助其他队员，严禁打扰和嘲笑他人；活动过程中要爱惜公物，注意环境保护，提倡"无痕"行动。

2) 安全守则

无论何时何地都要两人以上结伴而行，严禁单独行动；危险之地要慎行，走路要沿道路前行，严禁跨越禁区、护栏和践踏草坪；在野外未经允许不得乱食或品尝野生动植物，不得购买零食；户外行走要保持队形，队长在前，副队长在后，队员间距在三步以内；户外活动严禁嬉戏打闹，不准追赶、奔跑，尤其是夏天，以免摔倒碰伤、擦伤，发生意外伤害；活动期间遇到问题或身体不适，要及时报告队长或生活老师。

3) 良好习惯

活动过程中要有自己的想法和主见，鼓励提问和积极发表个人意见；小队活动要做到行前有计划、工作有方法、活动有目标；活动结束后要善于总结，回顾活动过程，将知识和经验相结合，得到的便是智慧，养成写成长（研学）日记的好习惯；所有的营地活动都是小队活动，不提倡个人英雄主义，要养成团结互助的意识和思维习惯；活动期间遇到问题，先自己想办法，若自己无法解决，就找队员寻求帮助，若小队内部无法解决，再找老师寻求帮助。

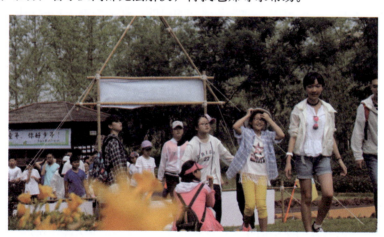

二、营员行为准则

营地相对于学校和家庭而言，它是孩子的另外一个成长空间。在这里，它不仅要有先进的办学理念，基本的行为规范，还要有健全的管理制度。在这里，誓词纪律是一种有效的教育形式，它通过当众宣誓的形式，让营员在同伴和老师的面前，自愿作出对某些行为的个人承诺，对这些道德和准则永远确认，以及持续地尽自己所能地成为行为典范，这是培育孩子最有力的教育工具。

1. 营地誓词

我很高兴参加本次训练营，我保证，严格要求自己，遵守营地规律，终身奉行下列三事：①敬天乐群，做一个堂堂正正的好公民；②随时随地帮助他人，服务社会；③力求自己智识、品德、体格之健全。

以上三条誓词，通俗地讲就是以下三方面。

第一，对自己要负责。

在营地吃好、睡好，照顾好自己的身体；在学校好好学习、天天向上；在家里要少看电视和手机，保护好自己的眼睛。我们要为自己个人知识的积累、能力的提升，以及体格和品德的健全，有尽责任的本分。人只有对自己负责，自己先照顾好自己，才有能力去帮助和服务他人。

第二，对他人要帮助。

小队是我家，建设靠大家，小队成员是我的兄弟姐妹，大家不但要各司其职，还要相互帮助。尽所能、助他人，不仅是一句营地誓词，还要把它当成伴随自己一生的铭言。

第三，对社会要有贡献。

在营地活动中，我们不但要为小队作出贡献，将来走向社会，还要为家庭、为学校，为推动他人和社会的发展作出贡献，从而实现自己人生的价值和意义。

上述有关使命、社会和个人成长的三条原则，构成了贯彻营地活动的行为规范和信念。因此，我们组织各种营会活动的目的，都是为青少年成长提供足以本于上述原则的最大发展机会。此外，三条原则和营地宣誓仪式中的三指一一对应，每个手指代表一句誓言，大拇指按住小拇指，寓意：以大帮小，以强扶弱，大家团结一心，体现一种大家庭的温暖。

2. 营地纪律

营地的纪律和营地誓词一样，它是孩子们在营地的行为规范和做人做事的信念。相对于营地誓词，营地纪律更加具体、更加全面，也是落实营地教育使命：以培养"完整人"为目标，促进青少年德、智、体、美、劳全面发展，为社会主义培养合格建设者和可靠接班人的具体体现。

1) 信用为人敬

信用是人生最大的无形财富，重视信用是一种美德。信用意识需要从小培养，即使是小孩子，约好的事情也不能私自更改，答应别人的事要说到做到，只有这样，才能成为一个讨人喜欢、受人尊敬的人。同时提醒大家，对于自己做不到或不可控的事情，要留有余地，不要轻易对孩子作出承诺，以免造成失信的尴尬局面。

2) 待人要忠诚

忠诚是立人之本，是人生第一大美德。一个人只有真诚待人，将心比心，才能赢得他人的真诚相待，所以君子处世当以忠诚为第一要务。无论是在营地，还是在学校，没有人喜欢偷奸耍滑的人，他们说一套做一套，当面人背后鬼，忽悠得了一时，忽悠不了一世。只有以诚心待人，做事不夹带私心杂念，即使历尽磨难，也终有成功圆满的时刻。

3) 爱物更惜阴

爱物，一方面指的是爱护物品，不管是公共设施还是私人物品，在使用过程中都要小心谨慎，避免损坏或丢失；另一方面指的是要爱护食物，避免浪费，勤俭节约是中华民族的传统美德，我们要发扬光大。惜阴，指的是珍惜光阴，不浪费时间，每天把有限的时间投入到有意义的事情中去。

4) 自重又重人

自重，意思是我们要自己重视自己、尊敬自己；重人，指的是尊重他人。在这里需要注意，自重是赢得他人尊重的前提，如果你自己都不把自己当回事，伤害自己的身体，践踏自己的人格，那么别人也不会把你当回事，也就无法赢得他人的尊重。

5) 友善兼亲切

不管在营地，还是在学校，对待他人的态度要热情友善，行为要主动亲切，友善的人像太阳，照到哪里哪里亮。友善可以拉近人与人之间的距离，促进沟通交流，态度友善的人，大家都愿意靠近；反之态度冷冰冰，带答不理的人，大家都会避而远之。

6) 相处如手足

什么是手足？手足的意思就是兄弟姐妹。营地活动实行小队制度，每个小队6~8名成员，这些队员可能来自全国各地，而且文化背景各异。然而，在接下来的日子里，小伙伴们要一起吃饭，一起睡觉，一起玩游戏，大家就像兄弟姐妹一样，快乐地生活在一起。

7) 勇敢不怕难

走出教室，走向户外，外面的世界很精彩，在好奇心的驱使下，我们来到了营地，但是在这样一个新环境里，光有好奇心还不行，还要有一颗勇敢的心，敢于和陌生队员讲话，敢于探索新内容、尝试新方法，不怕困难和挫折，勇敢面对各项挑战。

8) 自信又乐观

自信是成功的前提，是走向成功的力量源泉。自信是一个人源自内心的自我肯定，而非他人的外在评价，只有自己相信自己，他人才会相信你。在面对挑战时，小伙伴们首先要相信自己，敢于行动，好的开始就等于成功了一半，即使后面过程曲折、道路坎坷，我们也要保持积极乐观的心态，认同已经取得的成绩，同时接纳不完美的自我，我们就能时刻感受到幸福和快乐。

9) 团结又互助

在营地，小队成员为了实现共同的目标，大家不但要各司其职，团结协作，发挥各自的优势，做到事事有人做，人人有事做，同时还要互帮互助，以大帮小，以强扶弱，不放弃、不抛弃任何一个伙伴，让每一个小队成员都能完成任务挑战，彰显自己小队团结友爱的精神风采。

10) 自立又自强

离开父母，来到营地，小伙伴们在这里要学会独立自主和自我管理，自己的事情自己做，不依赖他人。同时，我们还要知道自立是帮助他人的前提，如果自己都不能照顾好自己，就无法去帮助他人。做到自立以后，小伙伴们还要学会自强，不安于现状，懂得积极进取，依靠自己的努力不断向上。自立自强是一种良好的个人品质，一种可贵的营地精神。

以上营地行为规范，两两一组，并配有通俗解释，作为营地管理者，我们不但要将其写进营员手册，张贴在营地室内外显眼的位置，还要在开营仪式和活动的过程中不断重申和强调。此外，在遇到问题的时候，营地纪律还可以作为判断事情对错的标准，以及引导孩子坚持正确方向。

第四章 营地活动管理

营地教育作为一个新兴行业,在很多人的大脑里还没有具体的概念,其实营地活动的组织管理和企业经营一样,也有一套科学规范的运营管理系统。营地活动管理除了前期的策划外,在实施过程中主要有组织分工、组织管理和工作会议三个方面。

第一节　营会组织分工

> **营地导读**
>
> 营会的质量由两个方面决定，一是活动本身，二是落地执行。好的活动能吸引家长报名，在竞争中脱颖而出，但好的执行才是关键，说到并且做到，才能赢得家长信任，让复购成为可能；如果仅仅是包装做得好，宣传得天花乱坠，而管理混乱、执行不到位，结果就是一地鸡毛。

营地经营的最终目的是打造客户满意度，赢得口碑效益，这样才能拥有源源不断的客户群，实现可持续发展。在行业发展初期，活动本身是看得见的，容易模仿，但管理运营是幕后的软实力，一时半会很难复制。所以，要想在竞争中脱颖而出，赢得家长的信赖，就一定要加强营会的组织管理，提高活动的落地执行水平。

合理的岗位设置和明确的职责分工是有效开展营地工作的前提，它就像一台机器的各种零部件一样，只有大家团结协作、紧密配合，机器才能正常运转。此外，在行业发展初期，一些岗位名称和职责分工还不规范，容易造成认知混乱，比如当下大家经常听到的营地导师(研学导师)，它只是一种职业名称，就像商务策划师、人力资源管理师一样，在实际经营管理工作中是没有这个岗位的。如果按照初、中、高三个等级进行划分，营地导师在营会管理工作中对应的分别是小队辅导员、营地教官和营长(团长)。

一、营长职责

1. 活动设计

负责夏令营产品的总体设计，营地的选择和食宿的联系；负责夏令营活动的课程设计、教案编写，以及流程设计；负责夏令营营员手册的编写，教练手册、日程安排的设计。

2. 活动培训

负责工作人员的培训：营地理念、素养技能、岗位职责、活动流程等；确定工作人员的分工，明确岗位职责，搭建起沟通渠道；主持工作人员的会议，总结当天的问题，安排明天事务。

3. 活动实施

提前一天入营，熟悉场地、分配工作、清点物资、布置场地；每天通告各团活动安排，场地物料信息，提醒注意事项；每天发布最新通知和活动要求，收集各团信息，并解决问题。

二、营地教官职责

1. 活动场地

根据日程安排，确定每天集合的时间和地点，以及转场路线；根据活动内容，落实团体教学和小队分组活动的场地，并准备备选方案，以应对场地冲突或恶劣天气；根据场地环境，确定活动界限，排除安全隐患，并准备可能发生情况的预案。

2. 活动秩序

当营员需要分批或陆续参与活动时，教官既要做好当下的教学，又要让等待的营员有事可做，确保活动整体有序；教官在整队和教学时，要发动小队辅导员管好各自的队伍；分组活动时，教官要放眼全场，掌控局面，确保人人有事做，同时注意周围环境的变化，防止外人侵扰和营员离场。

3. 活动物料

根据活动人数按适当比例准备相应的物料以及备用物料；在规定的时间和地点，用专用的物资箱领取和归还物料；教官除了熟练使用活动物料外，还要会维护和修理装备；物料使用完，要填写《损耗单》，并通知后面的使用者。

温馨提示：可为营地教官配备营地助教，或者由营地后勤协助开展工作，以确保活动物料及时到位、教学场地布置完好、教学工作能顺利进行。

三、小队辅导员职责

1. 小队活动

在孩子面前，要时刻保持工作状态，不能给他人一种无所事事的样子；拍照、摄像要追求质量，不是为了拍照而拍照，而是要用心，把最好的一面呈现给家长；在活动中，通过目标驱动法给予孩子正确的引导，让孩子学会利用资源、清除障碍，让孩子懂得付出就有回报，体验也是收获。

2. 小队秩序

在集合和教学时，小队辅导员要协助教官管理好自己的队伍；小队分工要落地，做到"事事有人做，人人有事做"，遇到问题，引导小队成员先自己想办法，然后鼓励他们自己作决定，尽量做到小队自治；无论是吃饭、睡觉、还是活动，都要严格执行《营员手册》中的规矩和文明礼仪，让营员每天在规范有序中进行；时刻关注小队的精神状态，发现端倪，及时运用"正面管教"法进行引导。

3. 小队生活

住宿方面，每天早中晚定时查房，清楚孩子在房间里的状态；餐饮方面，注意孩子饮食禁忌，看吃饭和大便是否正常；活动期间，留意孩子的穿衣、喝水、身心状态，发现问题及时纠正。

四、营地后勤职责

1. 生活服务

负责营期餐饮安排，制定 3~4 套餐单，并根据情况调整菜品；负责营期住宿安排，合理调配房间，并提供后续跟踪服务；负责后勤保障，确保大桶水、水果、肥皂、衣架等生活用品的供应。

2. 活动服务

负责营期活动物料的采购和供应，发现不足及时补齐；负责营期活动物料的保管、发放和收回，做好损耗登记；根据活动需要，负责场地基础条件的布置和后续的整理。

3. 旅行服务

制订旅行计划，负责外出车辆、餐饮、导游、门票等的联系；准备旅行物料，负责饮用水、药品、导游牌、拍照条幅等的准备；提供旅行建议，通知着装要求、携带装备，以及注意事项。

温馨提示：营地后勤可具体分为活动后勤和生活后勤，活动后勤协助营地教官工作，主要负责物料的采购、场地的布置和活动物料的准备，以及活动结束后物料的整理等工作；餐饮后勤主要负责食宿的安排、交通出行等生活方面的工作。

五、营地队医职责

1. 生活方面

关注营地餐饮和住宿的卫生情况，并提供合理化建议，让孩子吃好、休息好；根据季节和天气的变化，为营地餐饮提供建议，为孩子做好饮食保健；负责营地常用药品的采购和发放，定期检查药品情况，清理过期药品；负责保管营地急救药箱，并随身携带，为营地孩子安全健康保驾护航。

2. 活动方面

熟悉营地卫生室、附近医院的位置和交通路线，并建立通畅的医疗远程咨询渠道；如果孩子身体不舒服，在确诊并得到家长允许后，方可给孩子用药，并负责看护工作；活动期间，一旦孩子发生磕碰、擦伤、烫伤、中暑等一般性意外伤害，营地队医要及时给予有效治疗，并负责后续跟踪服务。

温馨提示：有卫生室或附近有医院的营地，营地队医可由营地经验丰富的、已经通过红十字会培训认证的急救员担任，或由具有从业资格的护理专业在校大学生担任。营地队医空闲时间也可兼任营地后勤，或作为营地机动人员，随时协助他人工作。

第二节　营会组织形式

营地导读

营地活动不同于传统的旅行团和当下的研学旅行，它是一种全新的社会教育形式，因此，为了实现其教育的功能和作用，达到预期的教学效果，实现教学目标，这需要有多种多样的创新教学形式、营地活动的组织形式，除了大家常见的集体活动外，还有分组活动和分站活动两种形式。

营地活动的形式多种多样，总结起来无非三种，即集体形式、分组形式和分站形式，每种形式都有其特有的功能和作用。在活动设计之初，我们就要有个初步的计划，打算采用什么样的活动形式，然后在具体操作中，我们再根据活动的实际人数、场地、物料，以及师资等因素，选择一种或多种活动形式组合使用。

一、集体活动

集体活动是指营期所有的老师和营员在同一个场地、同一个时间，开展同一个营地活动的组织形式。这种形式一般适用于营地活动的各种礼仪仪式上，比如开营仪式、集会仪式、升旗仪式、表彰大会、庆典活动等，以及有些课程的教学演示、篝火晚会、外出游学等。集体活动时，一般人数比较多，仪式感比较强，营地氛围比较浓，一般固定的内容、标准化的流程。

具有100多年历史的世界童军运动会告诉我们，在这些场合下采用集体形式的教学活动，能更好地发挥教学的效果，实现教学目的。具体来讲，采用集体形

式的原因，有以下几个方面。

1. 营造氛围、提升效果

集体活动的形式，一般人数比较多，场面壮观、气势宏伟，在这种环境氛围中举行各种仪式，才会激发出一个人内在的荣誉感，也更加能有效地对孩子进行价值引领和思想教育；此外，在统一的集体形式下开展教学演示，老师无须花费太大的力气，只需简单地引导，就能激发起孩子们参与活动的兴趣，以及大家跃跃欲试、争先恐后的小队精神。

2. 确保质量、控制成本

在集体活动时，营地可以将最好的资源整合在一起，从而确保活动的质量和教学的效果，比如最好的会场、舞台、音响设备，以及最专业的活动物料和优秀的营地导师等。目前，国内的营地教育行业发展还处于初级阶段，无论是营地设施还是行业人才，都具有一定的稀缺性，在这种情况下，有时候营地不得不采用集体活动的形式，从而实现资源效用的最大化，以及运营管理成本的最小化。

3. 节省时间、提高效率

集体活动的形式可以让营期所有的孩子一次性完成活动计划中的某个项目，如果分批进行，时间和费用成本都会倍增，所以，在时间和有些资源条件有限的情况下，我们只能采用集体活动的形式，从而节省营期，提高组织管理的效率。比如：一期夏令营只能用一次会场、举行一次篝火晚会、一次外出游学机会、一次名师授课时间。

集体活动的形式有很多优点，当然也有一些弊端。一方面，在这种形式下，它只能照顾到大多数人，不能关注到每个孩子，不能开展个性化的教育；另一方面，由于是集体活动，人数众多，管理难度就会加大，风险系数也会倍增，一旦发生意外或负面事件则不好管控。

二、分组活动

分组活动，是指将一个几十人的团以小队为单位分开进行活动，各小队在同一时间，分布在不同的场地，进行同一种活动的组织形式。这种形式一般适用于集会仪式或统一教学结束后，由小队辅导员带领各小队开展接下来的探索实践活动。此外，营地的生活管理、考评奖励，以及物资管理，也都是以分组的形式进行的。

小队是营地活动的基本单位，也是一股真正的力量。分组活动之所以成为营地最常见的一种活动形式，除了第二章"小队制度"自身的重要性外，这和它的功能和作用密不可分。

1. 方便管理、提高效率

各小队分开活动，就不会出现争强好胜的现象，孩子们就可以专心于自己的工作。分组活动可以充分调动小队成员的积极性，发挥小队自身的功能和作用，大家在小队长的带领下各司其职、团结协作，实现"事事有人做，人人有事做"，每个人都以主人翁的姿态投身于小队的活动中。一旦小队开启了自我管理模式，小队辅导员的工作就会变得特别轻松，小队的工作效率也会大大提高。

2. 降低风险、保证安全

俗话说："人多嘴杂是非多。"尤其是一群孩子在一起，场面就更加不好控制，容易生乱。分而治之，分开活动，不但人数少了，空间也相对大了，不安全因素也就大大降低了。即使孩子之间发生矛盾，也属于内部矛盾，容易解决；万一发生意外，也能控制在小范围内，避免扩大负面影响。

3. 分工协作、轻松管理

分组活动是一个标准化营会活动最常用的组织管理形式，也是一种最科学规范的管理办法。因为在这种情况下，营地管理者可以根据活动流程和各自岗位职责进行分工协作，无须时刻保持工作状态。比如：在营会活动统一讲解时，小队辅导员就可以暂时休息一下，因为此时的工作由营地教官（导师）主持，会场由后勤负责，小队辅导员只是协助。等讲解结束，接下来就该小队辅导员上场了，带领各自的小队进入指定场地，开始接下来的工作。

三、分站活动

分站活动与分组活动类似，同样是将一个几十人的团以小队为单位分开进行活动，区别在于，各小队在同一时间开展的是不同的活动内容。各小队完成当下活动后，然后按照一定顺序进入下一个场地，开始新的活动，直到每个小队都完成营地的所有体验项目。

分站活动是三种营会组织形式中难度最大也最为复杂的一种，它要求各小队必须在同一时间完成各自的项目，然后统一交换场地，一旦哪个小队出问题，就会影响到全局。所以，它不但对组织管理者要求比较高，前期需要做大量的课程研发、流程设计，以及人员培训工作，而且需要大量专业的营地教练和后勤工作人员，大家各司其职、步调一致，才能确保系统的正常运转。

这种形式一般适用于活动内容较多、人也比较多的大型营会活动，比如当下比较火热的中小学生研学旅行、童军的大露营活动，以及一些营地嘉年华项目，一般采用这种营会组织形式。所以，分站活动一般只有实践经验丰富的行业从业者才会使用，作为初学者，必须先了解它特有的功能和作用，熟悉活动组织形式，然后不断地在实践中总结经验，最后才能策划和主持这样的大型营会活动。分站活动的具体功能和作用有以下几个方面，从业者必须熟悉并做到灵活运用。

1. 丰富内容、提升价值

在设计营会活动时，如果活动内容单一，只有一两个主题，那么它的客户群就会有限，只能面向对这一两个主题感兴趣的人。童军的大露营和营在中国的冰雪嘉年华、海洋嘉年华项目的报名人数那么多的原因就是，它的内容丰富多彩，每个人都可以从中找到自己喜欢的项目。同时，由于活动内容增多，其价值也就相应地增加，在价格不变的情况下，性价比自然就会高出市场很多，也就成了众多家长明智的选择。

2. 人员分流、确保质量

当营会主题很受欢迎，市场招生火爆，而在场地和设施有限的情况下，我们应该如何重新设计活动内容和流程来解决问题呢？这时集体活动和分组活动已经不能突破瓶颈，分站活动将被派上用场，它可以实现接待人数倍增，同时丰富内容、提升价值。比如：一个皮划艇项目，假如你的教练和船只一次只能满足30人参加活动，那么你可以同期额外增加一个主题活动——射箭，这样每个活动30人，两个加起来就是 60 人。

此外，为了确保活动的质量，增强孩子们的体验感，也可以利用分站的形式将人员进行分流，比如攀岩速降项目，由于装备比较贵，设备数量有限，一次只能几个孩子同时进行，那么其他孩子就要等待，在等待过程中，孩子们的热情就会降低，也可能会无事生非，此时，就可以通过分站活动进行人员分流，为等待的孩子安排其他活动，一个舞蹈、一个游戏，甚至一个小手工，就可以让营会活动变得充实和丰富多彩。

3. 专业分工、提高效率

在分站活动中，营地教练只需负责本站活动的教学，无须换站，这样专业化分工就可以充分发挥每个教练的优势和技能，提高教学质量。同时，由于分站活动是孩子以小队为单位在各站点流动，而各站教练和场地设施不动，这样就可以做到快速翻转、重复使用，减少活动的准备时间，大大提高了组织管理效率。

分站活动虽然可以增加营会主题的广度，但同时也降低了活动的深度，因为在时间一定的情况下，内容增加了，单项活动的体验时间就会减少，深度自然会降低。此外，在这种类型的活动中教官会比较辛苦，因为同样一个活动，本来只需一次教学，现在要多次分批进行。

三种活动形式各有各的优势和劣势，到底选择哪一种或哪几种形式组合，不但由人数、场地、物料等客观条件决定，还要由经营者的营期目的和目标来决定。有时为了质量，可以不计成本，投入大量人力物力，选择分站活动；有时为了节省费用，应对师资紧张的情况，也有可能所有的活动都采用集体活动的形式。

第三节　营地工作会议

> **营地导读**
>
> 营地工作会议是一座连接营地团长和老师之间、老师和营员之间的沟通桥梁，它是收集信息、交流学习、解决问题的重要渠道。此外，微信工作群作为一种线上沟通工具，与线下会议相互补充，让营地工作人员的联系更加紧密，沟通更加高效。

营地工作会议是每天营会管理工作的一项重要内容，通过营地工作会议，团长可以收集每天的活动信息，了解孩子的身心状态，发现并及时解决问题；然后根据收集到的信息和建议，有针对性地调整活动计划、完善组织分工，以保障后面活动的顺利进行。营地工作会议除了营前培训会和营后总结会外，在活动执行过程中,主要包括"营地小队会议"和"营地辅导员会议"两种。

一、营地小队会议

小队会议,又叫小队分享会,会议由队长主持,小队辅导员列席,并提供支持,一般在每天活动结束后,晚上6～7点钟进行,每次大约半个小时时间。小队会议是小队成员和老师之间的沟通桥梁。每天小队成员在固定的时间、地点召开例会,一起分享感受、讨论计划、解决问题,这种有仪式感的活动形式,给孩子营造一种家的感觉,有利于增强他们的营地归属感。

小队会议的主要内容如下。

1. 分享感受

每个队员分别谈一下今天活动有哪些收获,学到什么知识和技能,在与老师和小伙伴的相处中,有没有新的感悟,最后用一句简洁的话总结今天的营地生活。

在这个环节,小队辅导员要注意引导每个营员表达自己的真实感受,不要人云亦云,允许有不同的见解。通过分享会,孩子们可以从中发现别人的优势和不足,学会倾听他人的看法,并在内心进行自我对话。除此之外,小队辅导员要明白,叫"分享会"的原因,而不是总结会,因为分享的东西一般是指好的、正面的;而总结则相反,通常理解,总结的是"经验教训",是工作汇总的失误和能力的不足。所以,在这个过程中,小队辅导员要注意引导,要让他把焦点放在好的一面,一不注意,会场气氛就会发生转变,陷入分析原因、争论责任、抱怨他人的局面。

2. 工作总结

每个队员都有自己的职务,就自己的职务而言,今天具体都做了什么,有没有履行好自己的职责,为小队作出了哪些贡献。

在这个环节需要注意的是,有时不是孩子没有做好,而是团长或辅导员的工作没有做到位,比如,某个职位的具体工作内容太少,或者是忘记了安排工作内容,这时如果发现问题,就要及时作出调整。如果是队员做得不够好,那就提醒他继续努力,并鼓励大家一起为他提供一些有建设性的意见和建议,从而让他快速进步。

3. 收集信息

无论是工作,还是生活方面,一天下来,大家有什么意见和建议;另外就是每个人的身心状态,有没有受伤、身体不舒服的,有没有想家、闹矛盾的等。

在这个环节,小队文书要注意记录大家的意见和建议,以及每个人的身心状况。在会议结束之后交给小队长,以便小队长在"队长会议"上提交小队报告。如果发现存在问题,小队辅导员要及时解决,解决不了的,在"队长会议"上进行上报。

4. 会议总结

最后小队队长进行总结发言，小队辅导员补充说明，一起肯定大家的付出和努力，希望大家能相互包容、团结一心，明天以更好的状态投入工作和生活中去。

在这个环节，小队辅导员要注意，要让会议愉快地结束，而不是留下什么遗憾，或者是埋下什么隐患。自己暂时解决不了的问题，要告诉队员什么时间给予答复。

5. 发布通知

会议的最后环节是把散会后大家要做的事情重申一遍，希望大家各就各位，进入工作状态。比如：活动结束回房间整理内务，写日记，晚上8点钟生活委员去检查内务，小队文书收作业。

二、营地辅导员会议

先有营地小队会议，再有营地辅导员会议；营地小队会议是总结今日，营地辅导员会议是计划明天；营地小队会议是孩子开会，营地辅导员会议是老师开会。营地辅导员会议由总教官或副总教官主持，各小队辅导员、营地教官、后勤管理人员等全部出席，团长或营长列席会议，提供支持。营地辅导员会议一般在每天晚上9点，第一次查房结束，孩子熄灯就寝以后。会议的主要内容和流程如下。

1. 小队报告

各小队辅导员汇报这一日小队的基本情况，包括：今天活动队员的感受，每个人的身心状态，以及收集到的问题和建议。

当我们计划推行事情的时候，首先要了解一下队员和一线辅导员的意见，然后才能制订合理的计划。所以，每日"辅导员会议"就是我们了解活动情况的重要渠道，而"小队报告"就是关键资料。在这个环节，有些"小队会议"解决不了的问题，可以放在这里进行讨论，充分发挥大家的智慧。在这个过程中，大家集思广益，小队辅导员可以学习他人的智慧，提升自己处理问题的能力。

2. 活动计划

总教官通告明天的活动安排、工作流程、注意事项，以及活动物料、人员调配计划等，然后大家逐项讨论，每个人都发表一下意见和看法，一起让活动计划更加完善。

活动的顺利开展，小队辅导员起着至关重要的作用。这个环节的意义在于，一方面让各队辅导员熟悉一下明天的工作内容，以便做好营地教官的助手，更好地配合工作，同时指导本队队员完成任务；另一方面，营长倾听并接受大家的合理化意见和建议，意味着所有人参与了明天活动的制定，思想与教官、营长保持高度统一，那么他们就会像决策者一样，把活动执行也当成自己的工作，积极参与，并配合营地教官的教学工作。

3. 问题探讨

根据"小队报告"收集的信息，以整理各小队辅导员发表的意见和建议，提出问题，营长和教官、小队辅导员、后勤管理人员一起参与讨论，提出解决问题的办法，制订可行的计划。

在这个环节，营长和后勤管理人员要积极发挥作用，为大家提供支持，解决面临的实际问题。各小队辅导员要查漏补缺，将本队队长忘记或没有考虑到的问题提出来。大家统一意见后，再将新的活动计划重复一遍，各自再次确认。

4. 会议总结

最后由主持人总结发言，营长补充发言，再次重申我们工作的意义，强调安全和注意事项，然后鼓励大家再接再厉。

会议结束后，各小队辅导员、教官若有未尽事宜，可留下单独沟通，和营长、后勤管理人员商讨解决办法，若现场不能解决，要告诉大家最晚答复时间，以避免影响工作的顺利进行。

三、其他会议

营地小队会议和营地辅导员会议是营地活动在执行过程中的日常会议，是确保每天活动顺利进行的重要方式，属于营中会议，除此以外，营地工作会议还有营前培训会和营后总结会两项重要会议。

1. 营前培训会

营前培训会是每次营会顺利开展的重要保障，如果营会的工作人员前期没有进行培训沟通，活动开始以后就会出现各种问题，带队老师不清楚要做什么，教官不熟悉流程，各岗位不能有效配合，出现物资不到位、老师无所事事、孩子乱成一团的糟糕局面。有了营前沟通培训会，这些问题可有效避免。营期培训会的主要内容如下。

(1) 营地基本情况、经营理念，营地纪律、工作人员职业道德和行为规范的培训。

不管是针对老员工，还是针对新入职员工，公司的经营理念和营地行为准则，每次开会都要重点强调，这是营地教育的灵魂。只有大家思想统一，才能做好落地执行；只有认同理念，才能有认真负责、积极主动的工作态度，才会在管理工作中做出正确的教育行为。

(2) 本期营会的主要内容和目标，营会的活动流程、工作人员职责分工和应具备的知识和技能。

每次营会的内容和流程，所有的工作人员必须熟悉，除此以外，还要了解与营会主题相关的知识和技能，以便能在孩子面前做到为人师表、答疑解惑；所有的工作人员都要清楚自己的工作职责，以及和其他岗位之间的关系，做到无缝衔接、有效配合。

(3) 工作人员安全意识、急救卫生常识，以及出现问题后的应急管理办法。

作为营地工作人员，除了有认真负责的工作态度外，还要有安全意识，只要孩子不离营，就要时刻保持工作状态，用心工作，认真负责，思考可能出现的问题，及时发现并排除各种安全隐患。同时要人人掌握一些急救卫生常识，能在第一时间给予孩子正确的引导和治疗。万一发生意外或出现不可控的问题，懂得如何按照应急管理流程进行处理。

2. 营后总结会

每次活动结束，营长都要组织大家召开一次总结会，有经验的管理者都知道，每次总结会都会有意想不到的收获，它不但可以解决营期遗留的各种问题，还能提供各种意见和建议，优化营会的内容和流程，同时，通过总结分析，可以提升每个人的经营管理水平。具体内容和流程如下。

(1) 汇报营期情况：物料损耗、客户满意度、教学效果，其他遗留问题等。

活动结束后，要清理场地、整理活动物资，并统计损耗情况；同时调查了解客户满意度，收集意见和建议；此外，还要处理好各种遗留问题，比如孩子丢失物品寻找、邮寄，后续跟踪服务等。

(2) 分享营期感受：本期活动学到什么，作出哪些贡献，收获哪些东西。

通过分享感受，希望每次活动员工都能有收获，每次进步一点点；同时谈谈本期活动各自的贡献，以此来让大家做一次反思，来一次自我评价；营期结束，有些老师得到了孩子们的认可，留下了美好的回忆，当看到付出得到了回报，活动期间所有的努力、辛苦和委屈，都是值得的。

(3) 总结经验教训：活动中遇到和发现的问题，有哪些建设性意见和建议。

每次活动没有做好，只有更好！不断地发现问题，总结经验，吸取教学，才能让以后的活动内容更加精彩，让流程更加完善，活动执行更加高效和规范。这样活动才能更新换代，并持续地满足家长新的需求，推动公司和营地的可持续发展。

第五章 营地风险管理

做教育，尤其是孩子教育，安全永远是第一位的，所有的活动，必须在确保安全的前提下给孩子更多的探索和实践机会。风险必然是存在的，安全是相对的，只有通过提高安全意识，加强安全管理，才能消除安全隐患、降低风险系数。

第一节　风险管理的基本概念

> **营地导读**
>
> 危险是绝对的，安全是相对的，安全管理的意义就在于提高安全意识，加强安全管理，避免发生因主观因素造成的遇险事件。客观因素导致的遇险事件为意外，主观因素造成的则为事故，若发生安全责任事故，对组织者来说，不仅要承担民事责任，还有可能会追究刑事责任。

一、安全和危险

1. 何为危险

危险是指系统中存在的导致发生不期望后果的可能性超过了人们的心理承受能力。危险的特征在于其危险可能性的大小与安全条件和概率有关。危险概率是指危险导致事故的可能性（即频度）或单位时间危险发生的次数。危险的严重程度是指每次危险发生导致的伤害程度或损失大小。

危险分为客观危险和主观危险，客观危险是指客观存在的可能造成人身伤害或财产损失的危险因素；主观危险是参与者和管理者由于操作不当、能力不足或管理不到位所引发的危险。

客观因素导致的遇险事件为意外，主观因素造成的遇险事件为事故，两者均可单独引发危险，但实际上，大多数遇险事件是主观因素和客观因素共同作用的结果。例如：夏令营中有孩子中暑，导致其发生的客观原因有天气炎热、体质较弱等，但也可能有饮水不足、劳累过度，以及未及时觉察等主观因素。

2. 何为安全

安全是在人类生产生活过程中，将系统的运行状态对人类的生命、财产、环境可能产生的损害控制在人类能接受水平以下的状态。"无危则安，无缺则全"。安全是没有超过允许限度的危险。即，发生事故、造成人身伤害或财产损失的危险没有超过允许的限度时，我们就认为它就是安全了。

没有超过允许限度的危险被称作可容许危险，可接受的危险是来自某种危险源的实际危险，但是它威胁不到那些有知识、有能力，而又谨慎的人。社会允许危险是被社会公众所接受的危险，它是判别一个企业或一项生产活动是安全还是危险的标准。人们对危险的承受程度与所得到的经济利益、发生的时间，以及参与行动的人群有关。安全是对人的个体、群体、社会、国家，以及整个人类的一种有益的氛围和良好的状态。

危险是绝对的，安全是相对的，安全管理的意义就在于提高安全意识，加强安全管理，避免因主观因素造成的各种遇险事件。

3. 何为意外

意外事件是指行为在客观上虽然造成了损害结果，但不是出于行为人的故意或者过失，而是由于不能预见的客观原因所引起的。意外事件具有三个特征：一是行为人的行为客观上造成了损害结果；二是行为人主观上没有故意或者过失；三是损害结果由不可抗力或不能预见的原因所引起。

"不能预见"是指当时行为人对其行为发生损害的结果不但没有预见，而且根据其实际能力和当时的具体条件，行为时也根本无法预见。从认识因素上来讲，行为人没有认识到其行为会发生危害社会的结果；从意志因素上来讲，行为人对危害结果的发生持反对态度。

意外事件与疏忽大意是有区别的。相同之处都是发生了损害结果，都没有预见。不同之处在于，在疏忽大意的过失中，行为人应当预见也能够预见，但没有预见；在意外事件中，根据行为人的自身状况和当时的环境、条件，不可能预见。因此，是否应当预见、是否能够预见是区分二者的关键。

在营地活动中，如果明知其可能发生危险而不予防范的，或防范不够的，未按规定操作或监督过失、管理不到位的，就是违反法律、法规、规章制度的行为，由此造成的遇险事件，不再是意外事件，而应定义为安全责任事故，应当追究相关责任人的民事责任甚至刑事责任。

例如：在交通事故中，如果司机是正常行驶撞到人，这属于交通意外；如果是酒后开车撞了人，那就是安全责任事故了，涉嫌违反《交通安全法》和《治安管理条例》，不仅要承担民事赔偿责任，还要接受治安处罚。在营地帆船体验项目中，如果营员按规定全副武装，驾驶相应的船只，最后由于风大浪急，操作不当，翻船落水，这种情况就属于意外事件；如果营员驾驶的船只不符合年龄标准，或者训练过程中没有穿救生衣，因此而发生意外，那就是安全责任事故。

二、风险的概念

企业在经营活动中会遇到各种不确定性事件,这些事件发生的概率及其影响程度是无法事先预知的,这些事件将对经营活动产生影响,从而影响企业目标实现的程度。这种在一定环境下和一定限期内客观存在的、影响企业目标实现的各种不确定性事件就是风险。简单来说,所谓风险,就是指在一个特定的时间内和一定的环境条件下,人们所期望的目标与实际结果之间的差异程度。

风险和危险不同,风险是事件发生的不确定性,这种不确定可能是损失,也可能是收益。

(1) 只会产生收益而不会导致损失,但收益大小不确定的风险叫作收益风险,比如对孩子的教育。

(2) 可能带来收益,也可能导致损失的风险叫作投机风险,比如股票投资。

(3) 只有损失机会,而无获利可能的风险叫作纯粹风险。而我们所说的危险就是指纯粹风险,比如自然灾害、车祸、火灾,营地活动中的中暑、溺水、人身伤害等。

(一) 风险的由来

风险一词的由来,最普遍的一种说法是,在远古时期,以打鱼捕捞为生的渔民们,每次出海前都要祈祷,祈求神灵保佑自己能够平安归来,其中主要的祈祷内容就是让神灵保佑自己在出海时能够风平浪静、满载而归;他们在长期的捕捞实践中,深深地体会到"风"给他们带来的无法预测无法确定的危险,他们认识到,在出海捕捞打鱼的生活中,"风"即意味着"险",因此有了"风险"一词。

而另一种据说经过多位学者论证的"风险"一词的"源出说"称,风险(RISK) 一词是舶来品,有人认为来自阿拉伯语、有人认为来源于西班牙语或拉丁语,但比较权威的说法是来源于意大利语的"RISQUE"一词。在早期的运用中,也是被理解为客观的危险,体现为自然现象或者航海遇到礁石、风暴等事件。大约到了 19 世纪,在英文的使用中,风险一词常常用法文拼写,主要用于与保险有关的事情上。

现代意义上的风险一词,已经大大超越了遇到危险的狭义含义,而是遇到破坏或损失的机会或危险,可以说,经过 200 多年的演绎,风险一词越来越被概念化,并随着人类活动的复杂性和深刻性而逐步深化,并被赋予了从哲学、经济学、社会学、统计学甚至文化艺术领域的更广泛更深层次的含义,且与人类的决策和行为后果联系得越来越紧密,风险一词也成为人们生活中出现频率很高的词汇。

无论如何定义风险一词的由来,但其基本的核心含义是"未来结果的不确定性或损失",也有人进一步定义为"个人和群体在未来遇到伤害的可能性以及对这种可能性的判断与认知"。如果采取适当的措施使破坏或损失的概率不会出现,或者说智慧的认知、理性的判断,继而采取及时而有效的防范措施,那么风险可能带来机会，由此进一步延伸，不仅仅是规避了风险，可能还会带来比例不等的收益，有时风险越大，回报越高、机会越大。

（二）风险的特点

营地活动风险是营地活动内在规律的外在表现。正确认识营地活动风险的特点，对于识别和量化风险，加强风险管理，减少损失，圆满地完成风险管理目标有着重要意义。营地风险具有客观性、相对性、损益性、可控性和不确定性等特点。

1. 客观性

风险是一种不以人的意志为转移，独立于人的意识之外的客观存在。因为无论是自然界的物质运动，还是社会发展的规律，都是由事物的内部因素所决定，由超过人们主观意识所存在的客观规律所决定。营地风险是营地环境和设备等客观事物和人的活动二者轨迹交叉发展变化过程中所固有的，只要有人参与营地运动，风险就不可避免地存在。

2. 相对性

营地活动的风险具有相对性，风险的性质会因时间、空间和对象等各种因素的变化而有所变化。不同的活动内容面临的风险与参与者和组织者从事的项目、自身的能力、户外的经验、行为方式和管理决策密切相关。同一风险事件对不同的活动主体带来不同的结果，如果同一活动主体的行为方式、决策和风险控制措施不同，也会面临不同的风险结果，不同的活动主体对待同一风险的感知和态度也可能是不一样的。

3. 损益性

营地活动中的风险是和潜在的收益共生共存的。如果活动风险超出运动主体所能承受的范围，就可能带来财产损失或人身伤害，甚至造成灾难性的后果，如果能将风险控制在主体能够承受的范围之内，人们则可以在活动过程中挑战自我，从而学到知识、收获技能、感受成功、收获自信。

4. 可控性

营地风险往往不是显露在外面的，而是潜在的，人们不容易意识到它们的存在，因此才会在遇到风险时蒙受各种损失。但是否真的蒙受损失却是有条件的，只有促使风险事件发生的条件或者环境变成现实时，营地活动的风险才能从潜在状态转化为现实，成为风险事件。我们恰恰可以以此为基础，运用风险管理技术，对营地活动的安全风险实施有效的控制，从而避免或降低风险带来的损失。

5. 不确定性

首先，由于信息的不对称，未来风险事件是否发生、何时发生难以预测。从总体上看，有些风险是必然要发生的，但何时发生是不确定性的。例如，生命风险中，死亡是必然发生的，这是人生的必然现象，但是具体何时死亡，在其健康时期却是不能确定的。其次，风险发生造成的损失大小具有不确定性，风险到来之前，没人知道会造成多少损失，带来什么影响，只能预测，无法确定。

（三）风险的内容

按照风险的基本含义，它是一种未来结果的不确定性和损失。所以，在营地教育活动中，风险是无处不在、无时不有的，只要我们去开展活动，就会有风险。但是，通过正确地认识风险的概念、了解风险的内容，有助于我们降低或减少风险，提高抗风险能力。

1. 风险因素

风险因素又叫风险源，它是指目前暂无迹象表明已构成危险，但有较大的可能构成危险的事物或因素，它是产生或增加损失概率和损失程度的条件或因素，是风险发生的潜在原因，是造成损失的内在因素或间接原因。

通常我们把能够带来风险的人或物，又或事件都视为风险源。在营地活动中，导致风险的因素主要来源于三个方面：人、物料和环境。人的因素主要包括管理者的态度、知识和能力，以及参与者的身心状况、经验和能力；环境因素主要包括天气、地形、活动场地等自然环境和价值观念、风俗习惯等人文环境；物料因素主要包括活动期间的场景布置、教学装备和活动物料等。

危险源与风险源不同。危险源是指可能导致人员伤害或疾病、物质财产损失、工作环境破坏或这些情况组合的根源或状态因素。危险源由三要素构成：潜在危险性、存在条件和触发因素。简单来说，危险源就是导致事故发生的各种因素。系统安全认为：系统中存在的危险源是事故发生的根本原因，防止事故的发生，就是要消除或控制系统中的危险源。

例如，在许多高层楼梯间，都有安全通道，如果里面放的是箱子，它就是风险源；如果里面放的是炸弹，它就是危险源。在营地射箭活动中，如果使用的箭是金属箭头，具有一定的杀伤力，那就是危险源；如果使用的是吸盘箭，那就是风险源，塑料吸盘箭头即使射到身上也构不成危险，但如果力度过大，射到眼睛，就有较大可能成为危险因素。

2. 风险事件

风险事件是指造成损失的偶发事件，是造成损失的外在因素或直接原因，如失火、雷电、地震等事件。这里要注意把风险事件与风险因素区别开来。例如，因地面湿滑导致孩子跌倒摔伤，这里地面湿滑是风险因素，而摔伤是风险事件。风险事件按照类型可以划分为以下几类。

1) 财产风险

财产风险是指导致一切有形财产的损毁、灭失或贬值的风险以及经济或金钱上的损失的风险。如露营搭建帐篷时，由于操作不当，导致帐篷撑杆损坏；真人CS活动中遭遇暴雨天气，造成设备进水损坏。财产损失通常包括财产的直接损失和间接损失两方面。

2) 人身伤害风险

人身伤害风险是指导致人的身体伤害、永久性伤残和死亡，需要住院治疗，丧失学习或劳动能力，额外增加医疗费用支出的风险。如营员晚上睡觉从上铺跌落，导致身体多处骨折，需要住院手术，恢复期间生活不能自理。人身伤害风险所导致的损失一般有两种：一种是直接医疗费用的损失；另一种是额外费用的损失。

3) 责任风险

责任风险是指由于个人或团体的疏忽或过失行为，造成他人财产损失或人身伤亡，依照法律、契约或道义应承担的民事法律责任的风险。如营地活动中，由于工作人员晚上没有认真逐一查房，部分房间空调温度太低，或者营员睡觉不老实，导致营员感冒发烧，第二天无法正常参加活动。在营地，大部分风险事件是由于工作人员责任心不强、缺乏风险意识、管理不到位造成的。

4) 信誉风险

信誉风险，又叫客户满意度风险，信誉风险是指在经济交往中，权利人与义务人之间，由于一方违约或违法致使对方遭受经济损失的风险。如营地活动中，由于组织者管理水平低、执行能力差，导致活动不能顺利进行，或活动体验感不好，客户满意度不高。这不但影响到营地的信誉，导致客户流失，还会失去客户转介绍的机会。所以，信誉风险的损失主要是未来收入的损失。

以上四种风险，前两者人身伤害、财产损失风险的主体主要是客户（营员），风险的发生是有形的，看得见、摸得着，一般会造成直接损失；而后两者责任风险和信誉风险的主体是活动的组织者（营地），风险是无形的，一般是造成间接损失，而且损失比较大。前者的发生必然会导致后者，但后者的发生不一定来自前者，比如活动满意度低、信誉受损、客户流失的风险。

3. 损失

我们把风险导致的后果叫作损失，它是指非故意的，非计划的和非预期的经济价值的减少，通常以货币单位来衡量。

通常，我们将损失分为两种形态，即直接损失和间接损失。直接损失是指风险事故导致的财产本身损失和人身伤害，这类损失又称为实质损失；间接损失是指由直接损失引起的其他损失，包括额外费用损失、责任损失和信誉损失等。在风险管理中，通常将损失分为四类：实质损失、额外费用损失、责任损失和信誉。

风险是由风险因素、风险事件和损失三者构成的统一体，三者的关系为：风险因素是指引起或增加风险事故发生的机会或扩大损失幅度的条件，是风险事故发生的潜在原因；风险事件是造成生命财产损失的偶发事件，是造成损失的直接的或外在的原因，是损失的媒介；损失是指非故意的、非预期的和非计划的经济价值的减少。

三、营地安全保障体系

无论是研学旅行，还是社会实践，只要是和孩子有关的活动，安全永远是第一位的。为了保障孩子在营地（基地）期间各项活动能够安全、顺利地进行，在国家有关行业政策法规的指导下，每个行业从业者和营地都应建立一套科学、完善的安全保障体系。如图5.1所示的营地安全保障体系。

图 5.1 营地安全保障体系

根据营地教育行业的性质和特点，可将营地安全保障体系分为：政策法规系统、安全教育系统、安全预警系统、安全监管系统和安全保障系统。其中政策法规系统是整个安全保障体系的基础，安全教育系统和安全预警系统属于事前预防，安全监管系统属于事中的监管体系，安全保障系统属于风险发生以后所采取的应急救援措施和保险损失补偿体系。

1. 政策法规系统

政策法规是基础，就像一把雨伞的骨架，它为营地活动的安全管理体系建设提供法律依据，为营地安全保障体系中的其他系统提供思想指导和行为规范，让营地教育行业做到有法可依。

然而在我国，营地教育行业才刚刚兴起，尚处于发展的初级阶段，截止到2019年12月，在国家层面上，除了《关于推进中小学生研学旅行的意见》和《中小学综合实践活动课程指导纲要》两个政策性文件外，还没有其他任何行业法律、法规性文件，比如营地教育（研学旅行）行业服务规范、从业者准入制度、人才评价体系等。

鉴于此，要构建营地安全政策法规系统，必须从国家法律、法规的层面上加强对行业的引导与规范化管理，明确什么样的组织可以开展营地教育活动，从业者需要具备什么资格条件，营地教育行业的服务规范和从业者的行为规范、职业道德等，以及在营地教育活动中，组织者、从业者、同行之间的关系、责任和义务等，一旦发生纠纷或意外，责任如何划分和处理等。

2. 安全教育系统

安全教育是前提，只有不断地加强营地活动的安全教育，才能增强营地工作者的安全知识、安全意识和安全技能，提高他们的风险感知能力，以及风险发生后的应急处理能力，从而做到预知风险、提前发现风险，并消除各种安全隐患，或降低风险发生后带来的各种损失。

构建营地安全教育系统，首先要加强行业政策法规的培训，从而规范营地活动的组织管理；然后是针对营地从业者和参与者的营地纪律、行为规范和安全常识的培训，从而减少各种不安全行为的出现，重点是本章第二节中"营地风险管理"业务能力的培训；其次是要不断地丰富营地工作人员的工作经历，增加组织实践经验，从而提高他们对在一些专业活动方面的风险识别能力和遇到问题后的应急处理能力；最后，要鼓励营地工作人员积极地参加中国红十字会、公安消防大队、地区救援大队等公益组织提供的急救护理、安全逃生、应急救援等方面的专业培训，在提升专业技能的同时，还可以建立合作关系，熟悉业务流程。

3. 安全预警系统

安全预警是关键，它可以在识别风险因素后、风险事件发生以前，第一时间作出反应，采取有效的应对措施，从而改变风险发生的条件，消除各种安全隐患。

营地活动的风险是客观存在的，而且具有不确定性。当营地活动一旦开始，营地活动中的人员、物料和环境三者会一起交叉，相互作用，从而造成风险发生的条件和环境发生一系列变化，营地活动中的风险就有可能从潜在状态转化为现实，成为风险事件。

构建营地安全预警系统，就是以此为基础，对营地风险进行实时监控，当发现风险因素发生变化时，就要及时作出反应，运用各种风险管理技术，对营地活动的安全风险实施有效的控制，从而避免风险的发生，或降低风险发生后造成的损失。

4. 安全监管系统

安全监管是保障，它是促进营地教育行业从业者遵纪守法、规范运营的重要措施，有利于推动青少年营地教育事业的健康有序发展，让营地活动的运营做到执法必严、违法必究。

营地教育行政主管部门、行业从业者、参与者，以及其他相关的社会机构构成了营地教育行业的安全监管系统，他们之间通过政策控制和利益协调而相互影响、相互作用。针对青少年营地活动形式的多样性、复杂性和高风险的特点，安全监管系统要加强与相关部门的协同和监管，明确职责、强化任务、抓好落实。对开展营地教育活动的组织者、研学旅行基地、综合实践营地，各级行政主管部门要切实履行监管职责，加强对重点地区、重点部门和重点环节的监督检查。对开展营地教育工作的组织机构、营地（基地），要落实企业和营地的主体责任，切实加强各项安全措施，完善组织接待条件和应急预案，增强安全保障能力，对已经形成规模的营地教育、研学旅行或冬夏令营活动，要依靠当地政府，形成部门联动、齐抓共管的责任体系，共同做好安全保障工作。

5. 安全保障系统

安全保障是重点，它是在风险发生后，通过应急救援和营地保险，可以有效地防止事件进一步恶化，降低风险带来的损失，并通过保险理赔获得相应的经济补偿。安全保障系统由应急救援和营地保险两方面组成。

1) 应急救援系统

应急救援系统，是指为实施营地活动救援而建立的，涉及与营地安全相关的组织机构之间，就营地活动救援工作方面形成的分工、协作的工作体系。构建安全救援系统，首先要强调各级政府，尤其是行业主管部门在风险管理中的主导作用，强化政府在公共管理、公共服务、公共安全等方面的行政职能，成为风险管理及救援工作的主导力量；其次要推动、扶持成立区域性的救援组织，建设有专业素质的、职业和义务结合的救援队伍；最后，有必要尽快制定《救援法》，从救援主体、责任、义务和救援保险等方面予以规范。

2) 营地保险系统

营地保险系统是指在风险事件发生以后，保障利益主体合法权益、获得经济补偿的重要途径。在营地教育和研学旅行领域，由于活动的主体是青少年，意外保险显得尤为重要。营地保险对活动参与者来说是风险发生后主要的经济补偿手段，对组织者来说是意外事故发生后迅速恢复运转能力的经济支撑，而对行业主管部门来说是市场经济条件下，确保行业持续健康发展不可或缺的保障机制。实际上，保险是把行业中的各利益主体的风险转嫁到保险公司身上。由于风险的转移，行业组织者可以有更多的精力投入加强管理和提高服务上，从而提高营地教育行业的整体服务水平。

在现实营地安全管理中，我们发现应急救援和营地保险二者紧密相连，缺一不可，有时你中有我，我中有你，既是一个整体，又相互独立。例如本章第二节表5.9"研学旅行专属保险方案"中就有24小时紧急救援、电话翻译、在线医疗咨询，以及紧急医疗(直升机转运医疗)等。

第二节　风险管理的基本程序

> **营地导读**
>
> 风险的存在具有普遍性和客观性，几乎无处不在、无时不有。但是，我们可以通过提高风险识别能力，在一定限度内预见风险，并在一定程度上消除风险的存在或改变其发生的条件，同时还可以采取一定的应对措施，从而消除安全隐患，减少风险发生造成的各种损失。

营地活动的风险管理是基于风险发生和控制技术的研究而具体实施的安全管理，通过风险识别、风险评估，并在此基础上优化组合各种风险管理技术，对活动的安全风险实施有效的控制，妥善处置风险带来的损失，以期达到以最少投入获得最大的安全保障。风险管理的程序主要包括风险识别、风险评估、风险应对、效果评价四个步骤。

一、营地风险识别

营地风险识别主要包括：确定风险的来源、风险的类型，以及风险发生的条件。它是在对大量的风险来源的信息资料进行系统的整理和分析的基础上，发现活动存在的各种风险因素，进而确定活动所面临的风险类型及其性质，为后期的风险评估和风险应对提供依据。

1. 风险识别步骤

俗话说："凡事预则立，不预则废。"营地安全重在"防患于未然"，找到风险源、排查风险因素，然后采取相应的应对措施，消除各种安全隐患。风险的识别是一个重要而复杂的过程，前期需要投入大量的时间和精力去认真完成。风险识别的步骤有四个部分组成，如图5.2所示。

首先，根据"营地风险识别系统"，确定活动风险的来源，收集各种风险

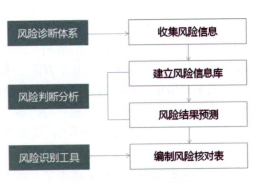

图 5.2　营地风险识别步骤

源信息资料。资料的收集是为了确定风险可能性的客观存在，只有明确了风险可能性的客观存在，才能将其视为风险，否则便成了凭空臆断。比如，远足活动选择的场地是封闭式公园，没有高山和湖泊，就不存在落水、坠崖和失联的风险；夏令营住宿是封闭式营地，就不存在坏人进入、发生暴力袭击和物品偷盗的风险。风险源的收集一般采用"问卷"的形式，调查对象除了活动的设计人员、管理人员、活动教练、装备销售人员外，还包括活动的参与人员和行业内实践经验丰富的专家导师等。

其次，将识别出来的各种风险登记在册，建立风险信息库。把与活动主题相关的人、物和环境进行系统、全面的调查了解，收集有可能存在的风险信息资料。比如：带队老师是否抽烟饮酒，是否有文身，是否有暴力倾向，专业技能是否过硬，工作态度是否认真负责等。这些都需要一一列举出来，信息库中的风险应全面、清晰、准确地列出客观存在的，以及潜在的各种风险。同时还要对风险进行分门别类的统计，目的在于方便后期工作人员检索使用。

再次，对收集的各类风险进行分析，预测其可能带来的结果有哪些。有些风险一旦发生，后果就会比较严重，需要加以防范。比如：帆船体验，由于风大或者孩子操作不当，可能会发生翻船落水的情况，一旦落水，如果孩子没有穿救生衣，可能会发生溺水事件；在攀岩的过程中，也可能存在落石的风险，如果营员没有佩戴头盔，会发生致命的伤害。如果在活动中，组织者风险意识强，营员装备穿戴齐全，会不同程度地减少风险事件发生的可能性或减轻事件带来的后果。

最后，通过对风险因素进行原因和结果的综合分析和归类整理，建立风险因素核对表，为之后营地活动的风险诊断和风险评估环节做好准备。风险因素核对表具有独特性，它只适用于某个特定的活动，一旦活动的人、物和环境发生变化，风险核对表就需要重新编制。所以，作为行业从业者来说，我们不能盲目地抄袭和简单地模仿他人的风险核对表。

2. 风险识别系统

营地的风险主要源于人、物和环境三个方面，三者不仅相互联系，还受管理状态的制约。在开展活动的过程中，人、物和环境为了达到一定的目的，各自发挥着作用，彼此联系、相互配合。在整个过程中，安全不仅取决于人的行为，还取决于物的状态，以及环境的情况。因此，风险事件发生的原因，应分别从与之相关的人员、物料和环境这几个方面，逐层次地进行系统的分析和研究。

营地风险识别系统与成人的旅游、登山、拓展活动有所不同，因为营地服务的对象是孩子，他们不具备独立的民事行为能力，所以，在活动期间，营地不但要对孩子的活动负责（见图5.3），还要对他们的生活负责（见图5.4）。营地的生活主要包括餐饮、住宿和交通三个方面，它们是营地活动的后勤保障，也是营地教育的重要组成部分。由于这三个方面一般是外包内容，由第三方提供服务，所以往往被行业从业者所忽视。在生活管理过程中，我们不但要做好与第三方的联系和沟通，确保生活的质量，还要建立自己的安全管理体系。要求所有的营地工作人员，在确保安全的前提下，尽可能地为孩子创造更多的自我探索和挑战的机会，从而实现营地活动的教学效果和目标。

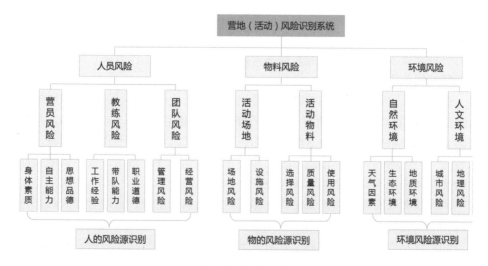

图 5.3　营地（活动）风险识别系统

根据以上活动风险识别系统进行逐项调查分析，找到可能存在的风险因素，比如：活动使用的物料是否有安全隐患，有无可替代产品；教练的职业素养如何，是否会打骂孩子，要进行背景调查；活动的场地是否有树枝、玻璃等危险物品，护栏是否松动等。

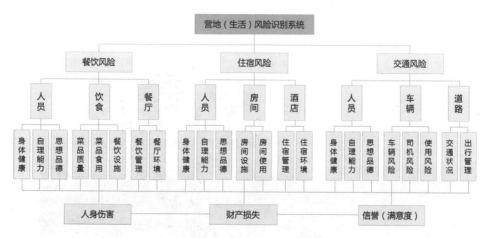

图 5.4　营地（生活）风险识别系统

根据营地生活风险识别系统进行调查分析，找到可能存在的安全隐患，比如：注意营员的食物禁忌，可能会造成过敏反应；每天的菜品搭配是否合理，可能会由此导致食物中毒；住宿酒店是营员专用，还是开放式酒店，如有外人进出，就要注意孩子的人身安全和贵重物品丢失风险。

3. 风险识别的办法

"核对表法"是进行营地风险排查，发现潜在安全风险的一种简单、实用的方法，它易于学习，容易被广大营地工作人员所掌握，而且能够做到风险识别的系统化和完整化；此外，风险管理是一个动态的过程，而且是长期、时常要做的，作为一种管理工具，它可以大大提高营地的管理水平和工作效率，同时，做到营地管理的规范化和标准化。

营地"风险核对表"的编制，需要运用系统工程的思维，通过营地风险识别系统进行逐项分析，找出所有可能存在的风险因素（见表5.1～表5.3)，并把这些因素列在表格中；然后将这些可能的风险源以"问卷"的形式进行调研，总结出各种类型风险的风险源信息，进而构建了风险信息库；最后，按照营地活动风险的类型和来源不同制定风险核对表。

风险核对表的编制，需要由营地课程研发人员来主持，营地管理人员，营地教练、小队辅导员等共同参与，收集业内专家的意见和建议，调查了解活动参与人员的背景和能力，在此基础上，对营地活动的风险进行细化分解，归纳整理。在编制过程中，可以综合运用问卷调查法、访谈法、经验法、头脑风暴法、故障树分析法等识别方法，来编制核对表内的具体项目和内容。

作为营地教育的行业从业者，每个机构都要有自己的风险核对表，风险核对表的编制可以借鉴他人，但不能简单复制，因为它不具备通用性，同一个活动，别人能做好，并不代表你也能做好，别人没有发生危险，你做就有可能会出现问题。风险核对表的编制，除了营地生活通用部分外，还要针对每个主题活动进行编制，比如：创意木工、野外露营、农耕体验等活动，然后连同风险评估表、风险应对策略，以及风险应急处理方案等一起装订成册，形成营地的"风险管理手册"。

表5.1 人员风险识别系统

风险系统	风险来源	风险类别	风险因素	结果预测
人员	营员	身体风险	身体素质差，体弱多病	活动掉队，容易生病
			有慢性病或过往疾病史	旧病复发，病情严重
			过敏体质，食物或用药过敏	过敏反应，危及生命
		能力风险	动手能力差，不能完成任务	损坏装备，心理受挫
			自理能力差，不会保护自己	容易磕碰受伤、掉队
			活动经验不足，装备使用不当	损坏装备，造成损失
		品德风险	脾气暴躁，攻击伤害他人	破坏团结，伤害他人
			规则性差，做事任意妄为	容易犯错、制造危险
			固执自闭，性格有严重缺陷	不在状态，难以沟通
	教练团队	经验风险	经验不足，缺少必要技术指导	发生意外、人身伤害
			意识不强，错误纠正得不及时	
			经验不足，临场应变能力不够	
		能力风险	教学水平有限，学习效果不好	效果不好、体验感差
			工作能力不足，营员问题较多	
			带队能力有限，活动组织混乱	
		道德风险	工作不认真，营员照顾不周	违法违约，家长投诉
			方法不得当，打骂虐待营员	
			行为不检点，猥亵骚扰营员	
	管理团队	管理风险	流程不严谨，活动开展不顺利	活动混乱、体验感差
			分工不合理，岗位职责不明确	
			培训不到位，活动组织不规范	
			管理不严格，工作执行不到位	
		经营风险	经营理念有问题，责任心缺失	活动糊弄、家长投诉
			后勤保障不完善，生活出问题	
			安全教育不到位，风险意识弱	发生意外、损失严重
			应急措施不健全，处理不及时	

表 5.2　物料风险识别系统

风险系统	风险来源	风险类别	风险因素	结果预测
物料	活动物料	选择风险	物料不对，留有安全隐患	人身伤害
			物料不当，活动效果不好	体验感差
		质量风险	质量不合格，有安全隐患	人身伤害
			物料档次低，活动效果差	体验感差
		使用风险	物料使用不当，容易造成浪费	财产损失
			工具使用不当，容易发生意外	人身伤害
	活动场地	场地风险	场地面积太大或太小	体验感差
			地面湿滑、坑洼不平	人身伤害
		设施风险	基础设施不完善	体验感差
			基础设施有安全隐患	人身伤害

表 5.3　环境风险识别系统

风险系统	风险来源	风险类别	风险因素	结果预测
环境	自然环境	气象风险	城市气候，寒潮、台风、沙尘暴	人身伤害
			天气预报，温度、风力、天气等	
		生态风险	动物生态，毒蛇、猫狗、蚊虫等	人身伤害
			植物生态，荒芜灌木丛、沼泽地	
		地质风险	山体滑坡、洪涝灾害、泥石流等	人身伤害
			地震频发、地面塌陷、土壤松软	
	人文环境	地理风险	营地交通出行、生活就医不便	安全隐患
			营地周围噪音、空气质量不好	
		行业风险	行业不规范、政策法规不完善	安全隐患
			行业风气差、市场竞争较激烈	
		城市风险	城市预警机制、救援系统不完善	安全隐患
			地方风俗习惯、政策法规不熟悉	

二、营地风险评估

　　风险评估，又叫风险分析，它是在风险识别的基础之上，根据营地活动风险的特点，综合考虑风险发生的概率、损失程度和其他因素，对已经确认的风险，通过定性和定量的分析方法判断其发生的可能性和后果严重程度，并与公认的安全标准进行比较，确定项目的风险等级，由此决定是否需要采取控制措施，以及控制到什么程度。

（一）风险评估术语

1. 风险频率

风险频率又叫损失频率，即风险发生的可能性，是指一定数量标的在确定时间内发生事故的次数。

首先，在这里，要明白什么是一定数量的标的。在研学旅行和营地教育领域，我们一般把一个标准团(30人左右)作为调查统计时的标的。比如，在旅游旺季，每年都会有旅游大巴发生重大交通事故，媒体报道出来的平均有三次，这并不代表大巴的风险频率就是3，因为其统计的范围是全国，标的是100万车次，每个车次都是一个标准团，所以，大巴的风险频率实际是3/1000000=0.000003；在夏令营中，每年都会有孩子发生中暑事件，某营地一个暑期下来会有10人左右，但并不是说中暑的频率就是10，因为它是按营地一个暑假的接待总量进行统计的，风险标的是1000人次，40个标准团，所以中暑的实际频率是10/40=0.25。

其次，在这里要知道风险频率只是一个参考数值，并不是固定不变的，其大小会受人、物和环境的影响。因为管理严格，正规交通运输集团的大巴的风险频率就要比一般旅游车队的低；就车辆而言，大鼻子校车的风险频率要比大巴的低；在冬季，北方的交通事故就会比南方多，而中暑和磕碰擦伤的可能性几乎不存在；夏季则不同，如果恰逢高温，营员中暑的可能性将会倍增，大巴车自燃的风险也有可能发生。

最后，由于受主观因素的影响，有些风险系数和标的人数并非严格的正比关系，而是有倍增的可能。比如，一个标准团30人的集体活动，就几乎没有发生踩踏事件的可能性，风险频率为0.0001；300人在一起的话就有发生的可能性，风险频率不是提高了10倍，而是几十倍；3000人就很有可能发生，风险频率不是增加了100倍，而是几千倍，达到0.6，此时，该风险就要特别注意，严加防范。

2. 风险程度

风险程度又叫损失程度，即风险发生的严重性，它是指每发生一次事故导致标的的毁损状况，即毁损价值占被毁损标的全部价值的百分比。

营地活动的风险损失主要有两种：财产损失和人身伤害。

财产损失主要是就营地而言，一般指装备损坏或物料丢失，孩子方面一般不会发生，因为入营的时候禁止携带手机、现金等贵重物品，如有携带交由老师保管，否则丢失自行负责。财产损失属于自我损失，而且损失大小比较明确，可以量化，一般不会影响到客户(家长)，也不会带来责任风险和信誉危机。

人身伤害则不同，它的重点对象是孩子(客户)，一旦发生，就会产生交通、医疗、误工、食宿等直接费用，以及公关、赔偿等间接费用，而且会带来严重的责任风险和信誉风险。根据中国保监会最新规定，除航空意外和重大自然灾害意外死亡外，任何不满10周岁的被保险人，其死亡保险金额不得超过人民币20万元；已满10周岁但未满18周岁的被保险人，其死亡保险金额不得超过人民币50万元，意外医疗的保额一般是2万~5万元。为此，我们将营地风险导致的意外伤害损失的医疗费用最高预算标准核定为2万元，意外死亡的标准为20万元，其他人身伤害，例如感冒、中暑、骨折、伤残发生的直接和间接费用均参考以上标准进行核定，并以此来划分风险的等级，调整标准参数。

在现实营地活动中，风险系数和风险程度二者一般成反比关系，风险系数高的事件，一般风险程度不大，比如感冒发烧、磕碰擦伤；而风险系数不高的事件，一旦发生，风险程度一般很大，比如交通事故、踩踏事件。

3. 风险评估标准

在风险评估之前，首先要制定合理的评估标准，进而量化各种风险，并据此作出决策。在对国内各行业中"风险管理"进行广泛调查研究的基础上，我们将营地风险评估的两个核心参数，风险的可能性和严重性按照数值大小划分为五个等级，如表5.4和表5.5所示。

表 5.4 风险评估标准（一）

风险的可能性		
可能性	标准参数	等级描述
不可能	0 ~ 0.1	概率很低，基本不会发生
不太可能	0.1 ~ 0.3	概率低，偶尔会发生
可能	0.3 ~ 0.5	概率一般，有时会发生
很可能	0.5 ~ 0.7	概率较高，经常会发生
极有可能	0.7 ~ 1	概率非常高，几乎一定发生

风险后果的严重性用百分制表示，10分以下表示风险的影响可以忽略不计，90分以上表示风险的影响极其严重，威胁到人员的生命安全。

表 5.5 风险评估标准（二）

风险的严重性			
严重性	标准参数	伤害	费用
很小	0 ~ 10	皮外伤，无须恢复时间	无明显增加
小	10 ~ 30	挫伤、擦伤，一周内恢复	预算的1% ~ 2%
一般	30 ~ 50	流血、骨折，1 ~ 6周恢复	预算的2% ~ 5%
严重	50 ~ 70	骨折、器官损伤，1月以上恢复	预算的5% ~ 10%
非常严重	70 ~ 100	伤残、死亡	大于10%

其中，风险发生的可能性用 0 ～ 1 的风险频率来表示。风险频率在 0.1 以下表示风险发生可能性几乎没有，风险频率在 0.9 以上表示风险几乎肯定会发生。

在风险识别的基础上编制人员、物料、环境的营地活动风险评估表，通过对风险发生的可能性和严重性对各种风险因素进行评分。风险计算公式为

$$R=PC$$

式中，R 为风险量，即风险的大小，P 为风险发生的可能性，C 为风险发生损失的严重性。

然后将人员、装备、环境的营地风险评估表以"问卷调查"的形式进行统计分析。其中问卷调查工作要做到调查范围的广泛性。例如，被调查的人员要包括营地的从业管理人员，营地活动的教练人员，营地物料的销售、采购和管理人员，富有经验的青少年素质教育参与人员。与此同时还要做到调查过程的严谨性，全面客观地了解各种风险因素发生的可能性和严重性数值，然后将搜集的资料进行判断分析，去伪存真、去粗取精，确保调查统计结果的准确性。

（二）风险评估办法

准确的风险评估是进行风险管理的可靠前提，在营地教育行业，一般采用"表格排序法"和"波士顿矩阵法"对活动中所遇到的各种风险进行量化分析和性质的判定。

1. 表格排序法

表格排序法，是通过列表的方式对营会活动的各种风险进行逐项量化打分。

在打分之前，首先，要确定一个合理的评估标准，制定评估的等级和参数；然后，通过问卷调查的方式邀请被调查人员对预先识别出来的风险发生的"可能性"和损失的"严重性"两个指标进行打分，并对调查结果进行数学统计，计算出各类风险评估的平均数值；最后，将每一项风险因素所对应的两项风险指标的数值相乘得出风险量，风险量最大的排序为 1，然后依次类推，如表 5.6 所示。

2. 波士顿矩阵法

波士顿矩阵 (BCG Matrix)，又称四象限分析法，最初是用于企业产品结构的管理分析办法，由美国著名的管理学家、波士顿咨询公司创始人布鲁斯·亨德森于 1970 年首创。后来，波士顿矩阵法被广泛地应用于其他领域。

在评估营地活动风险及作出相应决策时，波士顿矩阵法可以为营地从业人员提供很好的帮助。波士顿矩阵法是营地风险管理过程中常用的一种定性分析法，它是在风险定量分析的基础上对风险进行归纳总结，进而形成相应的风险应对决策的一种管理办法。

表 5.6　人员风险评估表

风险类别	风险来源	序号	风险因素	可能性	严重性	风险量	排序
人身伤害	营员	1	体弱多病，感冒发烧	0.65	10	6.5	7
		2	先天疾病，旧伤复发	0.45	50	22.5	1
		3	过敏体质，海鲜过敏	0.30	40	12	2
		4	脾气暴躁，攻击他人	0.55	16	8.8	4
		5	规则性差，违纪闯祸	0.60	14	8.4	5
		6	固执自闭，自残逃离	0.20	50	10	3
		7	活泼好动，磕碰擦伤	0.70	12	8.4	5
	教练	1	经验不足，技术指导不到位	0.60	20	12	1
		2	意识不强，错误纠正不及时	0.50	20	10	4
		3	水平有限，临场应变力不够	0.60	20	12	1
		4	无责任心，营员照顾不周	0.60	20	12	1
		5	方法不当，打骂虐待营员	0.10	40	4	5
		6	道德败坏，猥亵骚扰营员	0.0003	60	0.018	6
	管理团队	1	理念有问题，责任心缺失	0.20	30	6	4
		2	后勤不完善，食宿出问题	0.30	30	9	3
		3	培训不到位，风险意识弱	0.40	60	20	1
		4	应急不健全，处理不及时	0.30	60	18	2

绘制波士顿矩阵四象限图，首先是把风险的"可能性"和"严重性"两个因素作为一对二维值，分别为坐标的横轴和竖轴；然后分别确定一个风险"可能性"和"严重性"的临界值，将坐标图划分成四个窗口，排列成矩阵；最后根据每个风险"可能性"和"严重性"的度量情况确定其所在的象限，并得出相应的评估结果，如图 5.5 所示。

通过以上"可能性"和"严重性"两个因素的相互作用，会出现四种不同性质的风险类型，为从业者提供四种标准化的应对策略。

① 风险的可能性比较小，一旦发生，后果比较严重，如车祸、火灾等，这种类型的风险要做好准备，有健全的应急预案。

② 风险的可能性比较大，风险发生后的损失也会比较严重，如打架、溺水等，这种类型的风险要做到高度重视，优先考虑。

③ 风险的可能性比较小，发生后的损失也不严重，如台风天气、设施老化等，这种类型的风险应采取定期评估的办法，对风险因素进行分析。

④ 风险的可能性比较大，但发生后的损失不太严重，如感冒发烧、磕碰擦伤等，这种类型的风险应进行日常监控，时刻注意、保持警惕。

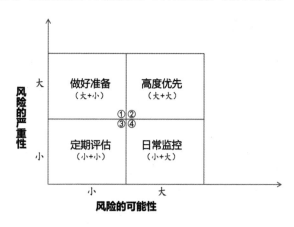

图 5.5　风险评估窗口矩阵

根据表 5.6 人员风险评估表中人员的风险评估结果，以 0.40 作为营地风险可能性的临界值，以 40 作为营地风险严重性的临界值，然后绘制出营会参与者（营员）风险矩阵，如图 5.6 所示。

序号	风险因素	可能性	严重性
1	体弱多病，感冒发烧	0.65	10
2	先天疾病，旧伤复发	0.45	50
3	过敏体质，海鲜过敏	0.30	40
4	脾气暴躁，攻击他人	0.55	16
5	规则性差，违纪闯祸	0.60	14
6	固执自闭，自残逃离	0.20	50
7	活泼好动，磕碰擦伤	0.70	12

图 5.6　参与者（营员）风险矩阵

从表 5.6 人员风险评估表和表 5.7 参与者（营员）风险评估表中可以看出，在营地参与者风险中，最为严重的是有先天疾病或慢性病的营员，例如：先天性心脏病、阑尾炎等，对于这类营员，在报名之时就要提示风险，判断该活动是否适合参加。假如已经报名，并且入营，营地工作人员就要高度重视，适时地调整活动方案，并全程重点监控。对于有自闭症的孩子，要安排专人重点监控，确保 24 小时在视线范围内，防止私自逃离和产生暴力倾向。

表 5.7　参与者（营员）风险评估表

序号	风险因素	评估结果
1	体弱多病，感冒发烧	日常监控
2	先天疾病，旧伤复发	高度优先
3	过敏体质，海鲜过敏	做好准备
4	脾气暴躁，攻击他人	日常监控
5	规则性差，违纪闯祸	日常监控
6	固执自闭，自残逃离	做好准备
7	活泼好动，磕碰擦伤	日常监控

三、营地风险应对

营地风险应对策略（见表 5.8）是在营地活动风险分析诊断的基础上，为降低营地项目风险的负面效应，而制定的抑制风险发生的可能性，减轻风险事故的后果严重性的综合风险解决方案。根据各种风险的不同特征做出风险的应对策略矩阵，如图 5.7 所示。

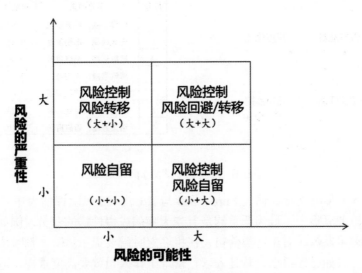

图 5.7　风险应对策略矩阵

表 5.8 风险应对策略

风险识别		风险评估			风险应对	
风险源	风险因素	可能性	严重性	风险量	应对办法	应对策略
营员	体弱多病，感冒发烧	0.65	10	6.5	特别留意，降低活动强度	风险控制
					加强餐饮和住宿日常检查	风险自留
	先天疾病，旧伤复发	0.45	50	22.5	取消不适宜的活动内容	风险回避
					降低活动的强度和难度	
	过敏体质，海鲜过敏	0.30	40	12	老师提醒注意饮食和用药	风险控制
					减少或取消辛辣、海鲜菜	
	脾气暴躁，攻击他人	0.55	16	8.8	老师特别关注，提高警惕	风险控制
					合理安排房间室友和队员	
	规则性差，违纪闯祸	0.60	14	8.4	加强规则教育，多加提醒	风险自留
					队员相互监督，考评打分	
	固执自闭，自残逃离	0.20	50	10	老师重点关注，注意情绪	风险转移
					投含丢失的综合意外保险	
	活泼好动，磕碰擦伤	0.70	12	8.4	多加提醒，常备急救药品	风险自留
					检查装备环境，消除隐患	

1. 风险回避

风险回避在户外运动中适用于当项目潜在风险发生可能性很大，后果也很严重，又无其他策略可用时，主动放弃项目或改变项目目标与行动方案，从而避免风险的一种策略。

风险回避是指主动避开损失发生的可能性。它适用于对付那些损失发生概率高且损失程度大的风险，如考虑到皮划艇活动有溺水的危险就不去开展。虽然回避风险能从根本上消除隐患,但这种方法明显具有很大的局限性。其局限性表现在,并不是所有的风险都可以回避或应该进行回避。如人身意外伤害,无论如何小心翼翼,这类风险总是无法彻底消除。再如,有些营地为了降低风险,直接取消户外活动,全部改为室内,这样有些风险虽然由此可以避免,但会大大降低营会活动的体验效果,也违背了营地教育的本质。

2. 风险控制

风险控制是一种预防或减少风险损失的对策,就是列出的关键风险因素逐一提出技术上可行的、经济上合理的预防措施,以尽可能低的风险成本来降低风险发生的可能性,并将风险损失控制在最小限度。风险控制包括两个方面:减少损失发生的机会,即预防损失;降低损失的严重性,即设法减少损失。

以夏令营孩子中暑为例,每天多喝水,减少户外活动,可以有效地减少损失发生的机会;而一旦中暑事件发生后,如果营地有健全的管理办法,以及专业的医护人员,就能及时发现中暑症状的营员,并在第一时间采取急救措施,可以有效地降低损失的严重性。

3. 风险自留

风险自留,又叫风险承担,是指营地将活动风险损失留给自己承担。风险自留通常适用于风险损失较小,发生频率较低的风险,或者是风险发生频率高而损失较小的风险。

比如,营地活动中的轻微磕碰、擦伤、感冒发烧等人身伤害,由于损失比较小,保险公司对营员意外险又有100元免赔的规定,所以,针对此类风险损失一般采用风险自留的策略。

除了人身伤害,风险自留更多的时候是应用在财产损失方面,比如,在每次营地活动中,都会发生物料丢失、损坏的情况,但为了活动的体验度,我们不能因为物品会丢失、损坏就不给或少给孩子使用,面对这种财产损失风险,一般营地采用风险自留的办法。

4. 风险转移

风险转移是指通过订立保险合同,将风险转移给保险公司(保险人)。个体在面临风险的时候,可以向保险人交纳一定的保险费,将风险转移。一旦预期风险发生并且造成了损失,则保险人必须在合同规定的责任范围内进行经济赔偿。

目前,随着研学旅行逐渐火爆,国内一些保险公司已经推出了针对中小学生研学的意外保险,如表5.9所示为来自旅游保险网上某保险公司《研学旅行专属保险产品国内方案一》。

解读:针对中小学生的研学旅行保险和普通旅游意外险有很大不同,增加适合未成年人的"心理辅导""意外走失""三者责任",以及"紧急救援"等保障,尤其需要注意的是,在意外医疗中,它包含了"既往症""牙齿修补""烧烫伤"，以及 24 小时救援热线、电话医疗咨询等特色服务。

表 5.9　研学旅行专属保险方案

保障内容	保险责任描述	保险金额/元
专属保障	研学旅行途中学生遭受意外伤害后引发的应激心理辅导费用（限 2 次，一次 2 小时）（限事故发生日起 30 天内使用，逾期失效）（不限定医疗机构，限心理辅导人员持证上岗）	2000
	意外伤害或突发疾病住院津贴（累计不超过 180 天）	100 元/天
	研学旅行途中学生走失，寻找走失学生产生的广告、交通、住宿费用补偿（限事故发生日起 30 天内）	5 万
疾病保障	突发疾病身故或全残保险（含猝死、既往症）	5 万
意外伤害保障	意外伤害保险（身故或伤残）	20 万
医疗保障	意外伤害或突发疾病医疗保险（含既往症）（合理医疗费用，无免赔额，100% 给付，中国大陆医保定点医疗机构，门急诊、住院医疗费用）（含学生因意外伤害导致的牙齿修补产生的非美容医疗费用，社保范围内补牙材料总限额 2000 元，非社保范围内补牙材料总限额 1000 元）（含烧烫伤导致的医疗费用，保额上浮 50%)（含自费疫苗费用 300 元）	5 万
个人责任保障	因过失导致第三者人身伤亡或财产直接损失依法应承担的经济赔偿责任（个人驾驶车辆引发的个人责任除外）	2 万
救援保障	撤离事故发生地费用保险（限重大公共安全事件及社会事件，限除政府外的救助方垫付的应由被保险人支付的费用）	1000
	紧急医疗转运或医疗送返（含直升机医疗转运）	10 万
	遗体或骨灰运送回常住地（含丧葬费、火化费、灵柩费等）	1.5 万
	住院或身故情形下的亲属探访或处理后事（限 1 人合理必要的交通费用、住宿费用）（不限定连续住院天数）（含亲属为随行家长情形）	5000
	24 小时救援热线、电话翻译、电话医疗咨询	提供

　　风险管理和保险无论在理论上，还是在实际操作中，都有着密切的联系。从理论起源上看，先出现保险学，后出现风险管理学。保险学中关于保险性质的学说是风险管理理论基础的重要组成部分，且风险管理学的发展在很大程度上得益于对保险研究的深入。同时，风险管理学后来的发展也在不断地促进保险理论和实践的发展。从实践上看，一方面，保险是风险管理中最重要、最常用的方法之一；另一方面，通过提高风险识别水平，可以更加准确地评估风险，风险管理的发展对促进保险技术水平的提高起到了重要的作用。

四、风险效果评价

　　风险管理效果评价是分析、比较已实施的风险管理方法的结果与预期目标的契合程度，以此来评判管理方案的科学性、适用性和收益性。在开展风险应对效果评价之前，首先要明确风险管理的目标，并罗列各种风险评估技术和投入的人力、物力，然后选择相应的评价办法。

（一）风险管理目标

风险管理的基本目标是以最小的经济成本获得最大的安全保障效益，即风险管理就是以最少的费用支出达到最大限度地分散、转移、消除风险，以实现保障人们经济利益和社会稳定的基本目的。

风险管理的目标，因阶段不同而内容也有所不同，具体可以分为以下三种情形。

第一，损失发生前的风险管理目标：避免或减少风险事故发生的机会。

第二，损失发生中的风险管理目标：控制风险事故的扩大和蔓延，尽可能减少损失。

第三，损失发生后的风险管理目标：努力使损失的标的恢复到损失前的状态。

由于风险性质的可变性，人们对风险认识的阶段性以及风险管理技术处于不断完善之中，需要对风险的识别、估测、评价及管理方法进行定期检查、修正，以保证风险管理方法适应变化了的新情况。所以，我们把风险管理视为一个周而复始的动态管理过程。

（二）风险效果评价

风险效果评价分事前评价和事后评价。事前评价，是指面对已经识别的营地风险，所制定的风险应对策略，对风险发生的可能性和严重性能够产生多少的控制效果，其中水平评价法是一种常用的事前评价办法；事后评价，是指营地活动结束后，对投入的风险应对成本和获得的安全保障进行分析评价，核算投资收益率。其中，效益评价法（$R=A/I$）是一种常用的事后评价办法。

1. 水平评价法

风险管理是一个动态过程，由于受风险控制技术、过往风险经验和安全意识的影响，营地从业者在不同的阶段面临的风险水平（见图5.8）有所不同，具体有以下三种类型。

第一，绝对风险是指在风险应对之前，缺乏风险控制措施的环境下，风险发生的最大限度，即可能出现的最糟糕的情况。

第二，剩余风险是指绝对风险得到安全调控后存在的风险程度。风险得到控制，但仍有可能发生，剩余风险很难准确判定，有经验的风险评估者会努力将剩余风险降低到可接受的范围内。

第三，感知风险是指任何人对可能随时出现的剩余风险大小的主观评估。人的主观评估往往受到过往经验和个性特征的影响，所以对风险的感知往往因人而异，人们对风险的感知会涵盖从绝对风险到零风险各个水平。

水平评价法，作为一种常用的事前评价办法，广泛应用于营地活动的风险管理控制过程中。通过水平评价法，得出采取风险应对策略后的剩余风险水平。当风险剩余水平低于10时，风险损失在可承受的范围之内，说明应对策略可行有效；假如剩余风险高于10，说明风险应对办法无效或者还不够好，需要进一步加强。

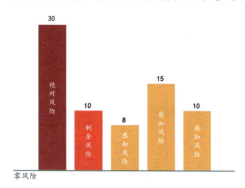

图 5.8　风险水平柱状图

2. 效益评价法

风险管理效益的大小取决于是否能以最小风险成本取得最大安全保障，同时还要考虑与整体管理目标是否一致以及具体实施的可能性、可操作性和有效性。风险管理效果是采取的风险控制技术所获得的安全保障与投入成本之间比值，该比值越大，说明效益越好，当效益比值大于1时，说明该风险管理技术可取。风险管理效益计算公式如下：

$$风险管理效益 = \frac{安全保障收益额}{风险应对投入成本} \times 100\%$$

$$R = \frac{A}{I} \times 100\%$$

式中：R——风险管理效益；

　　　A——安全保障收益额；

　　　I——风险应对投入成本。

由于风险管理是一个动态的过程，包括事前、事中、事后三个阶段，所以，风险管理的效益一般放在活动结束，风险事件处理完毕后，再进行分析评价，这样更加全面、准确，如表 5.10 所示。

风险投入的成本主要有以下三种类型。

① 人力：包括安全管理人员、安全保障人员，以及带队老师安全检查工作等。

② 财力：用于安全教育、安全保障保险等费用，计划调整收入损失，医疗费用、赔偿费用等。

③ 物力：用于风险应对的药品、安防、劳保器材等物料费用，基础设施改善费用，以及风险发生后的物资损坏、丢失等财产损失费用等。

表 5.10 风险效果综合评价表（效益评价 + 水平评价）

风险源	风险识别	风险评估			风险效果应对		效果评价			管理效益	
	风险因素	可能性	严重性	风险量	应对办法	投入成本	可能性	严重性	剩余风险量	风险量	投资效益
营员	体弱多病，感冒发烧	0.65	10	6.5	特别留意，降低活动强度	15	0.35	不变	3.5	3	20%
	先天疾病，旧伤复发	0.45	50	22.5	加强餐饮和住宿日常检查	15	0.30	不变	3.0	3.5	23%
					取消不适宜的活动内容	2	0	不变	0	22.5	1125%
					降低活动的强度和难度	2	0.15	不变	7.5	15	750%
	过敏体质，海鲜辛辣过敏	0.30	40	12	老师提醒注意饮食和用药	10	0.10	不变	4	8	80%
					减少或取消辛辣、海鲜菜	1	0.10	不变	4	8	800%
	脾气暴躁，攻击他人	0.55	16	8.8	老师特别关注，提高警惕	10	0.15	不变	2.4	6.4	64%
					合理安排房间室友和队员	5	0.10	不变	1.6	7.2	144%
	规则性差，违纪闯祸	0.60	14	8.4	加强规则教育，多加提醒	10	0.25	不变	3.5	4.9	49%
					队员相互监督，考评打分	1	0.30	不变	4.2	4.2	420%
	固执自闭，自残逃离	0.20	50	10	老师重点关注，注意情绪	10	0.15	不变	7.5	2.5	25%
					投急丢失的综合意外保险	1	不变	25	5	5	500%
	活泼好动，磕碰擦伤	0.70	12	8.4	多加提醒，常备急救药品	10	0.35	6	2.1	6.3	63%
					检查装备环境，消除隐患	15	0.20	不变	2.4	6.0	40%

备注：①风险应对投入的人力成本按 200～300 元计算，工作内容损失费用按 20～100 元计算，急救药品按 200 元计算，然后按照风险严重性的标准参数和损失费用之间的关系，核算出风险应对投入费用的标准参数。最后用投资收益公式 $R=A/I$，得出投资收益率；②以上剩余风险量均低于 10，在可承受范围之内。

第三节　营地风险应急处理

> **营地导读**
>
> 在营地教育或研学旅行活动中，一旦发生遇险事件，应急处理和紧急救援将成为风险控制的最后一步，它可以防止风险事件进一步恶化，第一时间调动各方面的力量投入救援工作中去，减少风险发生带来的各种损失，及时消除各种安全隐患，防止类似事故的发生。

营地教育不同于成人拓展和亲子旅行，它不仅是教育，而且服务的对象是孩子。每一个从业者都要对这个行业持有一颗敬畏之心，除了赤诚的教育情怀外，还要有战战兢兢、如履薄冰的安全意识。在这个行业，做得时间越长，会变得越小心，做得活动越多，会变得越保守。反倒是一些刚入行的新人"初生牛犊不怕虎"，什么都敢想，什么都敢干。

在这个行业，没有经历过风险的人，不代表你活动做得好、风险意识强，只能说明你做得活动还不够多，到目前为止还比较幸运罢了。只有真正经历过风险的人，才能认识到风险管理的重要性，并从中收获应对风险的宝贵经验。所以，在风险管理教学中，失败的教训往往比成功的经验更有价值，一个没有经历过风险事件、主持过应急救援工作的人，是很难将"风险管理"教好的。

一、营地风险应急预案

应急预案是活动过程中风险事件发生时的应急处理办法，它是在紧急情况下采取的预先计划好的应对方案。一份健全、务实的应急预案是营地风险管理系统中必不可少的一部分，也是每一位行业从业者的必修课。应急预案一般包括应急反应小组、快速通报方案、应急处理方案、后勤保障方案、应急处理程序等几个方面。

1. 应急反应小组

应急反应小组，是在风险发生后按照预先计划成立的临时办事机构。小组成员均来自营地或公司内部，从各部门工作人员中抽调而来，其应急岗位和工作职责与原岗位和工作内容具有相关性，一般是自己熟悉的领域或经办过的内容。无论活动大小、风险等级如何，都一定要有应急反应小组，人员不一定要健全，但领队、后勤、急救员等核心成员一定要具备。而且要确保，应急小组人员抽调后，还能保证营会后续活动的正常进行。

应急小组的职务名称、人员来源和岗位职责，具体如表 5.11 所示。

表 5.11　应急反应小组岗位职责

序号	职务名称	人员来源	工作职责
01	组长 （总指挥）	营地/公司 负责人	全面负责指挥营地风险事件的应急救援工作
			负责批准应急预案的启动与终止
			接受政府、上级主管部门的指令和调动
			负责确定事故现场的指挥人员，以及其他人员的职责
			负责人员、资源配置，以及应急队伍的调动工作
02	副组长 （副总指挥）	营长	在组长不在时代替组长行使总指挥职责
			负责事故应急救援中的现场抢险指挥工作
			协调解决好医疗救护、后勤保障、通信联络相关工作
			协助总指挥协调事故现场的其他相关工作
03	通信联络 人员	营地主任 总经理助理	负责应急救援过程中公司内外通信网络、联系方式的畅通
			负责将应急总指挥的命令传达给各责任人
			及时将应急救援的情况反馈给总指挥
			负责对外联络和救援情况、事故原因、损失情况的信息发布
04	疏散警戒 人员	活动领队 活动总教官	负责事故现场的交通管制、安全警戒、人员疏散工作
			负责活动现场的局面控制、营员数量清点和引导安抚工作
			负责后续营会活动的人员调配和内容调整工作
05	后勤保障 人员	营地后勤 保障人员	负责现场应急人员的食宿保障、车辆保障等工作
			负责应急抢险工作中的资金保障、物资供应保障工作
			负责应急抢险工作中的伤员运送工作
06	医疗救护 人员	营地队医 营地急救员	负责应急救援工作中受伤人员的现场急救工作
			协助后勤组或医院急救车送伤员到医院
			负责风险事件等级的现场评估，并上报总指挥
07	事故调查 人员	活动领队 营地活动教官	负责查找或协助查找事故发生的原因
			找出事故原因，提出整改建议和预防措施，消除安全隐患
			提出对责任人的处理建议，并报总经理批准后实施
08	善后处理 人员	营长 营地主任	做好受伤人员医疗救护的跟踪服务工作
			做好遇险营员家长的沟通、安抚工作
			与保险部门一起做好遇险人员和财产损失的理赔工作

2. 快速通报方案

风险事件发生后，现场工作人员（直接负责人）要第一时间完成事故的通报工作。通报时要确保每个通报链条上信息传递的及时、准确和完整性，优先电话通知，并配有文字、图片。通报工作必须包括两个方面的内容：一方面按照国际救助优先原则（简明检伤分类法），通报风险事件的等级；另一方面按照紧急事件通报要求，向需要通报的单位或人员进行通报。例如，小队辅导员通报："营长，我是今天'荒岛求生'活动雄鹰小队的×××老师，黄色事故通报，我队队员×××小腿划伤，伤口3～4厘米，少量出血，未伤及要害，队医正在处理，需去医院进一步治疗。"

内容一：通报风险事件等级。

对风险事件按照国际通用标准进行等级划分，其目的在于可以实现快速通报、快速响应。它有助于在紧急情况下，用简单明了的方式快速、有效地传递信息，并获得准确、快速地响应，避免因为通报者过于紧张或通信受限所可能导致的通报信息有误或延迟，并造成响应有误或延迟。

对于重大事故，如果现场有大批伤员等待救援，而急救人员不足时，按照国际救助优先原则（简明检伤分类法）对现场的伤员进行即时急救并作出分流。伤病员的分类以醒目的标志卡表示，标志卡的颜色采用红、黄、绿、黑四种颜色，如表5.12所示。

表 5.12　简明检伤分类法

优先次序	标志卡	程度	伤　情	例　子
第一优先	红色	重度	有即时生命危险，需要立刻处理	气道不通，严重烧伤，大量出血，身体开放性创伤
第二优先	黄色	中度	需要处理，但不会在短时间恶化	伤口出血，长骨骨折，过敏
第三优先	绿色	轻度	可自行走动，无须紧急救治	轻微磕碰擦伤、挫伤，感冒
第四类别	黑色	死亡	无意识、无呼吸、无脉搏	没有生命表征或非常严重

绿色（轻度）：小问题，可把控。

① 无须外部医疗、紧急转运等外界支持。

② 无须启动应急预案，由在场队医或有经验带队老师及时处理。

③ 无须快速通报，填写营员巡检表，晚间例会上报。

黄色（中度）：相对稳定，需外界援助。

① 需要外部就医、紧急转运等外界援助。

② 立刻启动应急预案，按照通报程序完成通报，由在场队医即时急救，由营长根据实际情况决定送医或拨打120等待救援。

③ 事件处理完毕后，填写《意外事故调查报告》，当天晚上交给营长，由营长组织在每天的例会上讨论分析，并安排后续工作。

红色（重度）：有生命危险，需立刻处理。

① 需要外部就医、紧急转运等外界援助，立即启动应急救援系统和保险系统。

② 立刻启动应急预案，按通报程序完成通报，由在场队医即时急救，并立刻拨打120，联系备用医院急诊中心做好救护准备，同时联系保险公司报案，启动保险救援和理赔服务。

③ 紧急救援完毕后，填写意外事故调查报告，一个小时内交由营长，然后应急小组召开紧急会议，对事故作出研究决定，并安排后续工作。

黑色（死亡）：无生命表征，或非常严重。

① 立即启动安全保障系统，需要医院、警察局等外界援助。

② 立刻启动应急预案，按照通报程序完成通报，由在场队医即时急救，并拨打120进行转运，同时联系保险公司和当地警察局。

③ 现场清理完毕后，填写意外事故报告表，一个小时内交给营长，然后应急小组召开紧急会议，作出事故研究决定，并启动善后服务工作。

内容二：风险事件通报要求。

在营地风险管理中，紧急事件的通报有严格的要求：一是报告的对象和先后次序要正确，二是报告的内容要准确。通报者一般是活动现场的负责人或教学主持人，即活动的领队或教官。对于绿色、黄色无须紧急救治、并非特别严重的类别，通报时一般先通报营长，由营长决定是否启动应急预案，告知应急措施，而非直接拨打120或119；只有在特殊情况下，例如恐怖袭击、严重受伤，以及特大火灾、交通意外、自然灾害等情况下，应直接联系急救中心、消防队、警察局、保险公司等；此外，风险事件发生后，不能在什么工作都没做的情况下就通知遇险营员家长，一是显得不够专业规范，二是会造成家长恐慌，三是营地什么都不做就联系家长，给人不负责任的感觉。

紧急事件通报完毕后，为了稳定大家情绪，避免造成混乱，同时确保活动的正常进行，活动领队或教官要立刻组织将伤者和其他营员隔离，视伤者情况决定，带领其中一方离开现场，然后安排随队卫生员和后勤负责伤者的救助和后续工作。同时立刻排查事故原因，总结经验教训，避免在后续活动中发生类似事件。

温馨提示①：在这里，紧急事件的通报流程与公司工作流程类似，清楚自己的职责和权限范围，不能越级，不能私自行动，权限以外的事情要经过上级批准。

温馨提示②：每次营会，无论大小，都要有机动灵活人员，一旦发生意外，活动既要继续，还要有多余的人可以去处理问题，在这里卫生员和后勤就可作为营会的机动人员。

风险事件通报程序如表 5.13 所示。

表 5.13　风险事件通报程序

事件等级	通报人员	紧急程度	报告对象	通报方式
绿色（轻度）	小队辅导员	当天例会通报	营长	口头告知
黄色（中度）	活动主持人	即可通报	营长	电话+微信
	营地急救员	营长回应后	医院或消防	电话
	营长	应急预案启动后	营员家长	电话+微信
红色（重度）	活动主持人	即可通报	营长	电话+微信
	营地急救员	即可通报	医院或消防	电话
	营长	应急预案启动后	营员家长	电话+微信
黑色（死亡）	活动主持人	即可通报	营长/负责人	电话+微信
	营长/负责人	即可通报	医院	电话
	营长/负责人	应急预案启动后	营员家长	电话

3. 应急处理方案

风险事件发生以后，营地工作人员首先要保持冷静，根据营地"风险应急预案"紧张有序地开展工作，积极勇敢地去面对现实。为了控制局面，减少损失，消除各种安全隐患，应急小组要各司其职，做好以下各项工作。

① 快速通报，立即启动应急反应小组，小组成员在线或现场办公，确认风险事件的等级；然后落实应对办法：送医还是等待救援，送哪家医院，如何告知家长，明确职责分工……

② 控制现场，为避免造成混乱，降低负面影响，根据实际情况判定将伤者还是其他营员带离现场，伤者隔离后，交由队医和后勤负责救护工作，带队老师或教官做好其他营员的沟通安抚工作。

③ 即时急救，风险发生后，现场队医要立刻对营员进行急救处理，并进一步了解受伤情况，确认事件等级。若现场无队医，具有国内护士证、红十字会救护员或 AHA 国际急救员资格的教官、带队老师均可担任急救员的角色。

④ 应急救援，启动安全保障系统，拨打 120 等待救援，或者直接联系熟悉的医院急救中心，让其做好接诊准备；联系保险公司，开启在线医疗、紧急转运等保险服务。

⑤ 营会活动，伤者隔离后，要立即调查事故产生的原因，若安全隐患可以消除，在确保安全的前提下可以继续开展活动；若风险无法识别，或风险因素可能仍然存在，就暂停当下活动，选择后面活动或备用活动。

⑥ 事故报告，风险事件应急处理完毕后，要立刻考虑如何发布通告，面对家长、媒体和公众，若风险事件属于内部管理疏忽，还要启动紧急公关方案，将

事故对企业的负面影响降到最低。此外，营地需要在半天(5个小时)内整理出详细的《事故调查报告》报送有关单位或部门。

⑦善后处理，成立善后服务小组，一方面做好受伤人员医疗救护的跟踪服务工作，另一方面做好遇险营员家长的沟通、安抚工作，此外，还要与保险公司一起做好遇险人员保险理赔工作。

4. 后勤保障方案

在营地风险管理中，建立紧急事件反应体系，必须有健全的后勤保障系统。该系统除了营地自身的资源外，还要掌握城市当地可利用的医疗、交通、食宿和应急救援资源。通过与以上资源的连接，可迅速为事故的处理提供必要的支持，为紧急救援赢得时间，为财产和人身安全保驾护航。后勤保障系统具体包括以下两个方面。

1) 营地保障系统

① 衣。

在营地，物资后勤要备有多余的换洗、保暖、防雨衣物和营服等，以便在营员发生意外、衣服损坏、丢失或污秽时进行替换。应急物资要和营地活动物资分开，进行单独管理。

② 食。

除了营地餐厅、超市的正常物资供应外，餐饮后勤还要准备方便面、火腿肠、矿泉水、面包、士力架等应急物资，以便在餐厅关门、超市不营业的时间为营员提供餐饮保障。

③ 住。

不管是营地宿舍，还是在酒店，都要有备用的房间和被褥，以便在营员生病或发生意外时进行隔离，由老师单独看护。尤其是露营活动，要有备用的酒店房间。

④ 行。

营地要常备七座以下小轿车或七座商务车、运送物资的小货车，以及与之相应的车辆驾驶员，同时要有长年合作的大巴车队、校车公司等，以保证营员的正常和紧急转运。

⑤ 医。

每个营地都应配有医务室，负责营员的日常卫生保健工作。若没有医务室，每次活动必须配备具有从业资格，而且经验丰富的队医或急救员，随身携带急救箱，常备各种急救和生活药品。

2) 外界援助系统

① 医疗资源。

应急救援体系要有当地三甲医院急救中心的联系电话，并建立长期合作关系，以便在紧急情况下为现场急救人员提供在线语音或视频等远程医疗协助，并在伤者到达医院之前，做好相应的急救准备；对于大型青少年户外活动，组织者要主动寻求城市 120 急救中心的支持，为确保孩子的生命安全，现场配备救护车。此外，营地日常还要有一些能够提供在线医疗服务的平台或资源，可以是做医生的朋友、保险公司在线医疗，或者一些专业的户外救援、医疗服务微信群。

② 交通保障。

在应急救援中，时间就是生命，要想将伤者第一时间，安全、快速地送往医院，必须有常备的应急车辆，快速反应的 120 救护车辆，以及确保道路畅通的交警协助力量；营地应急车辆司机要熟悉当地交通，同行陪护人员要熟悉当地医院，以确保救援工作的快速、高效。此外，对于大型活动，为了确保安全，还需要交警进行一定的交通管制或现场提供车辆疏导援助。

③ 救援资源。

对于一些大型事故，比如台风、地震、洪水等自然灾害，以及交通、火灾等事故，构建应急救援体系，需要事先落实当地城市是否有 119 消防救援和蓝天、蓝豹、绿野等民间救援队,并与其建立联系,以便在意外发生时,能第一时间提供紧急救援服务;此外,在购买活动意外险时,要注意购买针对中小学生研学旅行或青少年户外活动的保险,这种保险相对比较贵,但保障内容全面、到位,比如在线医疗、紧急转运、人员走失保障等,这些保障工作和风险损失转移给大型保险公司来做,可让活动组织者省心、放心,有更多的时间和精力去做好活动的管理运营。

④ 法律援助。

在营地教育行业,由于产品和服务购买者是家长,而实际消费者却是孩子,一旦发生意外,善后处理工作会比较复杂,这些需要专业而且经验丰富的工作人员来应对,有时还需要律师、业内专家等法律顾问提供咨询服务,假如私下沟通解决不了问题,还有可能会对簿公堂,诉诸法律。所以,在法律援助方面,构建系统的营地安全保障体系,需要有一两个律师提供日常咨询服务,对于大型营地或公司,最好有自己的法务部或法律顾问。

应急救援保障卡

二、营地风险应急处理

在研学旅行、综合实践以及各种冬夏令营活动中,由于营地服务的对象是孩子,一般禁止携带贵重物品,而且活动的区域和路线相对比较固定,所以一般不会出现财产损失或丢失的风险,即使出现,也非重要紧急事件,按"入营协议"或"入营须知"约定执行即可。在营地风险方面,营地组织者的工作重点是确保每一位营员的人身安全,让他们健健康康地来、平平安安地走。鉴于此,应急救护能力就成了每位从业者的必修课,而且要业务熟练、持证上岗。

本小节部分图文源自香港童军《急救手册》,在青少年营地教育方面更有针对性,但其内容和做法可能会与内地的红十字会《急救员》手册略有不同,请参考学习。

(一)急救的基本概念

营地急救是指在营员受伤或急症发生时,以符合基本医学护理原则,为伤病者进行初步处理和救治,直至医护人员到场或送达医院。对于轻微伤病者,可能在正确的急救处理后已复原,无须进一步送院救治。但如伤病者伤势较为严重,若能及时提供正确的急救处理,便可达到拯救生命及减慢伤势恶化的目的。

应急救护对于挽救伤病员的生命、防止伤病恶化和促进伤病员恢复有重要的意义。应急救护人员在各种不同的环境中,应在保证自身安全、防止感染的前提下,冷静地采取各种及时、合理的救护措施,从身体和精神上救护伤病员。

(二)紧急事件应变技巧

作为一名合格的急救员,在处理任何意外的时候都要有清晰的步骤,遵循急救的原则和程序,根据意外事件的现场情况,根据伤病员的轻重缓急分配资源,并作出适当的安排。急救工作的主要步骤如下:先评估现场环境,尽可能确保环境安全,然后提供救援服务。

对于大型群体性事故,急救员首要的工作是通过进行初步评估,找出最严重的伤者优先处理。

1. 评估现场环境

能够准确地评估现场环境是急救最重要的步骤。作为急救员,首先要保持冷静,并向受伤人士说明你曾受过急救训练。如无其他专业医护人员在场,你可以暂时担任现场负责人,迅速地找出现场的潜在危险以及可用资源(急救箱、AED 等)。潜在危险包括火种、利器、化学物质等。

任何事故都可以根据以下步骤处理。

首先,确保现场环境安全:现场有什么潜在危险?急救员有没有穿上足够的保护装备(尤其是处理化学品事故或传染病时)?是否需要在警察和消防员的支援下才能进入现场?

然后报警及交代事故情况:包括成因、伤者数量、年龄分布以及伤势等级。

2. 确保环境安全

造成事故的主因可能会对急救员构成危险。例如在交通意外现场,急救员抵达后第一时间要排除危险因素,比如关掉车辆引擎,以减少火灾的机会。虽然传统上应尽量避免移动伤者,但当发现现场有危险时,就要在专业人员(例如消防员)的协助下,尽快将伤者移送到安全的地方。此外,急救员也要穿戴保护装备,例如反光衣、手套、头盔等。对于重大事故,如果急救员不能及时确定现场是否有危险，请先报警，然后等候救护人员抵达。

3. 即时急救护理

当确定环境安全后，第一时间对患者进行伤病情的初步评估，处理最紧急的伤势。如果有多个患者出现，则优先处理有生命危险的患者，并尽可能在原地处理患者。若有即时危险，立刻将患者搬到安全的地方。要善用现场资源，让在场人士帮忙报警及寻找急救设备，如 AED。

4. 协助医护人员

当医护人员到达现场后，急救员必须将病历和初步检查结果，以及曾进行过的治疗信息转交给医护人员。医护人员有可能要求急救员提供协助，例如搬运伤者、陪同送医等，急救员应遵从医护人员的指示，予以积极配合。

5. 直升机救援服务

当远足发生意外，必须紧急撤离时，政府应急管理局或保险公司紧急转运服务会派出直升机救援。无论是急救员、患者，还是陪同人士都要遵守以下安全守则。

① 确保每个人远离直升机降落点至少 45 米。
② 现场禁止有未熄灭的火种，禁止任何人吸烟。
③ 当直升机靠近时，尽量蹲下，远离螺旋桨，以确保安全。
④ 当直升机降落后，切勿立刻奔向直升机，应留在原地等候机组人员指示。

为协助机组人员准确掌握患者位置，在当下国内禁止携带火种进山的现实情况下，利用镜面反射是可行的办法，尤其是在大雾的日子，镜面反射可让直升机上的机组人员在远处就能确定患者的位置。若还未看到直升机的踪影，建议将镜面射向直升机声音传来的方向。镜面的反射能够被远至 30 公里外的直升机看见。

6. 紧急电话求助

当发现伤病员情况严重时，应及时拨打急救电话 120，保持镇静，并简短地说明以下情况。

① 事件的种类、过程。
② 详述事发地点，如在郊外，可提供坐标、附近明显标志或到达现场的途径。
③ 简述伤病者的身体情况（例如年龄、性别、病史、症状、受伤程度、人数及已接受的治疗）。
④ 留下现场联系人姓名和电话。

最后要求接听者重复上述内容一次，以确保资料正确无误。求助者要确定接听者完全收到上述资料，才可以挂断电话。

（三）伤者评估

伤者的评估包括初步评估，在短时间内检查出伤病者有没有危及生命的病况或伤势；进一步评估，了解伤者的病历，并进行全身详细检查；安置及观察伤者，以及送医处理和汇报。具体如下。

1. 初步评估

初步评估的目的是在短时间内检查出伤者有没有危及生命的病况或伤势。足以致命的状况一般涉及伤病者的气道、呼吸和血液循环 (ABC)。因此在检测到这些情况时，就要立刻进行急救处理。伤者初步评估的步骤如下，英文简称 DR-CAB。

1) 留意现场环境安全 (Danger)

到达现场后，应先确保自身及伤病者的安全 (详见本章前面内容：评估现场环境)。

2) 检查反应 (Response)

呼唤伤病者，并轻拍其肩膀以检查伤病者的反应。注意不要移动伤病者的颈头部分，以免恶化他们颈椎骨折的伤势。清醒程度可以 AVPU 等级分类，同时可观察伤病者胸部起伏得知其呼吸状况。注意，若伤病者不省人事，应立即寻求援助，并尽快取得自动体外心脏除颤器 (AED)。

评估清醒程度，AVPU 四个等级如下。

A-Alert 清醒：完全清醒，反应正常，能正常回答急救员的问题。

Verbal P-Pain 对声音有反应，呼唤伤病者，或对他讲话时，伤病者会睁开眼睛或有其他反应。

P-Pain 对痛处有反应，捏住伤病者的指甲或耳朵，给予痛的刺激，若伤病者对痛处有反应，会推开急救员、移开被捏的身体部位或作出其他反应。

U-Unresponsive 对任何刺激都没有反应。

3) 检查血液循环 (脉搏和出血情况)(Circulation)

用手指检查颈动脉的跳动，其位置在喉结左或右大约 2.5 厘米处；检查有没有出血情况，若有伤口严重出血，应立即止血，并留意出血量。注意，若伤者没有脉搏和呼吸，应立即进行心肺复苏。

4) 检查气道 (Airway)

对于没有反应的伤病者，可因喉部和舌头肌肉松弛往后坠而阻塞气道。急救员可使用"按头提颏法"或"创伤推颏法"(若怀疑颈椎受伤) 打开气道。另外，如有异物、呕吐物、痰或唾液等阻塞气道，应立刻清除。

5) 检查呼吸 (Breathing)

气道畅通后，将耳朵靠近伤者的口鼻，聆听呼吸声和感受伤者的呼吸情况，同时留意胸部和腹部在呼吸时的起伏，并对比左右两边是否一致。当发现伤者没有呼吸时，应立即报警并进行心肺复苏。

2. 进一步评估

完成基本检查后，若伤病者情况稳定，没有生命危险的伤势或病况，急救员应进行进一步的评估。进一步评估包括获取伤病者的重点病历和进行全身检查。

1) 重点病历

向伤者或旁人查询相关病历,待专业医护人员到场后把资料交给他们。可以用英文第一个字母 S-A-M-P-L-E 为口诀获取以下资料。

① 病症/病状 (Signs/Symptoms)。

病症 (Signs) 是指检查人从检查过程中通过各种感官所发现有关伤病的客观症状,例如:

视觉:呼吸情况、肢体变形、皮肤颜色、流血、肿胀、瘀青等。

听觉:呼吸声、呻吟声、断骨的声音。

触觉:皮肤温度及湿度,触痛、脉搏。

嗅觉:呼吸中的酒精气温、身体气温。

病状 (Symptoms) 则为病人对疾病主观的感觉描述,例如:痛楚、心悸、晕眩、恶心、发冷/发热、身体无力、麻痹、瘙痒、眼疲劳、模糊、耳鸣等。

② 过敏资料 (Allergies)。

以往对药物、食物、敷料或胶布等敏感资料,包括敏感反应(如红疹、风疹、呼吸困难、休克)及肯定程度(怀疑/肯定)。

③ 药物 (Medications)。

服用药物的记录,包括西药和中药、常用药物和在病发时曾服用的药物。

④ 过往病历 (Past medical history)。

是否第一次发病?是否患有其他长期性疾病(如高血压、糖尿病、中风、心脏病、肺病、哮喘)?

⑤ 最后进食/饮水时间 (Last oral intake)。

分别询问最后进食和饮水的时间,因送院后有些检查或治疗需要指定禁食时间后方可进行。

⑥ 事发经过 (Events)。

尝试了解病发或意外发生的经过,如事发时间、地点、成因、过程、发展、所作出的反应等。

2) 全身检查

全身检查是指对伤病者进行由头至脚的系统检查,比对身体左右两边情况有没有差异,留意是否有出血、触痛、红肿、变形等异样。

① 头部。检查头皮有没有伤口、流血、瘀伤、肿胀,留意头骨是否有变形。

② 眼睛。留意眼睛是否有异物,并观察内眼睑的颜色,再比较双眼瞳孔大小,测试眼睛对光的反应。

③ 耳朵。在耳朵两边说话,测试听觉,再检查有没有血液或液体从耳朵里流出来。

④ 鼻子。观察鼻梁有没有变形,留意鼻孔有没有血液或清澈的液体流出,

或被异物阻塞。

⑤ 口腔。留意口腔气味,检查气道有无被异物、血液或呕吐物阻塞,再移除异物或松脱的假牙。

⑥ 面部。观察嘴唇和面部皮肤的颜色,留意是否有潮红、苍白或发紫,再用手背轻探面部,检查皮肤的温度和湿度。

⑦ 颈部。解松颈部衣物,观察颈部有没有伤口、肿胀和颈静脉有没有充血,并检查器官位置。小心从头颅底部开始用手轻轻检查颈椎,如有触痛或变形,有可能是因颈椎骨折引起,要小心处理,同时应避免移动伤病者。

⑧ 胸部。由上而下检查胸部有没有伤口或瘀伤,并留意锁骨、胸骨、肋骨有否变形。同时观察呼吸的深浅、速度和规律性,并对比左右两边是否一致。

⑨ 腹部。观察腹部有没有伤口、瘀伤、疤痕、肿胀,再系统地检查腹部各处有没有肿胀和硬块。

⑩ 盆骨。观察盆骨是否变形,留意伤患者有没有大小便失禁,另外盆骨骨折可引发严重的内出血。

背部,由上而下检查是否有触痛、变形和其他受伤情况,若发现脊骨变形或怀疑骨折,应避免移动伤者,以防进一步伤害脊髓神经。

下肢,先观察下肢姿态,并对比左右两边,留意是否变形、肿胀、流血。再检查脚趾颜色、微细血管回流时间、远端脉搏和双足温度,以测试血液循环。然后请伤病者依次活动胯、膝、脚踝和脚趾,并检查关节的活动情况和肌肉力度,再测试下肢的感觉。

上肢,与检查下肢一样,先观察上肢的姿态,留意有没有变形、肿胀、流血或其他受伤情况,再检查温度、指甲颜色、脉搏和微细血管回流。然后请伤者活动各个关节,并检查活动的力度、感觉和协调能力。

3. 安置和观察伤者

若伤病者的伤势较轻,无须即时送医处理,应建议或协助他们尽快到诊所或医院求医。

若是情况较为严重的伤病者,需要联系 120 救护车送医,在等候专业救护员时,应尽量将伤者安置在阴凉通风的地方,并加以适当保暖。每隔 5 ~ 10 分钟检查一次伤者的清醒程度、维生指数(如脉搏、呼吸、血压等),并观察有无新的症状出现。以下是成年维生指数的正常参考范围:

脉搏:每分钟 60 ~ 100 次。

呼吸:每分钟 12 ~ 20 次。

血压:收缩压 90 ~ 120 mmHg;舒张压 60 ~ 80 mmHg。

年龄越小的孩子,脉搏和呼吸速率会越快,而血压则会较低。例如,一岁大的婴儿的脉搏为每分钟 80 ~ 160 次,呼吸每分钟 24 ~ 40 次,收缩压 85 ~ 105 mmHg,舒张压 50 ~ 65 mmHg。

4. 送医处理和汇报

急救员给患者实施急救后，要清楚地向救护人员汇报患者的情况，以协助他们为患者提供最适当的治疗。汇报内容包括以下几方面。

① 患者基本资料：姓名、年龄和联系方式。

② 病症：事发经过、症状、过往病史、服用药物记录、过敏记录和最后进食时间。

③ 患者评估：检查时得知的病情或伤势。

④ 处理方法：对患者实行的治疗。

⑤ 患者反应：患者对急救的反应，以及在救护人员到达现场前病情的变化。

⑥ 患者家属及朋友的联系方式。

⑦ 急救员的联络方式。

温馨提示：急救员所得的资料是要保密的，在经患者同意前不可向非救护人员披露。急救员需向患者交代资料的用途，在索取个人资料时，要顾及患者的隐私权和尊重。

急救报告单

患者基本信息：				
姓名：	年龄：	监护人： 爸爸□ 妈妈□	联系方式：	

患者伤病情况
事发经过：   患者症状：
过往病历：   服用药物记录：
过敏记录：   最后进食时间：

伤情评估	处理方法	患者反应

患者联系方式
监护人： 爸爸□ 妈妈□   联系方式：   急救员：   联系方式：
急救员签名：   年 月 日

温馨提示：关于应急处理的其他内容，如心肺复苏、擦伤、烧烫伤、昏厥、食物中毒等，这些大家比较熟悉、常见的急救技能本书将不再阐述，有需要的读者可以查阅相关书籍。下面为大家补充另一项实用的急救知识和技能：即时急救工作完成后，在等待救援的时间，具体如何安置伤病员。

（四）安置患者

当等待救援人员到场时，急救员可用适当的姿势放置伤病者，以防止伤病者的伤势恶化及促进伤病者复原。如怀疑伤病者的脊椎受伤，急救员只需固定伤病者的头部，并要求伤病者不要移动，以免使脊椎进一步受伤。当受伤机制是高速度意外或高处坠下，或患者出现头部或腰部疼痛、下肢感觉或活动异常等症状时，都要排除头颈椎受伤。

1. 坐卧式安置

1) 仰卧式

伤病者的头部向下，平卧于地上或床上，可用毛毯作枕头承托头部。它适用于以下伤病者。

① 一般需要卧床的人。
② 下肢骨折的伤者。

它不适用于以下伤病者。

① 清醒但呼吸困难者。
② 清醒但心脏病发者。

2) 侧卧式

将伤病者小心地侧向受伤的一侧。

它适用于胸部受伤的伤病者。

它不适用于以下伤病者。

① 清醒但呼吸困难者。
② 清醒但心脏病发者。
③ 上肢或下肢骨折的伤者。

3) 坐式

让伤者小心地坐在椅子上。它适用于以下伤病者：清醒，例如流鼻血的伤病者。

它不适用于以下伤病者。

①清醒程度下降或昏迷的人。
②下肢骨折的伤者。

4) 半坐卧式

让伤者小心地坐于地上或床上，伤病者背靠急救员、墙壁、毛毯、大树或提升车床的靠背架，直至与地面形成大约90°角。

它适用于以下伤病者。

① 清醒，但呼吸困难者。
② 清醒，但心脏病发者。

它不适用于以下伤病者。

① 清醒程度下降或昏迷者。
② 下肢骨折的伤者。

5) 屈膝半坐卧式

让伤者小心地坐于地上或床上，伤病者背靠急救员、墙壁、毛毯、大树或提升车床的靠背架，直至与地面形成大约45°角，同时将毛毯垫于膝下，承托屈起的膝部。

它适用于以下伤病者。
① 腹部受伤者，例如：横剖腹部。
② 腹部痛的人，例如：腹部绞痛。
它不适用于以下伤病者。
①清醒程度下降或昏迷者。
②下肢骨折的伤者。

6) 垂头仰卧式

将伤者小心地平卧于抬床、骨科合并抬床或脊椎板上，将毛毯垫高于抬床，让伤病者头部低于下肢约10°角。

它适用于休克的伤病者。
它不适用于以下伤病者。
① 清醒，但呼吸困难者。
② 清醒，但心脏病发者。
③ 怀疑中风的伤者。

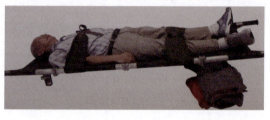

7) 休克卧式

将伤病者小心地平卧于地上，将毛毯垫高双脚约5～10厘米，同时将伤病者的头部转向其中一侧。

它适用于休克者。
它不适用于以下伤病者。
① 呼吸困难者。
② 心脏病发者。
③ 怀疑中风的伤者。
④ 下肢骨折的伤者。

8) 复原卧式

将伤病者小心地移向一边，同时利用伤病者手及脚支撑其身体。如有需要，可卷起毛毯放于倾斜的身体下，用来承托伤病者。

它适用于以下伤病者。
① 大量呕吐者。
② 清醒程度下降或昏迷者。

它不适用于以下伤病者。
① 清醒，但呼吸困难者。
② 清醒，但心脏病发者。
③ 上肢或下肢骨折的伤者。
④ 怀疑脊椎受伤的人。

2. 搬运伤病者

急救员必须了解如何抬动和处理伤病者，这不但能防止伤病者的伤势恶化和增加搬运伤病者的成效，更能提升伤病者及急救员的安全。

当现场环境不适合处理伤病者，需将伤病者搬运时，急救员必须在有限资源和符合急救原则的前提下，利用合适而安全的抬动方法，将伤病者搬运至适当的地点，然后进行检查和治疗。

1) 抬动伤病者遵循的原则。
① 使用身体最有力的肌肉，如：大腿肌、臀肌和肩肌。
② 将伤病者贴近急救员的身体，注意身体重心位置，保持平衡。

2) 正确的搬运姿势
① 站稳。
② 上半身背部和头部保持挺直自然。
③ 两脚分立，保持稳定及平衡。
④ 将伤病者贴近自己的身体。
⑤ 利用肩膀和胳膊支持伤病者的重量。
⑥ 使用整双手掌抓握伤病者。
⑦ 由搬运主管发号施令，各急救员一起提升伤病者。
⑧ 负重后，急救员不要旋转或扭动上半身。

3) 常用的搬运方法
① 扶行法。
它适用于清醒，可以行走的伤病者；不适用于清醒程度下降或昏迷的伤病者。
② 前抬后抱法。
它适用于清醒或昏迷的伤病者；不适用于上肢或下肢骨折，怀疑脊椎受伤、头部受伤等伤病者。
③ 毛毯抬法。
它适用于清醒或昏迷的伤病者；不适用于怀疑脊椎受伤的伤病者。毛毯抬法至少需要六名急救员同时抬动伤病者。

 ①
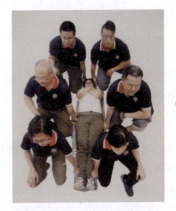 ②
 ③

第六章 职业素养与技能

营地教育作为一种全新的社会教育模式,是落实素质教育的一个重要途径,是学校教育和家庭教育的有益补充。作为行业从业者,要想成为一名优秀的营地导师,除了应具备一系列行业基础知识和专业技能外,还要有良好的职业道德和职业素养。

第一节 营地导师的基础知识

> **营地导读**
>
> 营地教育在国内虽然刚刚兴起，然而在国外已有150多年的历史。要想进入营地教育行业，首先要对营地教育有一个清晰的概念，具备一定的行业基础知识。比如，行业的政策法规、行业的生态系统、营会的基本形式，以及教育学、心理学、中小学课本方面的知识等。

目前，在国内，无论是研学旅行，还是营地教育，虽然有国家政策利好，市场异常火爆，各大旅行社、教培机构纷纷转型升级，加入进来，但面临行业从业人员管理服务水平参差不齐、产品同质化严重等问题。这都是行业发展初期的典型特征，究其原因，是行业相关配套的生态系统还未发展完善，大学没有相关专业，国家没有人才评价标准，社会没有人才培训机构，甚至连一本专业化的营地教育著作也没有，于是造成行业人才结构性失调，营会产品五花八门、乱象丛生。

以下是营地教育从业者应具备的行业基本知识，源自 kidscamp 营会质量管理体系，也是行业人才（研学导师/营地导师）培训必不可少的教学内容和考核标准。

一、政策法规常识

研学旅行和营地教育，目前在国内之所以乱，还有另外一个重要原因，就是从其表面上看属于文旅产业，但实质上却是教育产品，是由国家教育部门主导的一种将学习和旅行相结合的校外教育活动，是学校教育和校外教育衔接的创新形式，是中小学教育教学的重要内容。除此以外，研学旅行还是少先队校外实践活动的一种创新形式。鉴于此，我们在从事研学旅行和营地教育的时候，既要遵守教育部门颁布的有关政策法规，又要熟悉国家文化和旅游部门颁布的一系列政策法规，同时，还要响应团中央《少先队改革方案》的号召，坚持党的领导，牢记队的使命，服务队员成长，为中国特色社会主义事业培养合格建设者和可靠接班人。

1. 行业政策

2014年7月，教育部制定发布了《中小学学生赴境外研学旅行活动指南（试行）》。

2016年1月，国家旅游局发布了《关于公布首批"中国研学旅游目的地"和"全国研学旅游示范基地"的通知》。

2016年12月，教育部等11部门联合印发的《关于推进研学旅行的意见》。

2017年2月，团中央、教育部、少工委联合推出的《少先队改革方案》。

2017年9月，教育部印发的《中小学生综合实践指导纲要》。

2017年12月，教育部办公厅发布了《关于公布第一批全国中小学生研学实践教育基地名单的通知》。

2018年10月，中国质量认证中心与教育部学校规划建设发展中心联合向社会各界正式发布《中小学研学实践教育基地、营地建设与管理规范》标准及评价实施细则。

2018年11月，教育部正式印发关于《新时代高校教师职业行为十项准则》《新时代中小学教师职业行为十项准则》《新时代幼儿园教师职业行为十项准则》等通知文件。

2019年7月，国务院印发了《关于深化教育教学改革的意见》。

2019年10月，教育部发布了2019年增补专业名单，于2020年在国内高等院校开设研学旅行管理与服务等九个新专业。

2. 行业法规

旅游方面：《中华人民共和国旅游法》《旅行社管理条例》《旅行社管理条例实施细则》。

安全生产方面：《中华人民共和国安全生产法》《突发事件应急预案管理办法》《应急管理标准化工作管理办法》。

教育方面：《中华人民共和国义务教育法》《中华人民共和国未成年人保护法》《中华人民共和国预防未成年人犯罪法》《校车安全管理条例》，以及教育部等十部门关于《中小学幼儿园安全管理办法》的通知，教育部印发的《关于进一步做好中小学幼儿园安全工作六条措施》的通知，教育部办公厅关于贯彻执行《中小学体育器材和场地》国家标准有关问题的通知，教育部《关于进一步加强中小学安全工作，预防学生拥挤踩踏事故的通知》。

3. 通用法规

由中华人民共和国全国人民代表大会和国务院颁布的有关法律、法规：《中华人民共和国宪法》和《中华人民共和国民法总则》，以及中华人民共和国《公司法》《合同法》《反不正当竞争法》《消费者权益保护法》《保险法》《食品安全法》《交通安全法》《环境保护法》《野生动物保护法》《文物保护法》《国防教育法》《英雄烈士保护法》等。

以上与行业有关的政策法规，并不需要掌握，但一定要了解，清楚每条政策法规的内容，以此来作为我们开展研学旅行和营地教育工作的基本前提，在市场经营、课程开发和活动带领过程中，做到有法必依，积极响应，贯彻落实。同时机构之间加强交流、相互监督，共同营造良好的行业生态环境，促进中小学研学旅行和青少年营地教育事业在国内健康有序地发展。

二、行业生态系统常识

研学旅行和营地教育行业，就像以往的旅游行业一样，有着类似的行业生态系统。旅行社成了研学组织实施单位，是学生和家长的报名组团机构，景区成了研学旅行实践基地（营地），是产品和服务的供应商，而酒店、车队、保险等，依然是行业的后勤保障机构。由于行业发展尚处于初期，行业主体仍在探索前行，行业上游生态还不健全，市场终端客户也不稳定。

1. 行业主体

从事研学旅行、营地教育、亲子游的旅行社、教育机构、文化传播公司、户外俱乐部、亲子游俱乐部等，即研学或营会活动的组织实施机构。它们是这一新兴行业的主体，在行业内数量最多、分布最广、最具有影响力，同行之间的竞争也最为激烈。

由于是新兴产业，行业主体一般是从旅行社、教培机构、文化传播公司转型而来，它们刚刚进入一个新的领域，需要有人（行业上游）为它们提供研学产品、人才培训、后勤保障等服务，这样相比于自己探索前行、摸着石头过河，肯定会少走很多弯路。反过来，行业主体的繁荣和发展，将促进行业上游的发展，有更多人投入到课程的研发、营地的建设和配套产品的开发等。

2. 行业上游

行业上游即研学课程（营会活动）、研学基地供应商；行业人才培训机构、师资输出机构，如行业后勤保障机构，如餐饮、住宿、交通、门票服务等；行业活动物资装备、场地设施供应机构。

它们的发展往往依靠行业主体的火爆，从事研学旅行和营地教育的机构越多，需求就越旺盛，它们的营业收入才会越高。但行业主体的健康、可持续发展，同样也依赖行业上游是否能够持续地为它们提供优质的研学产品（课程）、人才培训和专业化的配套服务。行业上游机构（研发、营地）不同于行业主体（旅行社等）投入小、门槛低、风险小、变现快，它们需要投入大量的时间和金钱用于营地的建设和课程的开发，而且其变现还被动地依赖于行业的繁荣发展。所以，目前国内在这个领域的机构相对较少，发展也比较缓慢，而且大多处于投入或亏损状态。

3. 行业下游

行业下游即市场终端购买客户，孩子家长、中小学学校、企事业单位等。由于研学旅行是国家教育部门推出的校外教育活动，所以，其市场的大小和发展潜力受国家和当地教育主管部门政策的影响较大。同时，由于行业上游课程研发力度不足、人才培训体系不健全，研学基地建设投入滞后，造成研学组织者服务管理水平较低，活动和课程质量普遍不高，以至于客户满意度不够，家长和学校对活动和课程的购买积极性下降。但行业市场潜力是巨大的，未来发展是美好的。

三、行业有关学科知识

营地教育，不仅是一种崭新的社会教育模式，同时还是文化和旅游产业的一部分，属于行业交叉学科。所以，作为营地教育领域的从业人员，除了具有营地教育和研学旅行方面的专业知识外，还要有教育学、心理学、旅游管理、酒店管理，以及风险管理、自然教育、户外运动、营养健康、急救护理、新媒体技术应用等方面的知识。

1. 研学旅行管理与服务专业

教育部定位于高校专科专业，其核心课程主要有：研学旅行政策法规、研学旅行项目开发与运营、研学旅行产品线路设计、研学旅行咨询服务与市场营销、研学旅行安全管理、研学旅行课程开发、研学旅行实施指导与评价、计调实务、导游实务、中小学德育及实践课程概论。

2. 营地教育专业

应定位于本科专业，其核心课程有：青少年成长规律、营地教育（综合实践）政策法规、营地教育概论、营会管理实务、营地活动带领技巧、营员问题处理技巧、营地安全风险管理、营地课程开发与流程设计、营会文案写作与发布、营地餐饮管理、酒店管理、营养健康和急救护理常识。

3. 相关学科知识

(1) 教育学，是阐明教育的基础知识和基本理论，揭示教育教学的基本规律，给教育理论和实践工作者以理论和方法的指导，全面提高教育教学质量，为培养合格的人才服务。在营地教育中，我们要基于教育学的基本规律，创新教育形式和教学方法，因材施教、寓教于乐，促进孩子德、智、体、美、劳全面发展，为中国特色社会主义培养合格的建设者和可靠接班人。

(2) 心理学，是研究人类心理现象及其规律的科学，其目标是探索和揭示心理活动规律，并应用这些规律为人类的实践活动服务。营地教育的服务对象是孩子，我们要了解孩子的成长特点和身心发展规律。在活动中，首先激发孩子参与活动的兴趣，遇到问题时，给予积极正向的价值引导。

(3) 中小学课本知识，小学语文、数学、科学、体育、美术、音乐、思想品德，中学语文、数学、物理、化学、地理、生物、历史、思想政治，以及体育、美术、音乐、信息技术等。生活即教育，天地乃课堂。在课程开发和授课时，我们要多去挖掘生活中与课本知识有联系的知识点，从而让我们的活动丰富多彩，且更富有教育意义。

(4) 线上新媒体知识，微信公众号、小程序、微商城、微网站的开发与维护，营会活动的编辑与发布，精美照片、小视频的拍摄与编辑，营会海报的制作与发布，这是当下中国应用最广泛的生活和工作技能，作为一个依靠线上销售和口碑传播为主的新兴行业，必须掌握新媒体方面的知识和技能。

第二节　营地导师的职业能力

> **营地导读**
>
> 　　做教育，要有情怀，否则就做不好教育；但光有情怀，没有能力也不行，不懂得什么是"爱"，如何去"爱"，没有爱孩子的能力与方法，就是有心无力，最后受伤的还是孩子。营地教育也一样，每一个从业者都要有最基本的职业素养和专业技术能力。

在营地教育领域，其工作内容不仅包括课程的开发、活动的推广、活动的组织实施，还涉及孩子的教育引导，家长的咨询服务等工作；其学科知识不仅包括教育学、心理学，还必须了解一些管理学、广告学，以及新媒体技术。一个合格的营地教育工作者，尤其是一名营地导师，应该是专业技能过硬、业务水平全面、综合素质较高的复合型人才。除了第一节提到的专业及相关知识外，优秀的营地导师还应具备以下工作能力。

一、观察能力

观察是一种有目的、有计划、有意识的感知活动。它是人们认识世界、获取知识的一个重要途径，也是科学研究的重要方法。观，指看、听等感知行为，察即分析思考，即观察不只是视觉过程，是以视觉为主，融其他感觉为一体的综合感知，而且观察包含着积极的思维活动，因此称之为知觉的高级形式。

观察力即观察能力，是指能够迅速准确地看出对象和现象的那些典型的但并不是很显著的特征和重要细节的能力。它是个人通过长期观察活动所形成的。观察力是智力结构的第一要素，是智力发展的基础。观察力的高低，直接影响人感知的精确性，影响人的想象力和思维能力的发展。观察力是人智力发展的重要条件，要发展人的智力，就要重视培养人的观察力。

一名优秀的营地导师，其敏锐的观察能力主要表现在以下三个方面。

1. 观察迅速

能在较短的时间内，捕捉事物的主要特征。比如，在营会活动中，一眼看去，就能感知到活动的当下状态：是混乱，还是有序？是安全，还是存在风险？是积极向上的，还是走向负面？这种迅速观察的能力，除了需要丰富的实践经验做基础外，还要保持注意力的高度集中，进入一种"身心合一"的状态，将感官捕捉到的信息放到大脑里进行快速处理，经过思考分析后，得出结论。

2. 观察准确

善于辨别事物之间的微小差别。在观察时，我们可以通过捕捉到的信息，判断眼前的现象是否有问题，与正常现象之间所存在的细微差别？

例如，在活动过程中，我们发现有营员在各小队之间来回走动，有些孩子无所事事，脱离小队，而小队辅导员、主持教官似乎视而不见，当出现这些情况，说明活动组织管理是混乱的，老师工作不在状态；在创意木工活动中，当发现孩子们工具使用不当，用完随手乱扔，活动场地垃圾遍地，有些孩子嬉戏打闹。这些现象都表明了活动教学不到位，纪律不到位，孩子界限不清晰，管理不到位，存在一定的安全隐患；在小队会议中，当我们看到大家不开心，听到有人在抱怨、争吵，感觉氛围有些压抑的时候，就说明当下的状态有问题，正在走向负面，需要通过"正面管教"的技巧和方法进行积极的引导。

3. 观察全面

能全面仔细地进行观察，善于发现不易看到的事物特征及形态上的一些细小变化。通俗地讲，就是能够看到别人看不到的东西，找到事物的关键信息点——问题所在。

优秀的汽车修理师傅通过观察，就能准确地判断汽车的问题出现在哪里，临床经验丰富的医生通过望、闻、问、切，就能判读病人的身体到底哪里出了问题。同理，一名优秀的营地导师，也可以迅速地觉察到活动现场有没有安全隐患，如果活动效果不好，问题会出现在哪里？孩子情绪低落，其背后的原因是什么？

例如：工具摆放位置不对，活动场地有老鼠洞、小树枝，这些都是不安全因素，需要及时消除；踏青活动中，如果发现有孩子抱怨太累、没意思，那就说明活动设计可能有问题，可能是路程太远或内容缺乏亮点，需要启用备用方案；有的孩子情绪低落，做事积极性不高，可能是对活动不感兴趣，可能是和队员闹矛盾，可能是没有吃好、休息好，也可能是想家了，通过细心地观察和简单地询问，就可以确定原因到底是什么，然后采取有针对性的应对办法，防止问题进一步恶化。

观察不同于浏览，不同于参观，更不是走马观花，它是有目的、有计划、有意识地去察看客观事物的想象和动向，收集自己需要的信息。观察是有明确注意力"焦点"的感知行为，在海量的信息和资讯中，它只会捕捉到那些对自己有用的内容，对其他信息可能视而不见。所以，作为营地导师，在进行观察时，一定要有明确的目的和计划，为什么观察？观察什么？不能漫无目的地随便走走、随便看看。

二、沟通能力

沟通是一门学问，也是一门艺术，它是一个人生存与发展的必备能力，也是决定一个人成功的必要条件。在现实生活中，如果有一种事半功倍的能力，那么一定是沟通能力。

沟通能力包含着表达能力、倾听能力和设计能力（形象设计、动作设计、环境设计）。沟通能力看起来是外在的东西，而实际上是个人素质的重要体现，它与一个人的知识、能力和品德有密切的关系。

1. 沟通的重要性

沟通能力是营地导师不可或缺的基本能力之一。从课程的开发，到文案的策划、活动的带领、营员的引导、家长的咨询和服务，无不需要沟通能力。在营地教育中，我们要重视沟通的作用，对于一次营会活动，沟通的品质往往决定了课程的品质，决定了管理的品质，最终还决定了活动的品质。

在营会活动中，一方面，我们可以通过聊天、会议、调查访问等方式了解营员、家长、带队老师等的心声，收集好的意见和建议，为自己思考问题和作出决策提供更多的参考和依据，为课程的设计和完善提供信息资讯；另一方面，我们可以通过沟通，让所有的营地工作人员，了解营会的目的、内容和流程，注意活动中的风险和应急预案，加强部门之间、岗位之间、小队成员之间的精诚团结和分工协作；最后，通过沟通，加强交流，有利于家长了解营会的经营理念、管理模式，以及课程设计的价值和意义，与家长通过沟通可以消除误会、化解矛盾、增进理解，小队成员通过沟通可以消除隔阂、融洽关系、加深感情，保持人与人之间的真诚、信任和尊重。

2. 沟通效果的主要来源

根据美国宾夕法尼亚大学著名的伯德惠斯特尔博士，在1952年出版的《体语学导论》中认为，沟通的主要元素包括：语言文字、语气语调和肢体语言。这些元素也正是我们沟通效果的主要来源。

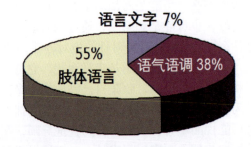

人类主要是通过五感（视觉、听觉、嗅觉、味觉、触觉）来接收外界的信息，但由于接收信息管道的功能、强弱各不相同，于是构成了不同的沟通元素，其对人的影响力也是不一样的，如果按百分比计算，语言文字占7%，语气语调占38%，肢体语言占55%。

语言文字是7%，语气语调加肢体语言是93%，可见，感性沟通的影响力远远大于理性沟通。所以，在沟通的过程中，重要的不是在说什么，而是怎么说。讲课的时候仅内容好还不行，还要生动形象、绘声绘色地表达出来。我们常说的说服一个人要"晓之以理、动之以情"就是这个道理。

语言文字加语气语调是 45%，肢体语言是 55%。所以，我们在与人交往的过程中，不但要听其言，还要观其行。而在教育孩子时，我们要言行一致，不能一边自己乱丢垃圾，一边教育孩子要爱护环境；不能一边自己说话粗鲁，一边要求孩子文明礼貌。这些都是无效的教育方式，肢体语言的影响力远远大于语言文字和语气语调，孩子更多的时候不是看我们说什么、怎么说，而是看在做什么。

人有一张嘴巴、两只耳朵、两只眼睛，就是让我们多听、多看、少说话。教育孩子，我们除了要听其言，观其行，还要读其心，解其意。所谓的读其心，就是重定立场，站在孩子的角度去思考问题；而解其意，就是了解孩子行为背后的动机。在具体亲子案例中，我们要对所学的 NLP 技巧进行重新组合，做到灵活运用。

3. 提高沟通影响力的方法

语言，是思维的载体，人类表达自我的方式。在沟通时，我们可以通过语言接收对方的信息，洞察他人的内心世界；同样地，我们可以通过发挥语言的威力来影响对方，以达到沟通的目的。

1）语言文字

在沟通的时候，我们要用对方能听得懂的语言，这样对方才能知道我们在说什么，否则，即使你说得再多、再好都是白费，反而让人厌恶，觉得他和你没有共同语言。

当两个人沟通不顺畅的时候，请问谁需要作出改变呢？当然是有条件的那个人需要先作出改变。农夫不能听懂秀才的话，即使作出改变，也不可能一下子赶上秀才的语言水平，但是秀才能听懂农夫的话，他有能力、有条件调整自己的语言内容。

教育孩子也一样，孩子的内心世界与大人的不同，没有那么多丰富的知识和阅历，他们有时候根本听不懂大人说的话，所以才有"不要与小孩子讲道理"这么一句话。与孩子沟通，首先，我们要蹲下来，因为蹲下来，你才能看到孩子的世界，才能和孩子平等地对话，孩子感觉受到尊重，才会愿意和你沟通；其次，我们要用孩子听得懂的话，看过的故事、熟悉的东西、经历的过的事情去表达、解释自己的想法；最后，我们要改变自己的语气语调，用与孩子一样幼稚、快乐的声调和孩子讲话，这样孩子会觉得你和他是一类人，容易接近，愿意和你沟通。

谁能作出改变，说明谁有能力，够灵活；谁先作出改变，说明谁有素质，是一个好的沟通者。要想成为卓越的父母，那就要学会自己先作出改变。家长改变一点点，孩子成长一大步。

2) 语气语调

一个人在说话时，他的态度和情绪会通过语气语调表现出来。同样一句话，当音量的大小、语调的高低、语速的快慢发生了变化，给人的感觉就不一样，传达的意思也就会发生变化。

例如：小明是个好孩子。

在说这句话时，如果语调发生变化，就会得到三种不同的意思。

第一种：肯定。

说话时，语调保持平和，这句话就是一个陈述句：小明是个好孩子。陈述句是用来表述客观事实，说明小明真是一个好孩子。

第二种：疑问。

当说这句话时，语调先平后扬，这句话就变成了一个疑问句：小明是个好孩子？疑问句用来表述一些不确定、不明白的事情，用疑问的口气说明不知道小明是不是一个好孩子，或者不确定他是不是一个好孩子。

第三种：否定。

当说这句话时，语调先平后抑，它就成了一个感叹句：小明是一个好孩子！感叹句用来表达内心强烈的感受，如果用下沉的语气，再加上说话者不屑的表情，便是表达一种否定的意思，说明在他眼里小明根本不是一个好孩子。

此外，教育孩子要采用低声教育，声音大会给人训斥、粗鲁、不友好的感觉；语速要放慢、平和，这样孩子才能听得清、学得快，语速快代表没有耐心、着急；声音的特点要符合孩子的特点，用适合孩子年龄段（幼稚园般）的声音和孩子说话，而不需要经常保持一本正经的样子。

3) 肢体语言

在沟通的时候，语言内容是我们了解对方的一个主要途径，但不是唯一途径，一个人内心的想法，还可以从他无意中表露出来的一些动作、表情、语气和眼睛中辨别出来。一个人嘴上可以说谎，但是眼睛不会，语气语调、肢体语言不会，因为这些都是人体本能的反应。除非刻意去做，或经过专业的训练。在沟通时，我们要知道一些常见的肢体语言所代表的意思，比如：

瞳孔放大：表示看到自己喜欢的东西或人。

瞳孔缩小：表示对看到的东西或人厌恶、反感。

眼睛炯炯有神：说明此人心情愉快，自信乐观。

点头：表示肯定、认同。

低头：表示对说的话不感兴趣，或持否定态度。

头前倾：表示对你说的话感兴趣。

皱眉：表示愤怒和为难，代表疑惑、忧郁或怀疑。

双眉上扬：表示非常欣赏或惊讶。

单眉上扬：表示不理解，有疑问。

嘴角向上：表示善意、礼貌和喜悦之意。
咬嘴唇：表示紧张、害怕或焦虑。
噘嘴：表示生气、不满意的意思。

在沟通的时候，如果说话的内容能够配上恰当的语气语调和肢体动作，会大大提高沟通的影响力，尤其是在演讲的时候，抑扬顿挫的声音、脸部丰富的表情和得体的手势，会大大提高演讲者的感染力，有效地吸引住听众的注意力，起到煽动听众情绪、让人进入演讲人状态的作用。

4. 如何提升沟通的效果

既然沟通能力如此重要，那么在营会管理中，我们该如何提升自身沟通能力呢？下面我们主要从营地活动带领和营员问题处理的角度去阐述，从而帮助大家学到更加实用的沟通技巧和方法。

1) 有亲和力

亲和力是一种和谐互信、互相影响的关系，是有效沟通的核心所在，它是任何人际沟通的第一步。没有亲和力，再多、再好的沟通技巧都无用武之地。

NLP认为，亲和力源于共同点。有了共同点，对方会觉得你和他一样，你们是一类人，他才会接纳你、喜欢你，才会放松警惕，敞开心扉，对你多一分包容，较为愿意接纳你的要求，这样，沟通才能有效地进行，沟通才会有意义。我们常说的"酒逢知己千杯少，话不投机半句多""志同才能道合，同流才能交流"说的都是这个意思。

共同点有很多，可以是性格、年龄、籍贯、背景，也可以是衣着、职业、爱好等。如果你和对方在自然的状态下，没有什么共同点的话，可以通过配合对方的身体语言、语气语调、信念价值观等，来人为地制造共同点，从而达到快速建立亲和力的目的。

2) 多听少说

孩子的世界不同于成人，和他们对话是一门有规则的独特艺术。我们不能对孩子说的话和做的事进行直接回应，更不能和他们讲道理，试图说服他们。孩子讨厌说教，讨厌喋喋不休，讨厌批评指责，他们小的时候是生活在一个感性的世界里，这些说教对他们不起作用。某个道理，孩子明明已经知晓，可你却仍絮絮叨叨说个没完。从心理学上讲，这种絮叨是一种重复刺激，会在大脑皮层上产生保护性抑制，你说得越多，他越听不进去，甚至还会产生对抗。

对待孩子，我们要多听少说，你说得多，他自然就会说得少。孩子的心门，天生是对我们是敞开的，是我们不经意给关上了门。在与孩子相处的过程中，即使他做得不够好、计划有问题、想法不够成熟，我们也不要直接拒绝、否定或责备孩子，而是要使用"先跟后带"技巧，加以引导。如果孩子经常遭到老师的拒绝，遇到问题将不再向你寻求帮助；如果孩子的想法经常遭遇否定，那么他的想法从此就再也不会说出口；如果孩子经常遭到你的批评，那么他一定会对你敬而远之。

对待孩子，我们不但要少说，而且要会说。

当孩子不停地抱怨他的朋友、老师时，我们不要先试图查明事情的真相；当孩子抱怨队员做得不够好时，我们也不要先试图给予解释；当孩子抱怨生活不顺时，我们也不要先试图给予建议或意见，而是要顺着他们说话的语气进行回应，针对他们当时的感受给予理解和同情。

当孩子处于强烈的情感中时，他们听不进任何人的话，他们不会接受任何意见和建议，更无法接受任何建设性的意见。他们希望我们能够理解他们心里在想什么，希望我们明白在那个特别的时刻他们的心情。当我们诚恳地接纳他们的情绪，说出他们的失望时，孩子常常会获得面对现实的力量。

3) 少说多做

无论在家里，还是营地，我们教育孩子要"少说多做"，尤其是对 7～12 岁（小学阶段）的孩子，因为这个时期孩子最需要的心理营养是学习和模仿，而这份学习来源于一个榜样。

孩子来到营地，进入一个新环境，他们开始有了自己的新朋友、新老师，有了自己的模仿对象，开始学习与人相处之道。通常在这个时候，他们开始在自己身边的人中，去选择他们欣赏、喜欢的人作为自己的榜样。作为老师，我们要清楚地知道，在这个时期，孩子最多的、最重要的模仿对象还是老师，所以，我们要特别注意自己的言行，充分发挥榜样的力量，在活动中给孩子做好讲解和示范，在生活中以身作则，遵守营地纪律，保持良好的个人修养和生活习惯。

我们要明白一个道理，就是孩子有时候会犯错，大多数情况不是因为他们有问题，而是因为他们模仿得还不够好，模仿得还不够到位，或者老师的教学方法和教学水平有待改进。对于孩子的这种错误，我们不要惩罚，不要错误地认为孩子以后做对是因为"知错而改"，那是因为他们模仿得更好了。经过不断地模仿，一次次地犯错，孩子才学会了吃饭、穿衣、与人沟通相处。

此外，在营地这种群体生活环境中，教育孩子时我们要遵循一个原则——"能动手，就别吵吵"。

在教育孩子的过程中，我们发现用一个动作或一个眼神，直接用行动做出来，比用嘴说更有效。这是因为一方面人的听觉神经没有视觉神经强大，另一方面是因为"行动"直接告诉了孩子做什么，而从嘴里说出的"话"，孩子还需要经过大脑处理，效果就会大打折扣。除此之外，群体生活不同于在家里，当众公开对孩子进行说教，一方面会打扰到其他人，耽误他们的时间或者影响他们的工作，因为所有人都能听到讲话，但动作就不一样，只有他一个人能接收到指令；另一方面，当众说教会打击孩子的自尊，让他在小伙伴们面前没有面子，结果孩子会变得愤怒和对抗。

三、演讲能力

古人云：一言之辩，重于九鼎之宝；三寸之舌，强于百万之师。良言一句三春暖，恶语一句六月寒！古代很多著名的名人名言以及重大历史事件，都无不说明一个问题：口才以及说话的艺术与技巧对于我们的生活是多么重要啊！

卡耐基说：一个人的成功85%是靠他的人际沟通和演说能力，只有15%与他的专业技能相关。语言是人与人之间沟通的桥梁，是人类最重要交际工具，是人们进行沟通交流的各种表达符号，人们借助语言保存和传递人类文明的成果。一个人的语言能力，又叫作演讲与口才。口才在当今社会非常重要，一个很有才能的人，如果没有一个好口才，不能把自己所想很好地表达出来，也就很难得到别人的肯定与认可。

作为一位营地老师，演讲能力是必备的基本能力之一。因为在营地处处需要演讲，开营仪式需要演讲，每天集会需要演讲，会议主持需要演讲，课程讲解需要演讲，活动领队还需要演讲。

德国教育家第斯多惠指出："教育的艺术不在于传授本领，而在于激励、唤醒、鼓舞。"

营地教育的演说不同于学校的课堂，因为是体验式教育，老师的职能不仅仅是传授知识，将课程内容讲出来，更重要的是讲课要有感染力，能够激发孩子对活动的兴趣，唤醒他们的潜能，鼓舞团队的士气，让活动更加高效地落地执行。

每当当众讲话总是心跳加速、面红耳赤、大脑一片空白；每当一登台就紧张，声音发抖，不敢注视听众目光，常常忘记演讲内容；每当会议中发言时，就语无伦次、思维不清楚、词不达意。再看看大洋彼岸，不会演讲就不能当美国总统；在中国，毛遂自荐、诸葛亮舌战群儒、阿里巴巴的马云，都说明了演讲的重要性！在营地教育领域，一个不会演讲的人是不适合做营地一线带队老师的，也不可能在这个领域有大的发展。

在营地，演讲的能力主要表现在以下三个方面。

1. 会议主持能力

从小队会议，到开营仪式、集会仪式、颁奖仪式，都需要用到主持能力。在会议实施过程中，主持人是现场的总指挥，是决定会议成败的核心人物。要想做好营地的会议主持，营地导师（营长或教官）需要做到以下几个方面。

首先，主持人语言表达能力要强，想说什么，怎么说，同时要说得有艺术，把意思、信息准确地表达出来，才能达到预期的效果。

其次，主持人要根据不同的营会主题、会议形式、场合来确定和运用相符合的语气、节奏，用个性化的语言、面部表情和形体动作，来传播内容和信息，打动现场听众。

再次，主持人要熟悉各类活动和营会的礼仪程序、主持的特点和技巧，理解活动策划者的意图。会议最注重的是程序，先后顺序不可颠倒，不允许在执行时有一点差错。

最后，主持人要有较强的组织能力和协调能力，主持人站在台上就是整台活动或会议的指挥者。要通过语言、行为、思想来影响和感染观众，掌控整个活动或会议的进程和质量。

2. 活动带领能力

活动带领能力是营地导师（教官）最核心的能力，是评价营地导师综合素质的重要指标，是活动成败的关键所在。一位优秀的营地导师，在活动带领方面要做到以下几点。

第一，较强的控场技巧，能够熟练使用营地的队列、手号、哨音，以及各种控场技巧，做到让营员快速反应和维持良好秩序，体现团队训练有素的精神面貌和风采。

第二，较强的语言表达能力，能够通过问题、故事、案例进行课程的导入，激发营员参与活动的兴趣，并用通俗易懂的语言将课程讲明白，将活动演示清楚。

第三，熟练使用各种教练技术，灵活运用"目标驱动法"和"正面管教"的一系列技巧，激发营员参与活动的热情和持续动力，为实现目标清除障碍、添加资源。

3. 参观讲解能力

参观讲解是目前国内中小学生研学旅行活动中最重要的教育方式之一，讲解服务的质量和水平直接影响着学生的受教育效果和参观质量，影响着研学导师的口碑和形象。

如何成为一名优秀讲解员？一名优秀讲解员应当具备哪些能力？除了进行普通话、仪态仪表、讲解词等基本训练外，优秀讲解员还应具备以下几种能力。

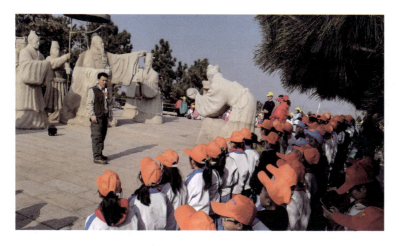

1) 基于兴趣、热爱讲解的能力

兴趣是一个人认识某种事物或从事某种活动的心理倾向，它以认识和探索外界事物的需要为基础，是推动人认识事物、探索真理的重要动机。如果一名讲解员对研学旅行、对讲解充满兴趣，热爱教育事业、热爱讲解，他就会去钻研、去行动、去创造，最终成为研学旅行讲解工作的专家。如果一名讲解员对讲解、教育工作毫无兴趣，为工作而工作，被动地工作、被动地讲解，最后难免敷衍了事，无法成为一名优秀的讲解员。

2) 自我学习与研究能力

大多数讲解员从一接触讲解工作，都是从背诵标准讲解词、熟悉环境开始，同一研学课程讲解员的讲解词基本类同，讲解内容也基本一致。但研学基地的每件展品都千差万别，研学课程中的每个知识点可能都有研究成果、内涵说明，这就需要讲解员增强自我学习能力，通过大量学习、阅读增加知识积累，深入研学课程和辅助展品的研究，不断地去发现新的文化内涵，挖掘展品背后的故事，解读陈列的"潜台词"，从而不断丰富、完善自己的讲解内容。

3) 亲和力

亲和力是人与人之间信息沟通、情感交流的一种能力。讲解员面对的学生大多是第一次见面的陌生人，讲解员的亲和力能够迅速拉近与陌生人之间的距离，能够和陌生人建立一座信任的桥梁。

如果讲解员面无表情、高高在上、程式化地背诵讲解词，学生与讲解员就会始终存在一种陌生的距离，无法融入其中，无法与讲解员建立互相信任的关系。而优秀的讲解员往往以真诚的微笑、温和的语言、和缓的语速、不卑不亢的态度为学生讲解，学生感觉被重视、如沐春风，自然而然会被讲解员的亲和力吸引，整个讲解过程流畅而有温度。

4) 语言驾驭能力

在一些相对专业的研学基地，比如博物馆、科技馆、红色纪念馆等，解说的语言是相对严谨、专业的，说明性文字居多，如果讲解员简单地背诵讲解词，对陈列、文物说明照本宣科，容易让学生感觉枯燥、乏味，接受不到讲解的内容。

优秀的讲解员善于通过学习、研究，通过自己的知识积累，驾驭语言，把枯燥、雷同的讲解词转化为生动、有趣的语言。面对不会说话的文物，讲解员能通过发挥声音语言的表现力和感染力，启发学生的思维、想象，让无声的文物"有声""活化"，把陈列内容准确地表达出来并向观众传播。

5) 气氛调动能力

虽然研学旅行的讲解时间因活动而异，但讲解时间一般在一小时以上。讲解过程中，如果讲解员一味灌输知识，气氛持续维持在同一频率，学生容易产生疲劳、注意力无法集中的情况。

据统计，不同年龄段的人，注意力能够集中的时间是不一样的。一般的幼儿注意力集中时间为 15 分钟左右，小学儿童能达到 40 分钟左右，青少年也不过 50 分钟左右，课堂安排 45 分钟就是这个道理。对于研学旅行的学生来说，边走边看，是一项消耗体力的活动，注意力很难持续一个小时。

6) 分析学生心理的能力

要完成一次高质量的讲解，也需要讲解员对观众具备一定的心理分析能力，在日常工作中应努力培养敏锐的观察力，学会"察言观色"。

首先，根据中小学生的年龄、社会阅历、知识积累等特点，调整讲解的内容，明确讲解的重点和难点，然后有的放矢，有针对性地构建、编排内容并讲解。

其次，在讲解过程中，注意观察学生的表情、情绪、肢体动作，观察学生对不同展品、知识表现的兴趣，通过与学生的交流互动，不断调整、修正讲解的内容。

如果讲解员罔顾学生年龄、文化程度、知识结构、理解能力等的不同，用"一把钥匙开所有锁"，难免会陷入无法满足学生需求、无法完成优质讲解的困境。

四、营员互动能力

互动能力是营地老师的另外一项基本能力，是评价营地导师综合素养的重要指标。

在营地教育领域，我们一般把与营员进行互动的内容叫作团康活动。团就是团体，康就是康乐。顾名思义，就是团体康乐的意思，一种使人身体健康、心情愉快的活动。其价值在于，通过团康活动可以培养孩子的"群性"思维，促进团体合作与公平竞争，灌输民主思想和法制意识，服从领导与被领导，达到寓教育于康乐的功能。

因此，团康活动只是一种辅导活动，是为了达到某种特定目的的一种手段，在营地，团康活动的目标是要消除隔阂，拉近彼此之间的距离，增添生活情趣；在社会，团康活动的目标则是纯化社会，带动社会层次的提升，并持续地保持民族的活力与朝气。

（一）活动分类与带领技巧

团康活动的种类繁多，传统的团康三宝是音乐律动（土风舞）、唱跳、游戏。在青少年营地活动中，还加入了欢呼（队呼），更能带动现场的气氛，彰显小队的风采。

1. 音乐律动

音乐律动，是一种效果最好但最难带领的团康活动。人学习舞蹈大部分是采用模仿的方式，因此活动带领人员必须是一个善舞者和爱舞者，而且教学者和示范者最好是同一个人，这是为了便于边说边做，避免学习者注意力分散，并可提高教学者在学习者心目中的地位。这种亲和力最强的团康活动，过程较为复杂与漫长，因此主持起来也特别费工夫。其带领的技巧主要有：①先让学员熟悉音乐、感受节奏；②不要着急，要能忍耐，保持幽默；③音量要大，口齿清晰，讲解时，长话短说；④掌控全场，不要让学员有聊天的机会；⑤分段教学，重复练习，直至整曲连贯起来；⑥队形宜采用圆形，并能交换舞伴者为佳。

在营地活动中，最常用的音乐律动有：《土风舞》《小鸡舞》《营火舞》《冰原漂移舞》，这些舞蹈不仅简单易学、节奏感强，而且富有乡土风味，具有浓厚的生活气息，深受孩子们的喜爱。

2. 唱和跳

歌唱活动是在团康活动中很重要的一项，也是最容易实施的，领导得宜往往能制造或改变气氛，解除枯燥或冷场。一般可运用的带领技巧如下：①合适的歌曲，要有一定的教育意义；②掌握趣味性，笑而不虐；③随时注意学员的反应，见好就收；④可事先安排助手在孩子队伍中，带动团体；⑤示范时间不要过久，可边唱边示范。

营地适合孩子的歌唱比较多，例如：《谢饭歌》《欢迎歌》《荣誉在我心》《小野菊》《加油歌》《营火歌》《快乐小队》《蜗牛与黄鹂鸟》等，这些歌曲轻松欢快、歌词简单，而且朗朗上口，小伙伴们一起边跳边唱，让营地生活变得更加丰富多彩。

3. 团体游戏

游戏力是营地教练最基本的带队能力之一，是考察其水平的一项重要指标。

"以意义为主导"的活动是工作，"以快乐为主导"的活动就是游戏。人天生追求快乐、逃避痛苦，孩子生来是爱游戏的，他们从中的学习是多方面的，除了知识的增长、经验的增加外，还有自我内心成长，对生活、他人态度的渐渐形成等，这些都是宝贵的学习机会和能力提升机会。

所以，聪明的老师会"寓教于乐"，他会对孩子说：我们来做个游戏吧。那些外行的教育者就会对孩子说：时间到了，我们该上课了。把儿童需要学的东西变成游戏的形式，是我们的责任和工作，这是一件再自然再必要不过的事情，就好比儿童的消化能力不好，我们要把食物变软、变烂一样。

营地的团体游戏不同于成人拓展游戏，它的设计以孩子为主体，更有针对性，主要有以下几方面。

① 金氏游戏，即和视觉、听觉、触觉、味觉、嗅觉有关的感统训练类游戏，因该训练方法是由金氏发明创造的，故称金氏游戏，大家比较熟悉的《彩虹伞》《抛球》《丢手绢》等都属于金氏游戏。

② 自然游戏，又叫大地游戏，它是利用大自然现有的资源和元素，去创作设计的游戏，它源于自然，不依靠"人为"的道具，这不仅能培养孩子的灵活性和创造力，而且可以更好地融入自然，与自然进行深层次的对话。比如，《松鼠大树》游戏、《你说我猜》游戏、《斗草》游戏等。

③ 竞技游戏，这类游戏有很多，应用也比较广泛，适合团队之间的比赛，更能带动气氛，激发营员的参与热情。它以考察团体的智力、体力和协作能力为目标，通过体验让学员感受到分工协作的重要性。最近比较火的《超级Bingo》《速叠杯》《吹乒乓球》游戏等都属于竞技类游戏。

团体游戏的领导原则与内容安排是很重要的，但其成功与否更在于活动带领人员的主持能力，因此，要成为一位杰出的领导者，需要经过长期的实践与磨炼，而不是单单把活动介绍给大家。主持团康游戏，要想不吃力，而且成就感大，一般领导原则如下。

① 游戏必须富有正面的教育意义。

② 安全第一。

③ 清楚明白地介绍活动规则。

④ 高潮而止，或立即转向，引起新的动机和兴趣。

⑤ 换人主持，并可安排助手在学员中，协助引发气氛。

⑥ 先练习一次，待学员熟悉活动规则后，再正式开始。

（二）团康活动的注意事项

1. 选择合适的团康内容

在内容选择上要遵守法律法规，注意远离敏感领域和敏感事件。民族的风俗习惯和宗教信仰，要予以充分的理解和尊重，不能猎奇和主观臆断，以偏概全，更不能加以丑化、侮辱、胡编乱造。

2. 要有正面的教育价值

寓教于乐，让活动富有教育意义一直是营地教育理念中所坚持的目标，因此，作弄他人的游戏，欺骗、羞辱、丑化他人的游戏要避免。

3. 活动内容要不断创新

团康活动的内容不能总是一成不变，每年都一样，那样对老营员就失去了新鲜感，同时影响营地的形象。但是创新求变，并不表示不择手段，为了制造效果而违反教育精神的手段是不可为的。

4. 注意言行要文明得体

在游戏带领中，切不可哗众取宠，为了带动气氛，引起高潮，而滥用粗俗低劣的带领手法，这就违反了寓教于乐的原则，身为营地团康游戏的带领者一定要避免发生。

（三）如何主持团康活动

一位成功的主持人，他可以操纵会场的情绪，更可以事先预防冷场或制造高潮，当然，成功并非三言两语就可以说明白的，还必须靠自己用心去体会，诚如佛家所言："如人饮水，冷暖自知。"带领人员并不仅要具有"才"和"艺"，最重要的还是要有"经验"的磨炼，并时时刻刻充实自己，不断地自我创新，而不是墨守成规，不然，团康生涯将陷入死胡同中。

在团康活动中，往往有许多令人难以意料的突发状况发生，一位成功的主持人不可能对这些意外现象视若无睹，所以应变的知识和宽厚仔细的心，是优秀领导者必备的条件。以下仅作为突发事件时处理的参考。

1. 如何操纵气氛

① 塑造自己独特的风格，取得和孩子的默契。
② 注重活动的适当性与公平性，取得孩子的信任。
③ 不要冷落在场的每一个人，尽量使其有参与感。
④ 脸皮要厚，心要细，保持笑容，让孩子感受到快乐。
⑤ 一达到高潮，立即收场。
⑥ 运用会场灯光来制造气氛。

2. 如何预防冷场

① 不要让孩子有机会聊天。
② 活动要简单、易学、有趣，动静交替。
③ 不要唱独角戏，多安排"伏兵"。
④ 鼓励重于惩罚，不强迫群众表演。
⑤ 掌握次序，击破各个小团体，制造可爱的大团体。

3. 如何破冰解冻

① 幽默的动作和语言常可带动气氛，促成高潮。
② 用赞美的语言，提高孩子的优越感。
③ 多利用肢体接触或抢伴的游戏消除冷冻。

4. 如何击破小团体

① 擒贼先擒王，找出小团体的领袖，开导他加入。
② 活动中要分队，比如以高矮来分队。
③ 尽量发挥活动的冲击，使其自行瓦解。

5. 如何运用团康话术

① 千万不要严重丑化某人、事、物。
② 运用肢体语言，利用一些可爱的小动作，打破台上台下的陌生。
③ 利用只言片语的幽默，拉近与孩子的距离。
④ 点到为止，笑久了，嘴也会酸。
⑤ 掌握主题，注重内容格调，至于其他较复杂的偶发事件，如男女不愿牵手，因个性害羞而不参与，表现欲强，爱出风头，场内太吵……没有任何硬性的解决方法可遵循，全要靠自己的体会与领悟，况且此次活动的经验未必适合下次的团体，所以，身为一个优秀的团康带领者，应变的机智和察言观色的敏锐是必备的。

五、营地专业技能

作为一名合格的营地导师,不仅要有丰富的实践经验,还要有积极的学习态度,不断丰富自己的营地技能,以便胜任更多的营会活动。如果一名营地导师在孩子面前连搭建帐篷、包扎伤口、野外定向这些最基本的户外技能都不会,那么真的是有损营地的形象。专业的户外技能有很多,下面简单列举几种最常见的。

1. 露营技能

露营是一项最基本的户外技能,也是亲近大自然最好的活动。周末假期,离开城市钢铁森林般的生活,走向户外,向自然进发,无论沙滩还是草地,扎上帐篷、铺上地席,大地为床天作幕,清风相伴月长随。新鲜的空气,璀璨的星空,醉人的歌谣,让我们来一次与大自然的亲密接触吧。

露营技能包括:选择营地、规划营区、搭建露营帐篷和休闲天幕,了解帐篷、防潮垫、充气垫、睡袋、营灯的功能,懂得如何使用、维护和收纳整理。

2. 绳结和先锋工程

绳结不仅是一种技能，还是一种艺术。绳子在生活中应用广泛，无处不在，绳结有多种打法，不同的场合使用不同的绳结，每个绳结都有它的独特用处。利用绳结搭建先锋工程是一项别具艺术性和创造性的营地活动。大家一起用竹竿搭建营门、围栏和旗杆，过程锻炼人，环境塑造人，使生命在潜移默化中得以成长。

常用的绳结有十几种：单结、八字结、双套结、营钉结、称人结、活结、平结、接绳结、方回结、十字编结、剪立结等，学会这些，我们就可以用绳子和竹竿创造出各种先锋工程作品，比如投石机（罗马炮）、营地餐桌、水上扎筏、营门、旗杆、高空吊桥、秋千、旋转木马、摩天轮等。

在打绳结方面，营地导师要学会营钉结、称人结、双套结、平结、活结、八字结、方回结、剪立结八种常用绳结和收绳办法；在先锋工程方面，要掌握搭建每种先锋工程所用材料（竹竿和绳子）的数量、尺寸，能够搭建简单的罗马炮、营门和旗杆。

3. 野炊技能

无具野炊是一项重要的野外生存技能，就像过去行军打仗一样，到了一个地方，停下来安营扎寨、埋锅造饭。捡树枝、挖地瓜、捞鱼虾，在短缺材料的情况下，利用大自然提供的资源，烧野菜、做野饭，为自己奉上一顿美味午餐。在百无聊赖的童年时光里，还有什么比找块空旷地，跟小伙伴们一起野炊更有趣的事？野炊取材于自然、烹饪于自然、享受于自然，那种感觉自然不一样。

在营地野炊技能方面，营地导师除了应具备基本的烹饪常识，学会劈柴、打火石取火、烧火等基本技能外，还要掌握BBQ烧烤、竹筒饭、叫花鸡的制作等专业技能。

4. 急救技能

在户外活动中，孩子在玩耍时，难免会出现磕碰，造成擦伤、烫伤，小伤虽不严重，如果处理不当，就可能会造成二次伤害。假如带队老师懂得急救常识，有包扎护理的经验，就可以在第一时间恰当应对，给予伤者有效的救护处理。

急救技能是所有营地工作人员必须掌握的最基本技能，每个人都应具备初级红十字会急救员水平，熟练掌握三角巾包扎法、止血法、烧烫伤、皮外伤处理方法、骨折急救办法，以及常见的中暑、胃痛、肚子疼、发烧、感冒等内科症状的临床表现和判别方法。

5. 定向技能

野外定向，又称徒步或远足，是1918年瑞典童军领袖侨兰德(Majon Evnst Killander)设计的一项训练童军体能与智能的户外活动，经过100多年的发展，已经演变成多种形式。野外定向是一项特别适合中小学生春秋游的社会实践活动，它可以将学习或生活中的各种技能融入其中。整个活动不仅安全有趣，而且极富教育意义。

要想开展野外（公园）定向活动，营地导师必须懂得如何绘制定向（旅行）地图，熟练掌握指南针、正置地图、追踪记号等定向技能，清楚户外安全守则与野外定向安全事项，然后根据定向场地实际情况，绘制地图、设置挑战任务、制定活动规则等。

6. 皮划艇技能

皮划艇，作为四大贵族运动之一，在湖泊里、在大海上、在牛津和剑桥等名校的联赛中，我们都能看到它的炫丽身影。划皮划艇是一项简单易学的水上运动，它不但可以磨炼人的意志、锻炼平衡能力和协作精神，更重要的是可以让孩子换个角度，从水中去感受和探索这个奇妙的世界。

如今，这项环保、时尚的运动已经风靡全国。作为非专业皮划艇教练，我们也要懂得皮划艇的使用和维护方法，以及前进、后退、转弯、艇排等皮划艇基本技术，掌握最有效果（省事、省力）的划船技巧。

第三节　营地导师的职业素养

> **营地导读**
>
> 营地教育，作为一种新型的社会教育模式，相比于其他行业，从业者更需要有良好的职业素养，这样才能为人师表，才能影响和教育孩子。营地导师的职业素养包括职业道德、个人修养和职业习惯。职业素养比职业能力更重要，能力可以在短时间内培养，素养却不容易改变和提升。

良好的职业素养是成为营地导师的必备条件，相比于职业能力，职业素养更重要，因为能力可以短时间培养，素养却不容易改变和提升。职业素养是软实力，是营地导师最核心的竞争力。

职业道德是每一个营地工作人员都必须具备的基本品质，职业习惯和良好的个人修养是每一个优秀员工必备的素质，这三点是营地对员工最基本的规范和要求，同时也是每个员工担负起自己的工作责任必备的素质。那么，怎样才是具备了良好的职业道德、个人修养和职业习惯呢？

一、职业道德

营地职业道德，是指在营地教育活动中应遵循的、体现营地教育工作者职业特征的、调整其职业关系的职业行为准则和规范。它包括营地老师与其他工作人员之间的关系，营地老师与孩子（家长）、与营地、与社会之间的关系。

教师是人类灵魂的工程师，文明的传播者。营地教育作为学校教育和家庭教育的有益补充，担负着青少年素质教育的重任。为进一步增强营地工作人员的责任感、使命感和荣誉感，规范其职业行为，明确师德底线，引导广大教师（营地导师）成为有理想信念、有教育情怀，理论功底扎实、专业技能过硬的好老师，着力培养中国青少年面向未来的生存技能和价值观，为社会主义培养合格的建设者和优秀的接班人，特制定以下行为准则。

1. 坚定政治方向，自觉爱国守法

坚持党的领导，贯彻党的方针，坚定不移地走中国特色的青少年组织发展道路；忠于祖国，忠于人民，遵守法律法规，履行教师职责；不得损害国家利益、社会公共利益，或违背社会公序良俗。

2. 热爱营地事业，坚守教育情怀

热爱营地事业，喜欢户外运动，认同自然教育理念，尊重孩子个性发展；落

实立德树人根本任务，遵循青少年的教育规律和成长规律；坚守教育情怀，做一个虔诚的教育工作者。

3. 明确行业定位，牢记教育使命

明确营地教育的功能和作用，加强与学校教育和家庭教育的有机结合；牢记营地教育的重要使命，担负起素质教育重任，为中国特色社会主义事业培养合格的建设者和可靠的接班人。

4. 传播优秀文化，教授实用技能

践行社会主义核心价值观，弘扬真善美，传递正能量；弘扬中国优秀传统文化，引导青少年增强文化自信和民族自信；主张走向户外，走进生活，培养孩子终身受用的生存技能和价值观。

5. 关心爱护营员，规范管理行为

真心关爱护孩子，视如己出，严慈相济，做孩子的良师益友；不得歧视、侮辱孩子，严禁打骂、伤害孩子；不得单独和孩子进行谈话，严禁私自用药，注意男女有别，分开管理孩子营地生活。

6. 坚持言行雅正，做到自省自律

注意为人师表，以身作则，举止文明；不得与学生发生不正当关系，严禁任何形式的猥亵、性骚扰行为；严格要求自己，加强自我管理，作风正派，自重自爱；保持良好生活习惯，做好孩子学习典范，不吸烟、不喝酒，勤于自省，勇于自律。

7. 秉承公平正义，保持真诚友善

坚持原则，处事公道，维护公平正义；为人光明磊落，做事坦坦荡荡，保持真诚友善的本心；不得在活动宣传、活动实施过程中弄虚作假，不能在营地检查、小队考评等工作中徇私舞弊。

8. 加强安全防范，增强风险意识

严格遵循安全第一的基本原则，加强安全教育，增强风险意识，不做任何不可控的事；加强安全管理，提高风险识别能力，消除安全隐患，确保孩子人身安全；万一遇到困难和危险，遵循孩子优先的原则，教师要奋不顾身，冲在前面，首先解决孩子的困难，确保孩子的生命安全。

9. 加强交流学习，提升自身素养

加强营地知识、技能的学习，积极参加行业内的各种总结会、培训会、技能分享会，提高自身职业技能水平；做好职业规划，明确职业目标，不断地提高自身素养，一步步向目标迈进。

10. 遵守职业道德，维护企业形象

热爱本职工作，遵守规章制度，注重个人修养，培养良好职业习惯；自觉维

护公司利益，树立公司形象，恪守公司商业秘密；全心全意为孩子服务，积极主动为营地活动贡献力量。

二、职业习惯

职业习惯是一个营地教育工作者根据工作需要，为了很好地完成工作任务，主动或被动地在工作过程中养成的工作习惯，也是保证工作任务和工作质量必须具备的品质。良好的职业习惯，是出色地完成工作任务的必要前提，如果不具备良好的职业习惯，就不能按照要求完成自己的工作。所以每一个从事营地教育行业的人都要有一个良好的职业习惯。

每个人平时都有习惯，但不一定是职业习惯，更不一定是符合要求的职业习惯。那么，一名营地教育工作者应具备哪些符合要求的职业习惯呢？

1. 凡事提前5分钟

在人生的长河中，5分钟无异于一个小水滴，虽不起眼却有着重要意义。在日常交往中，5分钟是诚信；在为人处世中，5分钟是准备；在人生路途中，5分钟是远见。凡事提前5分钟，人生将大不相同。

"凡事预则立，不预则废。"在工作中，早几分钟和晚几分钟，区别真的很大。早到几分钟的人，可以提前梳理当天的安排和任务，做到心中有数；也可以泡好一杯茶，清理一下办公桌，提前进入紧张有序的工作状态。晚到几分钟的人，总处于手忙脚乱中。他们做事往往缺乏主动，总是被推着、催着、赶着走。不仅工作效率低下，而且匆忙应付各项任务，出错的概率会更大。

在职场上，你的工作态度其实也是工作能力的体现。早到几分钟的人对待工作往往更加积极主动，迟到几分钟常有拖延懈怠的情绪。一个人能力欠佳，还可以通过良好的工作态度去弥补，但实力再强，懒散也会让人荒废。

5分钟，在人生中不过是白驹过隙的刹那，但是只要把握好提前5分钟的优势，便会让你的每一步都走得自信坚定。5分钟看起来很短，但将这5分钟积累起来，足以让你受益无穷。凡事提前5分钟，会让你更接近成功。

作为一名营地导师，如果你想要有条不紊地处理事情，想要优化生活的秩序，想要快速地发展和提升自己，想要把握所遇到的一切机会和可能，请记得——凡事提前5分钟！

2. 做事有计划、生活有条理

做事有计划，是指每天根据事情的轻重、缓急、主次确定做事情的次序；生活有条理，是指生活有良好的起居习惯、饮食习惯、娱乐习惯，以及生活环境的清洁习惯等。

对于一个人来说，做事有计划不仅是一种做事的习惯，更重要的是反映了他的做事态度，是能否取得成就的重要因素。事实上，做事有计划、生活有条理，不仅不会浪费时间，而且会让自己在工作中时刻保持头脑清醒、思路清晰，大大地提高工作的效率。

怎么做到做事有计划、生活有条理呢？

首先，做事"三思而后行"，分清事情的轻重缓急，避免出现捡了芝麻丢了西瓜的事情；其次，生活要做到有条理，必须遵守科学合理的起居习惯、饮食习惯，以及家庭环境的卫生；再次，做事之前，要考虑哪些事情先做，哪些事情后做，有计划、有步骤，善始善终，不半途而废；最后，养成做家务的好习惯，把家务整理得井井有条，从小事做起，培养自己有条理的生活习惯。

做好下面几点，可以帮助你变成一个生活有条理的人。

① 马上去做，惰性会使你工作成堆。

② 善用垃圾箱，不用的东西直接扔掉，没用就是没用，不存在"万一哪天用得上"这种事情。

③ 形成规律，有条理的人不会等到最后一刻才起床洗漱，他们会在醒后的第一时间洗脸、刷牙、整理房间。

④ 物归原处，到手的物品、工作、文件，第一时间把它们放到该放的地方去，不要给它们杂乱无章地堆积在一起的机会。

⑤ 善用日程表，养成查看日程表的习惯，不需要别人来提醒你。

⑥ 收拾好自己的东西，看看你的周围，在被乱丢的东西淹没之前拯救一下自己。

⑦ 买一些有用的文具，诸如文件柜、收纳盒等，然后好好利用它们。

⑧ 不要怕花费一点点精力，经常用一点时间清理自己的用品，会帮你节省更多的时间和精力。

⑨ 尝试使用一些计划工具，如日程表、工作手册、手机记事本等，培养自己每天做计划的能力。

3. 开会做记录

开会做记录，是营地导师的另一种职业习惯。好记性不如烂笔头，在会议中，及时记录必要的会议内容，有助于准确地记载各种有用的工作信息，帮助会后日常工作的顺利开展。

那么，具体应该如何做会议记录呢？

1) 会中记录内容

在会议记录过程中，避免疏漏，提高效率是最重要的。做会议记录需要讲究技巧，不是所有的内容都需要记录，而是记录会议的中心思想，发言者的观点、论据和事实，其余可一笔带过；对于任务布置及要求，只需要记录与自己本职有关的，其余也可轻描淡写；此外，快速记录的同时，也要确保信息准确、清晰、有条理。

2) 会后整理总结

会议结束后巩固提高也是关键，温故而知新，梳理会议流程，概括会议内容，大致复述出会议思想及要求，这也是学习一场会议的重要方法，会议中难免有疏漏、记录有缺失，这些都要会后来完善，如果对会议内容有疑问，还要向会方提出咨询问题。三人行必有我师焉，积极地向同会者交流学习不失为一种很好的学习方式，交流看法，相互印证，思想碰撞总会有火花。

3）落实会议精神

要仔细思考如何落实会议精神，如何向部门或者下级传达会议内容及要求。然后结合实际，安排具体工作，对于落实中出现的问题与困难也要及时向上级总结汇报，尽早尽快解决。

4. 工作有总结

工作总结是对一定时期内的工作加以总结、分析和研究，肯定成绩，找出问题，得出经验教训，摸索事物的发展规律，用于指导下一阶段工作的书面文体。

认真写工作总结是一件非常重要的事情，工作总结不是作业，不能敷衍了事，更不是写给领导看的。工作总结是做好各项工作的重要环节，通过它可以全面系统地了解以往的工作情况，正确认识工作中的优缺点；可以明确下一步的工作方向，少走弯路、少犯错误；同时，工作总结还是认识世界的重要手段，是由感性认识上升到理性认识、发现事物发展规律的必经之路。

对于领导来说，有助于了解员工的工作状态，关注员工在工作中的成长，哪方面有所欠缺需要弥补，哪些地方做得不对需要调整，领导会依据了解到的情况，在未来的工作中给予帮助和支持；领导也会从你自己的分析与调整中，发现你的潜力，会给你一些机会，让你更好地成长。

对于个人来说，为自己近期的工作经历做梳理归纳，从中总结经验，这对于双方来讲，都是很好的事情。想提升自己，掌握归纳、总结的能力非常重要，在这个过程中，应不断地进行整理分析，最终形成自己的方法论，实践经验加理论知识，工作总结就是这样一个提高自身的机会。

工作总结因工作情况不同，总结的内容也不同，总体来说，一般包括以下几个方面。

① 前言，是对阶段性工作或生活的感悟，是发自内心的。

② 总结，阶段性工作做出的成绩，未完成的工作，得到的成长，自己的不足，写作时要段落分明，有数据体现，可审核。

③ 计划，未来阶段性的工作计划、学习计划和成长方向，有时间、有目标、有奖惩措施，可量化、可供审核和监督。

④ 结语，对自己未来的期许和激励。

5. 做事守规矩

孟子云："不以规矩，不成方圆。"在这个复杂多变的社会中，恪守原则，遵守规矩具有十分重要的意义，也是保证社会稳定、健康、发展的关键。在营地教育领域，每个从业者都要养成做事守规矩、讲原则的职业习惯，以身作则，为孩子们做好学习和模范的榜样。

规矩是社会正常运行的基石，是人们和谐共处的基本元素，也是千百年来形成的公序良俗。原则是每个人做事的准绳，遵守的信条。凡事有所为，有所不为，绝不能随波逐流，亦步亦趋，迷失本我。但现实生活中漠视原则，规矩缺失的现象随处可见，小到打饭插队，乱丢垃圾，大到虚假宣传，坑蒙拐骗。对于这些现象，有的人似乎习以为常，司空见惯。假如规则形同虚设，将原则弃之不顾，社会必定混乱无序，最终受害的也将是每一名社会个体。

勿以善小而不为，勿以恶小而为之。遵纪守法是我们一路走来最重要的做人准则，人人坚持原则，遵守规则，才能营造出良好的社会秩序。

作为营地教育从业者，我们如何做到守规矩、讲原则呢？

首先，守规矩、讲原则，必须要知道有哪些规矩和原则，作为一名营地导师必须熟悉行业的政策法规、教师行为准则、营地规章制度、户外安全守则，以及营地的教育理念和教育思想。

其次，不能仅仅是一个口号，每天挂在嘴上，而是要从实际做起，付诸行动，从思想上，从内心深处去认真遵守，始终做到坚守教育情怀，守住道德底线。

最后，守规矩、讲原则，除了要严格要求自身外，还要管好身边人，带领大家一起遵守规矩，形成积极向上的环境氛围，让胡作非为、循规蹈矩者没有生存的土壤。

6. 工作多汇报

营地教育与其他行业不同，在活动过程中会经常遇到一些突发事件，比如，交通拥堵、装备损坏、营员伤病、天气突变等。所以，营地老师要养成有事及时汇报，没事主动请示工作的好习惯。

及时汇报和请示工作，不仅有利于工作任务的完成，快速找到应对问题的办法，而且可以在上级的指示中学习到更多的工作经验和技能，让自己得到提升和发展。

汇报工作的时候要注意以下几点。

① 重点工作多讲，非重点工作少讲，不需要面面俱到。

② 按照先主后次的顺序进行汇报。

③ 语言应简洁，多用内部术语，便于交流。

④ 汇报要及时，注意时效性，针对性。

⑤ 工作汇报不同于工作总结，总结是针对工作本身，而汇报则是针对特定的对象，要区分开来。

三、个人修养

个人修养，就是个人认识、情感、意志、信念、言行和习惯的修炼和涵养。

一个人只有通过自觉地遵循社会道德体系的要求，更好地履行个人的社会义务，并不断地提升个人的人生境界，才能修养成良好的内在素质，即所谓个人修养高尚。

个人修养作为一种无形的力量，约束着我们的行为。任何一个人只有具有良好的个人修养，才会被人们所尊重。当然，个人修养的内容并不是一成不变的，它随着社会的发展及人生实践活动的深入也会变得更加丰富多彩。个人修养具有典型的地域与职业特征。在营地教育行业，营地导师应具备的良好个人修养包括以下几个方面。

1. 热爱学习

① 孩子教育博大精深，只有因材施教才能把教育做好，我们要努力提升自身的理论功底和实操水平。

② 研学课程丰富多彩，营地技能各种各样，我们要多走出去，拓宽视野，增长见识。

③ 见贤思齐，随时随地学习；三人行，必有我师，虚心学习；弥补自己某方面的不足，提升有关技能水平。

2. 注重仪表

① 女性：要求淡妆，发型自然干练，最好扎起来，前发不遮眼，侧发不掩脸，不染彩色发；指甲保持清洁，不美甲，不留长指甲。男性：前发不覆额，侧发不掩耳，后发不及领，不染发、烫发。

② 注意面部清洁和个人卫生，经常洗澡、剪指甲，用的香水味不宜太浓。

③ 着装要求：干净整洁、朴素大方、衣着得体，拒绝奇装异服，不文身、不穿暴露衣服。

3. 和善亲切

① 面部表情温和、善良，有亲和感。

② 与人交流平易近人，有耐心、有热心、有诚心。

③ 热爱生活，热爱工作，关心同事，关心孩子，乐于助人，默默无闻，无私奉献。

4. 守时守信

① 守时，任何事情要做到提前计划，提前安排，提前到达，做好准备。

② 无论遇到什么问题，都要严格按原计划执行，不要轻易改变，保持说到做到的一贯风格。

③ 言必信，行必果，承诺和答应别人的事情一定要兑现，即使付出超出预期的代价。

5. 以身作则

① 遵守规矩，举止文明、注重礼仪、为人师表，保持良好的气质形象。

② 严于律己，要求孩子做到的事，自己必须先做到，而且要做好。

③ 敢于冒险、躬亲示范，积极探索、勇于承担，努力成为孩子崇拜的对象，为他们树立积极正面的学习榜样。

6. 文明有礼

① 讲话要文明，不说脏话，不爆粗口，不得讲有侮辱、笑话、打击营员的话。

② 自觉遵守参观游览、就餐、出行等营地礼仪规矩，做孩子学习和模仿的榜样。

③ 做事要文明，不破坏环境和氛围，不打扰别人，不给他人添麻烦等。

7. 心系他人

① 做事三思而后行，考虑自己的行为是否会打扰到别人，影响到他人的正常工作和生活。

② 在活动过程中，多去留意他人反应，看自己的行为是否带来不适，或主动咨询，征得他人同意。

③ 设身处地为他人着想，行动之前先问一问自己："这样做会不会给他人带来麻烦？"

④ 自立是助人为乐的前提，要想做到不给他人添麻烦，首先要做到自己照顾自己，然后力有余、助他人。

四、工作标准

（一）对待工作（同事）

(1) 热爱营地教育工作，主动学习，追求卓越。

(2) 遵守各种规章制度，做事守规矩、有原则。

(3) 注重个人道德修养，廉洁自律，文明有礼。

①为人师表、注意个人言谈举止；②与客户保持适当的距离，严禁发展不正常关系；③不利用工作之便贪污受贿或谋取私利；④不索要小费，不暗示，不接受家长赠送的物品；⑤自觉抵制各种精神污染；⑥不议论客户和同事的私事；⑦不带个人情绪上班。

（二）对待公司（营地）

(1) 集体利益高于一切，集体主义是职业道德的基本原则，我们必须以集体主义为根本原则，正确处理个人利益、他人利益、部门利益和公司利益的相互关系。

(2) 营地是我家，发展靠大家，以主人翁的态度与对待本职工作，认真负责，积极主动。

(3) 同事之间、部门之间团结协作，为了孩子，大家同舟共济，积极奉献，共建美好家园。

（三）对待客户（孩子/家长）

(1) 视如己出，将营员当成自己的孩子或兄弟姐妹，全心全意地为他们服务。

(2) 一视同仁，所有营员都是一样的，没有高低、好坏之分，不存在优先和特权。

(3) 正面管教，始终对孩子进行正面的教育和正向的引导，传递正能量。

(4) 面对家长，不忽悠、不夸大，坦诚相待，客户的满意是我们不懈追求的目标。

五、职业发展

营地教育，在国外虽然已有100多年的历史，但在国内，作为一个新兴行业，尚处于发展的初级阶段，很多方面还不成熟，比如：从业者职业定位不清晰，行业从业者鱼龙混杂，国家尚未颁布营地导师（研学旅行指导师）人才评价标准、培训教材和考试管理办法，大学尚未正式开展相关专业，社会上也没有系统的培训，于是造成行业人才供应结构性失调，大大制约了行业的发展。

（一）营地导师的三种类型

营地导师是一种拥有正确的营地教育理念，能够自主开发或根据客户要求开发出各种富有挑战性和趣味性的营会活动，能运用有效的营会管理方法和活动带领技巧将活动落地执行，并取得良好效果的专业人员。从职业的角度进行划分，营地导师分为三种类型：小队辅导员、营地教练员和营长（团长）。从经营管理的角度进行划分，营地从业者分为：营地主任、营地导师、后勤保障等。

1. 小队辅导员（初级营地导师）

小队辅导员，是营地活动的基本单位——小队的带队老师，负责本队营员（6～10个孩子）在营期间的生活管理、活动带领、营员信息反馈等与营员有关的所有事务。小队辅导员是营地师资力量的重要组成部分，是队伍最庞大的一部分，在营地导师中属于人数最多的一种类型。

小队辅导员一般由在校大学生担任，应具备专科（含）以上学历，经过系统培训和实践练习后方可上岗。选拔小队辅导员，知识和技能并不是必要条件，这些可以通过后天培训获得，最重要的是态度问题。一名合格的小队辅导员在态度方面应具备三种必要条件：有爱心（喜欢孩子）、有责任心和热爱户外运动。在招聘条件中，无须限定"教育学""体育学"或"旅游管理"等，即使大学有了"研学旅行"（专科）和"营地教育"（本科）等对口专业，在招聘小队辅导员时，首先看重的还是态度，然后才是专业，因为是孩子直接带队老师，只要态度不对，即使知识和技能再好也不能录用。

2. 营地教练员（中级营地导师）

营地教练员，是营地活动的带队老师，主要负责团队的带领、活动的教学、营员的考评和任务的安排。营地教练是一个营会活动的核心人物，他控制着活动流程，掌控着节奏，是确保营会高效、顺利进行的重要因素。一般一个 20～30 人的团队安排 1～2 个教练，一个主带，一个副带（助教），如果副带人员紧张，可以没有，或者由后勤担任。

营地教练一般由教育或体育专业毕业的大学生，或者优秀退伍军人担任，要求必须有工作经验，专业知识和实操技能过硬，态度方面与小队辅导员一样，要有爱心、有责任心、喜欢户外活动，除此之外，还要认同营会的教育思想和教育理念，要有良好的职业道德和个人修养。

但在实际运营过程中，由于一些营会的专业性比较强，教练一般是临时聘用的兼职工作人员，他们的教育理念可能会和营地的不一样，个人修养也可能达不到营地的统一标准，比如滑雪教练、皮划艇教练、戏剧老师、科技老师等，对于这样的专业老师，我们就要限制性使用，只发挥其专业技能的优势，对于不好或不确定的方面，要消除一切风险发生的机会和可能性。

3. 营长 / 营地主任（营地导师）

营长是营地活动的首要负责人，主要负责营会活动的开发设计、流程制定、仪式主持、安全管理、活动落地实施等。他是营地教育的灵魂，掌控着营会活动的全局，肩负着贯彻落实营地教育思想和教育理念的重要任务，在营地活动内容和流程设计中，监督营地教练将活动落地执行，督促小队辅导员做好营员的日常管理工作。

一个营地或营会的营长应具备专科（含）以上学历，经过系统培训，并有 3 年以上本行业工作经验。作为营会的灵魂人物，必须拥有雄厚的教育理论基础，熟练使用"正面管教"的教育思想和引导技巧，能够带领营地所有的工作人员统一思想，步调一致，并营造出积极向上的氛围，确保营地各项活动健康有序地进行。

在以上三种角色中，小队辅导员主要负责营员的生活，在活动中协助营地教练开展教学活动；小队辅导员和营地教练并非直接的上下级关系，而是并列关系，营长是他们共同的上级，他们需要直接对营长负责，完成营长交给的任务，只不过因为教练负责整队工作，有了这个便利条件，所以有些任务是营长通过教练直接安排给营员，但任务的负责人还是小队辅导员。

小队辅导员经过 2～3 年的锻炼，有了丰富的实践经验，即可担任营地教练，但反过来，营地教练并不一定适合当小队辅导员，由于大多数教练从事的是活动安排和教学演示工作，并没有切身地融入小队活动中，所以，营地教练很难做好角色转变，沉下心来，进入小队辅导员的工作状态。

(二) 营地导师培训

在 2012 年之前,中国还没有营地教育的概念,当时比较有影响力的是童军运动。童军教育属于营地教育里的一种,已有 100 多年的历史,是目前世界上影响最为广泛的青少年组织,它遍及 216 个国家和地区,成员多达 2800 万人。在国内最早开展营地教育方面师资培训的是中国罗浮童军服务协会、中国韩国童军协议会,以及中国香港、中国台湾的童军组织和领袖在内地组织的各种师资培训和青少年文化交流活动。童军师资方面培训和青少年文化交流活动为中国营地教育的发展拉开了序幕。

自 2015 年开始,国内陆续出现一系列开展营地师资方面培训的机构,比如:中国登山协会的营地指导员培训,营在中国|青少年营地教育联盟的营地服务员培训,以及中国营地教育联盟的国际营地导师培训等。这个阶段培训的特点是没有专业系统化的培训教程,老师多为学术方面的研究员,或其他行业的专家学者,缺乏一线实践经验丰富的专业老师。培训内容大多碎片化,又或者是没有经过本土化的国外课程和经验,虽然国外的营地教育(研学)有上百年的历史,但国外的国情(家长)和国内的国情(家长)截然不同,如果照搬国外的经验,一些营地管理思想和管理办法会水土不服。

本书的出版发行,将填补国内营地教育行业没有专业系统化培训教程的空白,为中国营地教育事业的发展翻开新的篇章。

新书出版以后,营在中国|青少年营地教育联盟经过两年的沉淀,将会重新出发,为广大行业从业者提供专业系统化的《营地导师》(初、中、高级)培训,为行业内的公司(营地)提供针对性的企业内训服务,同时在全国各地重点城市开展公益性的"营地技能分享会"。从现在开始,这一阶段的培训将发生本质的变化,除了专业系统化的培训内容,更重要的是培训师资不再是"跨界组合"模式,而是全部科班出身,拥有 5~10 年营地教育行业的从业经验。

无管理、不规范,无营地、不教育。同时我们将面向全国的各大研学旅行基地、青少年户外营地推出 kidscamp 营会质量管理体系认证,从营地建设、人才培训、物料供应,到课程体系导入"三位一体"的顾问式咨询与培训服务,让更多的孩子有机会享受真正国际化、规范化的营地教育服务。

第七章 营地教练技术

在营会活动中,营地教官(领队)是整个活动的核心。如果领队水平有限,不能控制节奏、掌控全局,不能有效地带领团队开展活动,营员遇到问题又不能很好地解决,那么,即使活动策划得再好、包装得再漂亮,其结果也将是名不副实、事与愿违。

第一节　快速反应和良好秩序

> **营地导读**
>
> 在营地，如果想保证每天的活动按部就班地进行，优质高效地完成，就需要一个强有力的执行团队，一个熟悉孩子心理、专业技能过硬、带队经验丰富的营地教官。常用的团队带领技能包括基本的队列口令、手号和国际通用的哨音。

一、营地队列

营会的管理是否规范，家长很难辨析，但专业人只需从几张照片就能轻松分辨出来。一个好的营会在集会或活动时会做到队伍整齐、动作规范、形象统一，而不是看上去像一盘散沙，几个老师带着一群孩子做游戏。在营地管理中，每次营会都有必要对营员进行简单的队列训练，这样不仅可以提升营员的纪律性、增强荣誉感，最重要的是可以让他们从"一盘散沙"迅速变得"训练有素"，以至于在后续各种营会活动中做到快速反应和秩序良好。

以下部分图文内容源自《解放军报》全文刊发的《中国人民解放军队列条令》，并结合青少年营地活动的实际情况，进行了删减和调整，行业从业者可作为参考，对本机构营员进行队列训练。

（一）立正

立正是军人最基本的队列动作，它贯穿于整个队列训练的始终。只有扎扎实实练好军姿，才能为其他动作打好基础。

1. 动作要领

① 两脚跟靠拢并齐，两脚尖向外分开约60°角。
② 两腿挺直，小腹微收，自然挺胸。
③ 上体正直，微向前倾，两肩要平，稍向后张。
④ 两臂自然下垂，手指并拢自然微屈，拇指尖贴于食指的第二节，中指贴于裤缝。
⑤ 头要正，颈要直，口要闭，下颌微收，两眼向前平视。

2. 常见问题与纠正方法

① 两脚跟未靠拢并齐，两脚尖向外分开的角度过大或过小，方向站得不正。
纠正方法：按动作要领从下至上以口令或手扶法纠正。

② 胸部不能自然挺出。纠正方法：按动作要领反复练习，强调向前上方挺胸，以胸带腰。

③ 挺胸翘臀部。纠正方法：腰部向上用力，使腰杆挺直，同时收小腹收臀部（收腹提臀）。

3. 注意事项

在营地进行口令训练时，教官首先要了解营员的背景情况，比如：有没有参加过队列的训练，在学校体育老师的口令和动作有哪些？然后对训练内容稍作调整，以便与学校保持统一。例如：在国内有些学校，当老师下达"立正"口令后，学生做动作的同时会回应"1-2"，营地教官就要尊重并利用学校的这一动作规范，从而提高训练的质量和效率。

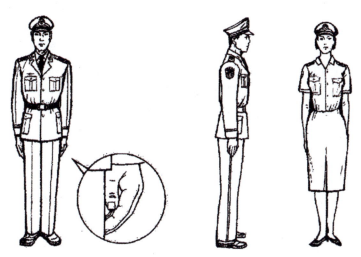

（二）稍息

稍息通常为一个科目完成后的调整动作，在军事科目中"稍息"时应先向排头兵方向看齐，然后自行成稍息姿势，动作应迅速、准确、协调一致。

1. 动作要领

① 听到"稍息"口令后，左脚顺脚尖方向伸出约全脚的三分之二。
② 两腿自然伸直，上体保持立正姿势，身体重心大部分落于右脚。

2. 常见问题与纠正方法

① 出脚速度慢、腿打弯。纠正方法：稍息时体重大部分落于右脚，左胯适当用力上提，左脚跟稍提起，脚腕稍用力，两腿自然挺直，脚面稍绷，脚掌迅速伸出。

② 出脚时身体不稳，方向偏移。纠正方法：腰杆要挺直，顺左脚方向画一直线，反复体会练习。

3. 注意事项

在队列训练中，稍息是一个科目完成后的调整动作，我国青少年在进入初中才开始正规的队列训练，小学生好动，身体未发育良好，注意力又不集中，实际应用中，"稍息"对他们来说就变成了"休息"，开始讲话，做各种小动作，所以，在营会活动中一般不使用稍息口令，多用跨立来代替。

（三）跨立

跨立，即跨步站立，它是一种国际通用动作，体现着受训者不失严谨整齐的一种雄壮姿势。跨立可与立正互换，以保持身体的平衡和稳定。

1. 动作要领

① 左脚向左移动一小步，与肩同宽，两腿挺直，上体保持立正姿势，身体重心落于两腿之间。

② 两手背后，左手握右手腕，拇指根部与外腰带下沿（内腰带上沿）同高。

③ 右手拇指扣住右手食指第二关节，手心向后（持枪时不背手）。

④ 听到"立正"口令后，左脚迅速收回，与右脚靠拢并齐，同时两手放下，恢复立正姿势。跨立的动作要领可以归纳为"两快一准"，即：跨脚快、背手快，跨脚位置准确。

2. 常见问题与纠正方法

① 左脚跨出的距离不准确，出脚和背手的动作不协调，不能同时到位。纠正时强调脚手同时到位，左脚跨出时注意控制脚的距离，确实做到一脚之长。主要掌握用大腿控制力量，并反复练习。左脚跨出后，两脚角度不准，通过此练习达到跨脚速度快、距离准、上体稳。

② 左手握右手的部位和手的高低不准确。纠正时强调左手手心对正右手腕关节，反复练习背手的高低，确实做到左手拇指的根部与腰带下沿（内腰带上沿）同高。

③ 背手、跨脚动作不协调。按跨立的口令要领，重点练习跨脚、背手、移重心三者的协调一致。

3. 注意事项

跨立是一种待机动作，一般在等待命令、稍作休息、领导讲话时使用。在等待期间，为了防止受训者在领导面前耷拉着手或在身体前面有小动作，而立正姿势又过于呆板拘束，这时一般使用跨立动作。跨立可代替"稍息"口令，用于和立正之间的转换。

（四）转法

转法是停止间（原地）变换方向的方法，分向右转、向左转和向后转，需要时也可半面向右，半面向左转。

1. 动作要领

① 以右脚跟为轴，右脚跟和左脚掌前部同时用力，使身体协调一致向右转90°角。

② 身体重心落在右脚上，左脚取捷径迅速靠拢右脚，呈立正姿势。

③ 转动和靠脚时，两腿要挺直，上体、手和头要一直保持立正的姿势。

向左转的动作要领同向右转，但左右相反；向后转，按向右转的要领向后转180°角，转动时，动作要快，两腿挺直，上体保持立正姿势。

2. 常见问题与纠正方法

① 转时弯腿，上下体转动不一致。纠正方法：两腿挺直，腰杆正直向上用力，转时，身体、两脚要同时用力，胸部自然向前上方挺出。

② 转时身体晃动，站不稳。纠正方法：转时要以脚跟为轴，体重要落在为轴的脚跟上，上体保持正直，挺胸，同时注意两脚尖分开的角度及转正后脚掌迅速落地，后腿蹬直，裆部夹紧。

③ 靠脚时外扫、跺脚。纠正方法：用慢动作反复体会取捷径靠脚的要领。靠脚的同时蹬脚跟翘脚尖使腿挺直，以脚跟的靠力和腿的并力迅速靠脚。

④ 靠脚后两脚跟不齐。纠正方法：在新的方向画脚跟线，反复体会练习。

3. 注意事项

向左转、向右转是营地队列训练中的基本动作，训练时要注意有些年龄小的营员可能会左右不分，同时要考虑到营员以往的训练经历，如同立正口令一样，积极采用学生在校已经习惯的"1-2"的动作分解和口令回应。

（五）整理着装

整理着装是在队列稍息基础上执行的，它是在交接岗前的一种检查仪容仪表的规范性标准，给人一种整齐划一、军队作风的体现。

1. 动作要领

① 双手从帽子开始，自上而下，将着装整理好。
② 必要时可左右或前后两人相互整理。
③ 持枪时，将枪夹于两腿之间。
④ 整理完毕，自行稍息，听到"停"的口令，恢复立正姿势。

2. 纠正方法

① 整理过程流于形式，做表面文章。纠正方法：应遵循实事求是的原则，根据个人的着装情况，确实将着装整理好。
② 整理顺序不正确。纠正方法：从帽子开始，自上而下整理。

3. 注意事项

整理着装是在集合的基础上，包括立正、向右看齐、向前看、报数到稍息执行完毕后开始下达整理着装的口令；队列在立正的基础上进行整理，整理完毕后自行稍息；整理着装一般是自行整理，但在会操、表演、考核时，为体现整齐划一，应按自上而下的顺序统一动作和时间。在青少年营地活动方面，由于营员穿的营服并非统一的军装和制服，整理着装之前，要先说明整理的内容和具体要求，做到因地制宜、实事求是。

（六）整齐、报数

整齐是调整队列、队形的一个基本动作，整齐分为向右看齐、向左看齐和向中看齐；整齐的目的是报数，它是集会例行检查的基本内容之一。

1. 动作要领

① 身体在立正的基础上，头向右摆动60°角，脚用小碎步前后左右移动至与右者看齐，要求能够看到隔一个人的腮部，且看不到其后人，不能低头或仰头。
② 在听到停止口令"向前——看"中的"向前——"音结束时，脚下小碎步停止（在此之前小碎步不停止），站立位置不再变化，听到"看"口令时，头回正，呈立正姿势。
③ 听到"报数"口令后，横队从右至左（纵队由前向后）依次以短促洪亮的声音转头（纵队向左转头）报数，最后一名不转头。数列横队时，后列最后一名报"满伍"或"缺×名"。

2. 常见问题与纠正方法

① 看齐时勾头、含胸。纠正方法：令其上体端正，头正、颈直。报数转头时，

扭动身体。纠正的方法：手扶其上体使之保持立正姿势，反复练习转头。

② 报数声音不洪亮，无节奏感。纠正方法：用胸腔发声，传递要迅速，并力求节奏一致。

3. 注意事项

向右(左)看齐、向前看、报数，这是一套连贯性动作，指挥官在例行检查，要求队员报数时，不能直接下达"报数"的口令，要先用"向右看齐"口令，然后用"向前看"口令，最后才是报数，不能落下前面任何一个口令。此口令在青少年营会的开营、毕营、会操、考核，以及每天的开始、结束仪式上经常使用，主要用作例行检查团队人数和整理队列、队形。

（七）坐下、蹲下、起立

坐下、蹲下在队列训练中，同跨立一样，它属于一个待机动作，用于休息、等待指挥官的其他命令，一般适用于教学演示、集合等待的场合。

1. 动作要领

① 听到"坐下"口令，左小腿在右小腿后交叉迅速坐下，两手自然放在两膝上，上体保持正直。

② 听到"蹲下"口令，右脚后退半步，臀部坐在右脚跟上(膝盖不着地)，两手自然放在两膝上，两腿分开约60°角，上体保持正直。蹲下过久，可自行换脚。

③ 听到"起立"口令，全身协力迅速起立，呈立正姿势。

2. 常见问题与纠正方法

① 坐、蹲下后弯腰低头。纠正方法：腰杆挺直、挺胸、挺颈，上体保持良好姿态，两眼注视前方。

② 蹲下后，两手未并拢放到位，两膝分开过大或过小。纠正方法：五指自然并拢，放在两膝盖上，蹲下时两膝分开约与肩同宽。

③ 蹲下后，上体方向不正，向右偏。纠正方法：腰杆正直上挺，使胸部正对前方。

④ 坐姿起立时手扶地。纠正方法：起立时，两脚跟靠近臀部，上体前倾，重心前移，全身协力迅速起立。

3. 注意事项

在青少年营会活动中，蹲下动作常用于团队的集合和教学场合。比如：当集合哨吹响后，各队营员从四面八方会集而来，对于人数到齐的小队，为了避免混乱，并与其他小队区分开来，小队辅导员会使用"蹲下"的口令，让本队队员一路纵队的蹲下；当所有小队都蹲下后，代表团队所有的人员已经到齐，营地教官可以开始后面的工作了。

二、营地手号

在队列训练或整理队伍时,除了口令,还有手号,指挥官在发布口令的同时做出相应的动作,这样对于孩子来讲更加直观和通俗易懂。手号也适用于一些景区、机场、车站等禁止大声喧哗的公共场合。同时让团队显得更加专业规范、文明有礼。

在团队站队时,小队长是领头的,站在本小队队员的最前边,而副队长是断后的,站在本小队的最后边,队员在中间,按照顺序依次排列。每团可按本团习惯而定,可按高矮排列,也可按入团的先后顺序排列。常用的队形有纵队、横队、马蹄形、圆形等,具体如下图所示。在图示中,黑色三角形"▲"为团队指挥官(营长、教官或老师),红色圆形"●"为值日小队长,橙色圆形"●"为其他小队长,橙色带横线圆圈"⊘"为副队长,绿色圆圈"○"为队员。

以下手号根据国际通用的手号而设计,又结合了青少年的实际情况,部分有所完善和调整。图片来源:《香港童军基本技能手册》。

1. 纵队

发令者立正,两手握拳向前平伸,高与肩齐,手背向天(也可向对),排列以队为单位,队长在最前,面向发令者,与发令者相距1.5米(3步的距离)。全队依次在队长背后逐一排列,最后一人为副队长;在发令者最左面为第一队,最右面为最后一队。

纵队又分为宽松纵队和紧凑纵队,紧凑版队员之间前后半臂(一步)、左右半臂(两步);宽松版手号由拳头变手掌,队员之间间距前后调整为一臂(两步),左右调整为一臂(3~4步),其他不变。

纵队

2. 横队

发令者立正，两手握拳向前伸开，然后手臂向上弯曲 90°角；手臂与肩齐放在眼睛的正前方，两拳向内（也可相对）。各小队依次序在发令者前按横队排列，队长在全队之右面，即发令者之左方，副队长在全队之左面，最前一队距离发令者 1.5 米。

横队又分为宽松和紧凑两种，紧凑版队员前后半臂（一步），左右半臂（两步）；宽松版手号由拳头变成手掌，队员之间距离调整为前后一臂（两步），左右一臂（3～4 步），其他不变。

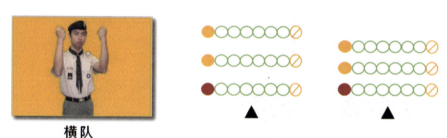

横队

3. 横排

发令者立正，两手握拳，向侧平伸至两手与肩成一直线，全团在发令者前一点五米处排成一直线，以发令者左面为始，右面为尾，排列依分队站立，两队间相距 1 米，值日小队在最左边。

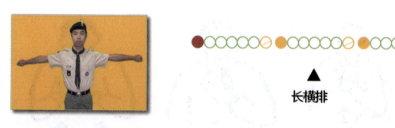

长横排

4. 马蹄形

发令者立正，双手垂直在前，交叉形或左手腕压在右手腕之上，手指伸直。全队围成类似"U"形，但拐角为直角。全团团员面向内，全体以队为排，第一队队长是发令者左方第一人，最后一队之副队长为发令者右方第一人。此队形最常用，每天的集会仪式、教学仪式都采用此队形。

马蹄形

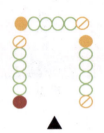

5. 圆形

发令者立正，双手伸开，手背朝上，在腰间位置向身体前后来回挥动；小队以指挥官为中心围成一个圆圈。第一小队队长面对指挥官，各队员相距一步，仍按队长在前、副队长在最后的顺序依次站立。所有的队员确定位置后立正面向内站立。

圆形

5. 其他常用手号

除了以上队列、队形手号外，还有一些与"立正、稍息、蹲下、解散"等相对应的口令、手号，对于一些营期比较长的冬夏令营，营地的会员、老营员比较适用。具体如下图所示。

立正　　　　　　稍息　　　　　　解散

1) 立正

发布号令之前，身体先立正，然后右手握拳放在左胸前；当下达"立——"口令时，右脚迅速向外迈一小步，与肩同宽，同时右拳快速放下，伸向身体的右侧，约与身体成45°夹角，左手保持不变；当下达"正"口令时，右脚迅速与左脚靠拢，恢复原来姿势，右拳同时也回到原处（左胸位置），收脚和拳的动作要同时进行，并且快而有力。

2) 稍息／跨立

发布号令之前，身体先立正；当下达"稍——／跨——"口令时，右手掌放在左胸前；当下达"息"口令时，右手快速放下，伸向身体的右侧，约与身体成45°夹角，左手保持不变；右脚做出稍息（向前2/3步）或跨立（向右一小步，与肩同宽）的动作。

3) 解散

发布号令之前，身体先立正；当下达"解——"口令时，两臂交叉放在胸前，两手成掌向里自然伸开；当下达"散"口令时，两臂寻捷径自然向身体两侧散开；右脚自然向外一小步，与肩同宽。

4) 其他

在营会队列训练中，还有一些非标准化的手号，各地做法不一，比如右手伸向前，掌心向下，与身体成90°直角，手掌带动手臂往下30°，代表"蹲下"；反之，手掌向上，从60°恢复到90°，代表"起立"。此外，如果做手号时，不同时使用口令，为了引起大家的注意，可以先用右手拍右侧大腿，从而发出"啪""啪""啪"的警示音。具体做法是：先拍一下，间隔一秒，再连续快速有力地拍两下，然后做以上"立正、稍息、解散"等动作。

三、营地哨音

在营地活动中，有时为了不打扰其他营员的正常工作和生活，在安排工作时一般会使用特定的吹哨方式来召集特定的营员，当其他营员听到哨音后，如果与自己无关，就不需要跑来集合。以下是国际通用的哨音形式，营地教育工作者可根据自己实际情况参考使用，或选择几种使用。

图形	文字	含义
—	一长声	注意/立正
—····	一长四短	全体集合
·—	一短一长	稍息
—·—	一长一短一长	领物资
··—	两短一长	小队长集合
··—··	两短一长两短	值日小队长报到

在上图的国际通用哨音中，①一长声，含义是注意、立正，一般在现场混乱，需要安静下来发表讲话时使用；②一长四短，代表全体集合，一般在起床、集会等需要集合的场合使用，由于有些教官肺活量不够，一长声后，再连续吹出四声，第四声往往吹不出来，所以在国内一般都采用"三短声"；③一短一长，代表稍息或跨立，一般适用于大团队，由于人多，但靠声音口令无法传达到位；④一长一短一长，代表物资委员领物资，物资有活动物资，也可能是生活物资，有时营员回到各自房间，不适宜挨个敲门或全体集合，于是就使用该物资委员集合哨音；⑤两短一长，代表小队长集合，一般是召开小队长会议，安排下一步具体工作；⑥两短一长两短，代表值日（服务）小队集合，一般是通知或安排具体值日内容，并交代做什么和怎么做，比如升旗/展期/出旗仪式，为了确保准确无误，还要现场教学示范及排练。

四、营地控场技巧

1. 控场口令

面对一群活泼好动的孩子，一些没有经验的导游和老师经常束手无策，打不得、骂不得，还不能像带亲子团和成人旅游团那样，该交代的讲完就行了，说了不听，出了问题自己负责。营地教育不同，因为服务的对象都是未成年人，只要他们在营地出了问题，就是监管不到位。经验丰富的营地教官(领队)都有自己一套独特的带队方式，无论何时都能掌控全局、控制节奏，灵活应对各种复杂的问题和场面。

当营会现场混乱，需要立刻安静下来时，最常用的控场技巧是"回应口令"，即：教官下达一个口令，然后让大家回应一句口令，就像对暗号一样。例如：当教官说"注——意"，队员要回应"YE——S"；当教官说"安"，营员回应"静"；当教官说"Hello"，营员回应"Hi"。就像队列训练中一样，老师说"立正"，学生回应"1-2"。关于控场口令的学习和使用要注意以下几点。

1) 口令选择

关于口令的选择，每个老师可以根据自己的性格和喜好选择适合自己的，可以采用上面的一种，也可以自己创作更加时尚、响亮的口令，更加富有营地特色，或者可以宣传机构品牌的创意口令。比如：教官呼喊小队的名字"长颈鹿"，让小队成员回应："嗨！"

2) 使用方式

口令确定后，面对新的营员首先要进行教学示范，并多加练习，重复使用，当口令下达后，让孩子的回应变成一种本能的反应。就像军训里的"立正、稍息"一样，受训者不是因为大脑先接收到命令，然后解读完意思后再通过中枢神经下达指令，最后肢体才做出相应的反应。

在教学示范中，每个口令要重复三遍，并且声音是从小到大。第一次正常音量，第二次稍大一些，第三次最大，连续三声，让现场恢复平静。此外关于口令的语速、语调，有些可以间隔拉长，并采用不同的音调，比如：注意，就可以把"注——"的声音拉长，然后"意"快速有力，就像"立——正"口令一样。但有些口令的语速需要加快，比如"长颈鹿"，下达口令时要一次比一次快。

在具体使用过程中，要做到灵活。除了口令，有时还要配上动作。比如上面的"注意"，就如同"立正"口令，下达口令的同时，教官要做出立正的动作，队员看到后，除了回应"Yes"外，还要像教官一样做出"立正"的动作。"注意/Yes"这个口令是一呼一应，有些口令还可以一呼多应。比如：叫小队名字"长颈鹿"，第一次小队成员回应："嗨！"第二次叫"长颈鹿"，小队成员回应："嗨！嗨！"第三次就是："嗨！嗨！嗨！"在这里，口令使用时就可以采用新的动作，教官可以加动作，把双手放在嘴巴上做成喇叭状，发出"长颈鹿"的口令，然后把右手放在耳朵边，做出"听"的动作，当然也可以什么动作都不做，直接呼喊"长颈鹿"；然后孩子回应"嗨！"时，可以加上：右手抱拳，小臂弯曲竖起朝里，然后下顿，也就是我们常用的"加油"的动作。

3) 使用场合

不同的口令使用场合也不同，有些需要动作，适合列队时，比如"注意/Yes"；有些需要上身做出回应，适合手中没有东西的时候，比如"长颈鹿/嗨！"；有些无须做出任何动作，就适用于任何场合，比如"安/静"，尤其是在活动中，室内教室等场合比较实用。所以，营地老师们要明白并注意自己口令的使用场合，使用不当，就有可能闹笑话。比如：毕营仪式上，孩子们正在台下坐着，现场有些混乱，接下来领导要讲话，这时你下达的口令却是"注意"，因为口令已成立本能的反应，所以会有些孩子不自觉地站起来回应"Yes"，这样一来，现场就乱套了，也显得不够专业。

最后，提醒大家，每次营会活动中，口令最好只采用一个，最多不超过两个，否则孩子会混乱，效果也会不好。所有老师都要统一，不能你用这个口令，他用那个，最后哪个都做不好。

2. 控场手势

在带队过程中，有些公共场合不宜大声喧哗使用口令，有些户外场所由于范围较大、声音嘈杂，现场又没有音响话筒，或者教官（领队）声音沙哑，不宜使用口令的场合，一般还可以使用特定的手势（比如：童军的三指礼，详见第三章第二节）:右手大拇指压住小指，食指中指、无名指三指并拢伸直,高高地举过头顶，此手号是世界童军通用手号，代表"注意"的意思。在活动过程中，当营地教官（领队）做出这个手势的时候，在场的所有人（小队辅导员和营员）都要停止讲话、停下手中工作，跟着教官一起举起手来，并等待领导发表讲话。先看到手势的营员，要暗示或主动提示身边的其他小伙伴也要这样做，直到所有人都举起手，现场安静下来。

此外，童军的三指礼还有问候、打招呼的意思。在户外或一些公共场合，如果双方距离比较远，中间人群还比较多，不适宜行"左握手"礼，敬礼又可能看不到，一般会采用此手号。

第二节　营地教练技术

> **营地导读**
>
> 　　在营地活动中，我们既要像老师一样向孩子传授知识和技能，又要像父母那样照顾他们的生活，教给他们做人做事的道理。但我们既不是孩子的"老师"，也不是他们的"家长"，而是要把自己定位于孩子的"教练"或"导师"。做营地教育，既要有情怀，又要有能力。

教练技术最早起源于体育运动领域，在某一个运动项目里，一个有经验者，提供一套或多于一套的方法于学习者，目的是让学习者经过使用教练所提供的方法，掌握这项运动的技能。

在国际上，教练技术已经被广泛应用于体育教育、企业管理以及个人生涯规划，经过20多年的研究，已经形成了完整的理论体系和架构。

教练技术是透过方向性和策略性的有效问题和对话，启发参与者的思维，引导他们发现自己的局限性和盲点，发掘自我的潜能和智慧，探求更多的可能性和选择，从而更加快捷容易地解决问题，最终达到超越自己的目标。

在营地教育领域，目前国内外还没有针对青少年而设计的系统化教练技术课程，本节"营地教练技术"源自张修兵2014年出版的另一本书《NLP亲子智慧》，并结合十多年的营地教育实践经验总结研发而成，属于行业应用型教练技术，对于新入行的从业者来说，其内容更加通俗易懂，方法和技巧更具有实用性和可操作性。

在营地活动中，教练和学员之间是一个互动的过程，他帮助青少年得到更快的发展，快乐地学习和体验生活，并产生更为理想的效果，进行教练学习后，孩子们将树立更佳的目标，采取更多的行动，作出更好的决定，最大限度地发挥他们的智慧和天赋。

一、目标驱动法

目标驱动法是营地教练技术中最基本的方法。它贯穿营地活动的始终，涉及孩子生活和工作的方方面面，是一种综合性的活动带领方法。

同时，目标驱动法又是一种典型的营地管理运营模式，是国内中高端营地教育品牌 kidscamp（儿童彩虹营）常用的一种活动带领方法，在 kidscamp 营地，所有的工作人员均在这一方法的指导下进行思考和工作，大家思想统一、行为一致，于是才有了高效的沟通和做事效率。

此外，目标驱动法也是一种教育理念，一种典型的"正面管教"方法。它引导孩子学会将关注的焦点放在目标上，而不是安于现状；遇到问题去积极想办法，而不是抱怨和找妈妈。

在营会管理中，目标驱动法一般作为开营仪式的一部分，在孩子刚来到营地还比较迷茫的时候趁机导入，一方面让他们对营地有一个大致的了解，另一方面对自己也有一个清醒的认识，并在此基础上有所思考和规划，对接下来的营地生活充满热情和动力。

"如果你想要造一艘船，先不要雇人去收集木头，也不要分配任务，而是激发他们对海洋的渴望。"下面通过一张图为大家揭开"目标驱动法"的神秘面纱，探索和发现这一教练技术背后的运作机理。

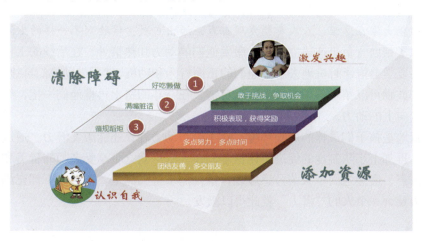

（一）认识自我

这个板块是让孩子重新认识自我，了解"我是谁"，解决面向未来"动力"的问题。

让他们从积极的一面去发现自己的优势特长、聪明才智和优良品德，并告诉他们这里有展现自我的舞台、实现价值的机会，其目的是让他们对自己充满自信，对未来充满希望，对生活充满热情。

具体可以这样做：

在入场之前，物资后勤为每个营员准备好一张纸和笔（也可提前通知营员自带纸笔），等开营仪式结束，学习完《营员手册》后，就开始下面的引导。

具体可以这样说：

在每个人的桌子上都有一张纸和笔，现在请大家拿起笔，在这张A4纸上罗列出自己的各种闪光点，比如：优势特长、兴趣爱好、个人荣誉、光辉业绩、好人好事、励志故事……凡是能够体现自己聪明才智、自我价值的，无论是在学习方面，还是生活方面，抑或是文化娱乐方面，只要是你引以为傲的、开心自豪的都可以写下来。

等孩子们写完以后，可以这样对他们说：

刚才《营员手册》已经介绍过，在接下来的日程安排里，不仅有丰富多彩的活动、欢乐有趣的生活、充满诱惑的奖励，还有精彩刺激的音乐律动和团康游戏。

营地不同于学校，也有别于家里，这里是一个全新的环境，你们可以忘记过去，面向未来，大家站在一个新的起点。在这里，你们的聪明才智有机会得以发挥，优势特长可以尽情展现，兴趣爱好有机会探索体验。希望你们每个人都能够积极表现，为自己争取荣誉，为小队作出贡献。

海阔凭鱼跃，天高任鸟飞，是金子总会发光。

希望大家在这里，人人都能发现自我，活出自我，体验到不一样的生活。

除了帮助营员迅速建立自信，激发他们的动力和热情外，在后续的工作中，教练还要学会恰逢时机地去肯定他们的正面行为和动机，然后鼓励他们再接再厉。肯定和鼓励可以帮助孩子们再次建立自信，在奋斗的路上再推他们一把，给予他们持续向上的动力。

营地是孩子们最棒的成长环境，除了给予动力外，还能激发潜力。通过荣誉制度，再加上小队制度的促进，让孩子们在大庭广众之下享受老师的赞美和队员们的掌声，突然之间个人荣誉感爆棚，精神需求得到满足，全身上下都充满了激情和力量，一个人的"潜力"就此得以激发。

（二）设定目标

孩子刚来到营地时是迷茫的，尤其是第一次参加活动，根本谈不上有什么计划和目标。因为无论在家还是学校，他们已经习惯了被动式教育，无须主动思考，就有大人们给他们制订了统一计划和目标。在这种情况下，如果教练不加以引导，那么有些孩子就会随波逐流，真的变成来打酱油的了，这就失去了营地教育的意义。带领孩子设定参加营会的目标，这一部分要解决的就是"我要到哪里去"的问题，在目标设定上，我们要引导孩子做到以下三点。

1. 有选择的目标

在这里，我们要引导孩子设定多个目标。比如：认识新朋友，学到新技能，探索新领域，完成新挑战；享受快乐的小队生活，拿到梦寐以求的徽章奖励。如果只设定一个目标，一旦没有实现，那就是全军覆没。假如有多个目标，那么孩子就有了更多的选择，他们的视野也变得更加开阔，不会把注意力只放在一点上。即使在营地遇到一些挫折，某个目标没有实现，他们还有其他的选择。但在具体操作的时候我们要注意，不要犯下面的错误，例如：

有句人生哲言是这么说的："许多人一生都在捕鱼，却始终不知道他们追求的目标不是鱼，而是享受过程带来的欢乐，结果并不重要。"于是，我们发现当孩子目标没有实现，与荣誉失之交臂时，有些老师就用这句话来开导孩子，希望他们能想开点。但是这样的引导往往并不会有什么效果，聪明的教练会在一开始就做好铺垫，引导孩子设定多个目标，这样当事情发生了再去引导才会有效果。

2. 有价值的目标

在外面，经常听到一些父母对孩子说："好好学习，将来找份好工作。"我就不太认同这种教育观点，在 kidscamp 营地，教练会经常这样对孩子们这说：

"好好学习，将来做出成绩，干一番事业，很多人要靠你们吃饭。"

"好好学习，将来学业有成，爸妈需要你来照顾，很多人需要你的帮助。"

"好好学习，将来出人头地、衣锦还乡，父母等着你光宗耀祖。"

父母的格局会影响到孩子的格局，从而影响他们对待事情的态度和行为。"找一份好工作"，这是每一个父母都希望的，也是很现实的想法。对孩子来说，这句话是没有意义的，因为它没有价值体现，没有价值，就没有动力，自然对孩子不会有激励作用。而后面的"靠你吃饭""需要你帮助""光宗耀祖"这些都是一种价值体现。

更重要的是，后面的话格局更大，境界层次更高，更能鼓舞人心。即使现实很残酷，孩子的未来不能预测，如果从小去影响孩子的思维框架，提高他的境界，放大他的格局，那么将来也不会太差。如果从小你定的目标就是找一个好工作，那么结果可能连一份工作都找不到。

所以，接下来，我们要引导孩子对自己的目标进行修正，把自我的、无价值的目标改为有价值的目标，然后让他们去认真思考，并大声朗读、不断重复。例如：

享受小队带来的欢乐。改为：我要和大家一起，分享我的快乐！

我要积极努力，争取拿到更多的奖励。改为：我要积极努力，为小队贡献力量，争取荣誉。

我要好好表现，遵守纪律，免得受到惩罚，影响个人荣誉。改为：我要好好表现，遵守纪律，免得受到惩罚，拖了小队的后腿，影响到集体的荣誉。

3. 有感觉的目标

什么叫有感觉的目标？就是你的目标不能太抽象、太骨感，就像"我要拿第一名"，听起来一点感觉都没有。目标一定要丰满、多彩，具体化、形象化，有视觉画面，还要有听觉景象。例如：

通过努力，我要赢得射箭和厨艺的技能徽章，上面的图案有一个是老虎，一个是小猪，我是属猪的，爸爸是属虎的，我要把它戴在胸前，然后站到高高的领奖台上，台下是小伙伴们羡慕的目光，队友们的掌声、欢呼声此起彼伏，我的室友还给我送上一捧鲜花，虽然那是它从草丛里采的各种小野花，但我觉得那是我见过的最美的花。

不光在营地，在学习和生活中也一样，我们设定的目标也要是丰满的、有感觉的。这样的目标画面清晰，生动形象，让人想想就开心，想想就激动，想起来就会兴奋得睡不着觉。遇到挫折的时候想想，生活不如意的时候想想，情绪低落的时候想想，将思维的焦点放在未来，而非过去，过去已成定局，无法改变，未来充满希望，一切皆有可能。想着梦想中的画面，你就可以很快重拾信心、找到继续向前的动力。

（三）资源和障碍

俗话说："想要得到蜂蜜，就不要踢翻蜂箱，要清楚哪些是你的资源，哪些是你的障碍。"这一部分的重点是让孩子们懂得在接下来的营地生活中，以及人生的奋斗道路上，要学会善用资源，清除障碍，并通过觉察、反省、讨论分析，了解哪些是自己的资源，哪些是自己的障碍。

资源分为人力资源和物力资源。

第一，营地的小伙伴和老师是我的人力资源，在小队生活和工作中，我要团结友善，懂得分享，和大家搞好关系，这样小队的生活才能温馨和快乐。当我遇到困难时，才会有人帮助我；当我生病时，才会有人照顾我；当我情绪低落时，才会有人关心我。

第二，各种精彩的活动和游戏，以及营地的设施和物料，都是我的物力资源，通过它们才可以开展各种活动，才可以从中发展自己的兴趣、探索新的领域，学到知识和技能，完成设定的目标，收获个人的荣誉和奖励。

障碍包括自身的障碍和外面的压力。

首先，营员自身的障碍一般指身体上和性格上的竞争劣势（比如：身材瘦小、力量薄弱、性格内向、不善言谈），以及思想品德和行为习惯上的问题（比如：心胸狭窄、打击报复、好吃懒做、活泼多动）。这些障碍，一方面会让营员在某一领域失去竞争优势，即使再努力，短时间内也不会脱颖而出；另一方面会破坏营员的人际关系，让他变得孤立无援，并且有可能受到惩罚，无缘奖励和荣誉。在这里就要引导小伙伴在有限的时间和精力内，学会发挥自己的优势，选择擅长的领域，隐藏自己的缺点，努力去发扬自己的优点。

其次，就是来自外界的压力，这些压力包括竞争对手过于强大，挑战任务难度过大，抑或是环境不适应、工具不顺手。针对这些问题，要想清除障碍，小伙伴就需要在活动前早做功课，多加练习，同时在活动中积极主动，寻求帮助，掌握工具使用的技巧和方法。

（四）途径和方法

不管你的计划多么完美、目标有多宏伟，要想取得成功，最终必须落实到方法和行动上。在这里，营地教练要引导孩子思考并制定出到达目标的途径，以及遇到问题时的应对方法。这一部分重点要解决的就是"怎么做"的问题。在具体操作中，要注意以下两点。

第一，引导孩子自己想办法，并鼓励他们自己作决定。

在营地，在孩子遇到问题的时候，作为老师，不要那么勤快，想孩子之所想、急孩子之所急，这样下去孩子会形成惰性，习惯于依赖他人。我们又不能不尊重孩子，将自己的想法强加于他。正确的做法是：先引导孩子自己想办法，或者和他一起想办法，如果孩子太小，或者问题较难，孩子实在想不出办法，这个时候我们可以给孩子提供选择，最后由他来做决定。总之，目的只有一个，就是给孩子主导的能力，然后引导他创造出三个以上的选择。

鼓励孩子想办法时，可以使用以下发问技巧。

第一步，将问题转化成有效的目标，将正面的目标加上"如何"进行发问。比如，营员说："我射箭射不好。"我们可以这么发问："你是说你的箭术不够好，那如何做才能让箭术变好呢？"

第二步，让孩子将焦点放在寻找方法上，问孩子会采取什么样的方法。比如，"为了让箭术变好，你会使用什么方法呢？"

第三步，当孩子说出一个方法后，继续、重复地发问："还有呢？"如果孩子说没有了，你可以这样继续发问："我知道没有了，如果有的话，我说如果，那将是什么呢？"鼓励孩子找到三个或三个以上的方法。

第四步，肯定孩子的思考能力，然后鼓励他自己做决定。你可以这样问："在这些方法中，就目前的情况，你觉得哪个方法最合适呢？"

第二，把提要求改成提问题，或者在提要求时提供选择。

在教育孩子的过程中，我们发现，越要求孩子"听话"，他就做得越不好，比如：告诉孩子不要把东西乱放，让它物归原位，他就像没听见，批评也没用。这是因为我们面对的是孩子，孩子的天性是追求自由，不喜欢被控制、接受指令。正确的做法是把要求转化成问题："孩子，这个东西应该放到哪里呀？"当孩子回答后，我们不能说："那好，现在你放回去吧。"这样说不会有效果，孩子一个人承担责任，仍然会感觉到被责备。正确的说法是："那现在让我们一起把它放回去吧。"同时自己先动手去做，这样孩子才会跟着收拾东西。

此外，在给孩子提要求，或者拒绝孩子提出的要求时，我们需要给孩子提供选择，否则就会针锋相对，产生对立。比如：

要求队员排练节目："现在该排练晚会节目了，你们是自己排练，还是我陪着排练？"

营员选择小队职务："现在小队还需要一个物资委员、文艺委员、生活委员，你觉得自己能胜任哪个职务，或者说对哪个比较感兴趣？"

营员要求更换工具："其他小伙伴都正在用着，你可以稍微等一会儿，或者看看你是否可以先开展其他方面的工作。"

给孩子提供选择，孩子就会感觉到被尊重；同时有选择就意味着有能力，孩子感觉自己可以主导，就会更有自信。每一个人都会为自己的选择负责，即使有时选择是错的，他们也会为此全力以赴、坚持到底。孩子也是一样，对他们自己决定的事情，一般会全身心地投入，即使出了问题，他们也会勇于承担责任。

二、故事带领法

故事带领法，是营地教练技术里的另一个常用技巧，它源于NLP里的隐喻，通过隐喻，一方面我们可以解读孩子的内心世界，另一方面可以带领孩子潜移默化地作出改变。以下内容摘自张修兵另一本著作《NLP亲子智慧》，根据营地教育的特点略有调整。

（一）什么是隐喻

隐喻，是潜意识里面人们对事物的内在比喻。

人们习惯用比喻的方式来表达自我，但这些比喻是隐藏的，有时连我们自己也无法意识到，只是习惯了这种思维方式，只有当被问到的时候才会意识到它的存在，所以叫隐喻。例如，如果有人说："婚姻是爱情的坟墓。"可想而知，他的婚姻就不太幸福。如果我们继续问："你觉得妻子像什么？"如果他说："妻子就像冰箱里的一盘剩菜。"由此可见，他对他的妻子已经没有新鲜感了。

此外，隐喻是相对于文学中的明喻而言的。

明喻会出现本体和喻体，例如：棉花像雪一样白，这里的棉花是本体，雪就是喻体，这是一个明喻。而NLP的隐喻有所不同，它一般会隐藏本体。比如：外面天气真好啊，蝴蝶在飞舞，小鸟在唱歌……这是一个让你心情变好的隐喻，但不会提到本体——你的心情。如果用明喻：你的心情像外面的天气一样，像小鸟一样高兴……因为他的心情本来不好，意识层会直接把你所说的话挡住，效果就大打折扣了。

NLP隐喻是潜意识沟通的一个重要技巧，也是艾瑞克森催眠疗法常用的一种语言模式。而隐喻是NLP里的一个专业术语，通俗来讲，就是我们通过讲故事、打比方的方式来表达自我或影响他人。隐喻之所以有效，是因为它可以绕过人的意识，直接进入潜意识，让人在不知不觉中发生改变。

（二）教育孩子，讲道理不如讲故事

在与孩子沟通的时候，尤其是出了问题，孩子情绪不稳定的时候，讲道理是没有用的，但为什么讲故事和打比方能够产生强大的沟通影响力呢？

因为我们的潜意识更多的时候是通过图像在工作，它对于逻辑的、抽象的事物很难理解。讲故事和打比方可以将那些抽象的、虚拟的东西具体化、形象化，因此，它可以绕过人的意识，直接进入潜意识，然后在大脑中形成一幅具体的图像，从而将人潜意识中的能量充分地激发出来。

在与孩子沟通的过程中，由于他们的智力和语言表达能力都还没有发展完善，通过隐喻，他们可以将那些抽象的、虚拟的内心感受生动形象地表达出来；而教练通过隐喻——打比方、讲故事的方式，可以更有效地教育和引导孩子，使他们在不知不觉中发生改变。

这里的故事可以是真实故事，可以是童话故事，也可以是教练创造或改造的故事。讲故事之所以可以有效地教育孩子，是因为故事具有映射作用，在听故事的时候，孩子会不由自主地置身于故事中，把自己当成里面的主人公，内心开始对自己进行重新认知——角色变了、想法变了，行为自然也会发生变化。

1. 名人故事

名人故事是中华文化的瑰宝，他对孩子成长过程中的人文教育有着不可替代的作用。名人故事不但可以帮助孩子拓宽文化视野，学习传统礼仪，提高人文涵养，更重要的是可以帮助他们树立正确的人生观、价值观，找到学习的榜样和目标。例如：

"程门立雪""张良拾履"的故事，可以帮助孩子学习什么叫尊师重道。

"司马光砸缸""曹冲称象"的故事，可以用来鼓励孩子遇事要多动脑筋，找方法。

"韦编三绝""萤囊映雪"的故事，可以教导孩子要勤奋好学，珍惜学习机会。

2. 真实的故事

因为真实的故事是客观存在的，发生在身边众所周知的，营员不得不信，所以它的教育效果会更加明显。下面讲一个笔者的真实经历，带领大家学习一下笔者是如何用故事来引导孩子的。

为了保护视力，请少看电视

我们每年组织的海洋嘉年华（青岛）夏令营都有很多孩子参加，其中一个重要原因就是：放假了，孩子在家无事可做，由于年龄小，自控能力差，家长担心孩子会天天看电视、玩手机，不知不觉养成一些坏习惯，而父母又要上班，没时间照顾孩子，于是就把孩子送到了营地来。

针对这个问题，在夏令营中，我们就使用讲故事的技巧让孩子认识到问题的重要性。在夏令营快结束时，我问学生："离开了营地，你们以后长大了想干什么呀？"学生们七嘴八舌地说："当医生。""当科学家。""当演员。"……我说："你们的理想够远大！你们猜一猜老师小时候想当什么？"学生们猜什么的都有，可没有一个猜对的。我告诉学生们说："老师小时候想当飞行员。"

其中一个女生说："当飞行员，太棒了，驾驶飞机在空中飞翔的感觉太爽了，老师我看您的身材挺标准的，为什么没有去当飞行员呢？"我说："老师没当飞行员，不是因为长得不够帅，也不是身材不够好，而是因为视力。招收飞行员明文规定裸眼视力不低于1.5，老师连报名的资格都没有。我想很多女生也想当空姐，但你肯定没见过戴眼镜的空姐，因为对空姐视力的要求也是1.5。"

接着我又动情地说："戴着眼镜给我带来了很多麻烦，也让我没法实现自己的理想，唉……"看着学生听得很认真，我又趁热打铁："老师的近视眼就是在一个假期看电视导致的。你们的理想那么远大，如果因为是近视眼实现不了多可惜呀！"这时我看见学生们一个个听得直点头。

真实的故事对于孩子来说，就如同一次亲身经历，故事的惨痛教训会让大家刻骨铭心，以后遇到同样的问题，孩子便会引以为戒，知道该做什么，不该做什么。

3. 童话故事

童话故事是孩子最喜欢听、父母最常用的一类故事。睡觉前，几乎所有的孩子都热衷于父母给他们讲故事。听故事成了孩子成长过程中的一种自然状态，他们喜欢并且习惯以这种方式来学习和成长。讲故事不但可以增进亲子关系，而且是一种有效地教育引导孩子的好方法。

当孩子三心二意、注意力不集中的时候，你可以给他讲《小猫钓鱼》的故事，然后问他小猫为什么没有钓到鱼呢？小猫在钓鱼的时候做了什么？老猫钓到很多鱼，它又是怎么做的呢？

当孩子做事不认真、应付了事的时候，你可以给他讲《三只小猪》的故事，然后问老大的房子为什么塌了？老二的房子为什么也塌了？谁盖的房子最好啊？它的房子是怎么盖的呢？

当小队成员不团结，你可以给他讲《蚂蚁军团》的故事："一个蚂蚁力量小，一群蚂蚁力量大，为了集体利益，大家抱成一团，变成一个黑色的球冲过火海，外面的蚂蚁牺牲了,但挽救了大部分蚂蚁的生命,如果只顾自己,结果所有的蚂蚁都会葬身火海。"为了集体利益,牺牲个人利益,一个人的成功不算成功,集体的成功才更有意义。

如何给孩子讲故事呢?

来自澳大利亚的"故事医生"苏珊·佩罗(Susan Perrow)说:作为家长,首先,要多给孩子讲故事,并学会创作故事,甚至改编故事,尽量通过故事来教导孩子是非正误,而不是告诉孩子你不能做这个,必须做那个;然后,要生动形象地去给孩子"讲",而非应付地去"读",要配上肢体语言,让故事变得更加生动形象;最后,要给每个故事配上一个大团圆的结局,虽然故事和现实是有差距的,孩子最终会走向社会,但还是要编一个大团圆的结局,让孩子对未来抱有希望。

三、音乐带领法

音乐带领法,是营地教练技术里的另外一个常用的基本技巧,它源于NLP里的心锚技术。心锚是一种能勾起回忆继而引发情绪反应的外界刺激,它就像一个控制情绪的按钮,当按下这个按钮时,我们就会释放出一种特殊的情绪。NLP心锚技巧,可以帮助我们通过借助"外力"触动一个人"内在的动力",激发他内心的源泉。NLP心锚技巧源自张修兵另一本著作《NLP亲子智慧》。

(一)什么是心锚

行为心理学家巴甫洛夫(Lvan P.Pavlov)曾经以狗为对象做过一个实验:他每次用摇响铃铛的方式将狗狗召集过来,然后送上它们最爱吃的食物。当这个过程重复数次之后,在狗的大脑里便制造了一条连接铃声与食物的神经通道,他发现每次当他摇起铃铛的时候,即使没有送上食物,狗依然会自动分泌唾液。在这里,铃铛的响声便成了一种心锚。

生活中,我们经常会因为一首歌、一件物品、一个场景、一个动作或是一种气味,而不由自主地联想到过去的一些事情或某个人,从而生出一种特殊的情绪状态,也就是我们常说的"触景生情"。NLP心理学将这种连接称为"心锚",它是一种人的情绪与外部信息之间的连接,是一种重复性的与潜意识层的连接,是一种快速有效地改变内心状态的行为技术。比如:看到儿时的照片就会勾起童年的回忆,看到抽屉里的情书就会想起曾经的初恋,像这种能够让我们产生特别感觉的东西,不管它是好是坏,我们都称之为心锚。

我们的心态就像一条船,在情绪的大海中随风漂流,情绪的起伏由水流决定,不能自主,现在明白了心锚的形成和作用后,我们就可以利用它来稳定自己的情绪。我们选择想要的情绪后,便在这种情绪高涨时下锚,需要时便引发心锚,重拾所需情绪。比如:我和太太吵架的时候,再怎么和自己说"我爱她"都没用,因为情绪波动太大,但是当我看到手上戒指的那一刻,情绪就会平静下来,因为结婚那天我承诺过要爱她一生一世的。其实,在日常生活中往往有很多心锚,只是我们以前不知道而已，当我们知道了以后，就可以为我们所用，有效地改变自己的生活状态。

心锚，由于接受刺激的渠道不同，分为触觉心锚、听觉心锚和视觉心锚，比如，触景生情是视觉心锚，握起拳头就会充满力量，是触觉心锚，听到国歌会心潮澎湃，是听觉心锚。

心锚也有好坏之分，我们把那些能引起我们幸福、快乐、自信等好情绪的心锚称为"正向心锚"；反之，将那些会使我们产生伤心、难过、紧张等不好情绪的心锚称为"负向心锚"。比如，某个人的父亲过世了，有上千人来祭奠，一个一个地拍他的左肩让他节哀，这件事过后，但凡有人拍他的肩，他就会情绪低落，这就是一个负向的心锚。

（二）帮助孩子建立正向的心锚

在我们日常生活中，心锚无处不在、无时不在，每个人每天都在不知不觉中为自己、为孩子安装各种各样的心锚。心锚是一种永久性的体验，一旦建立，那么在任何时候，我们都可以通过按下启动器得到它的力量。

在生活中，每个孩子都会遇到一些让自己开心和兴奋的事情。比如：过生日收到礼物时的快乐，比赛获奖后的兴奋，过年家人团聚的幸福……只要当孩子拥有这种正面情绪时，我们就可以为他设置一个标志性的动作或者触碰身体的某个部位，比如握拳头、按手指、摸下巴等。这样就为孩子设置了一个触觉心锚。这些动作，或被触碰的身体部位，就是这些正面情绪的启动器。当孩子成长过程中遇到挫折或挑战，身心陷入低落的负面情绪时，便可以启动这个正向心锚，给自己能量，从而改变负面情绪。

安装心锚的具体操作方法如下。

第一步：选择一个你希望孩子经常体验到的正向心锚，例如：自信、快乐等。

第二步：选择一个独特的方式来引发这个强烈的感受，可以是设置一个标志性的动作或者触碰身体的某个部位，比如：握拳头、摸下巴等。

第三步：在孩子情绪高涨、感受最强烈的时候，也就是在情绪达到波峰的前后，触摸或紧握为孩子安装心锚的身体部位，适当地施加压力，使用15~20秒的时间，然后慢慢地放开。

第四步：重复步骤三，每当孩子出现这个想要的情绪状态时就再次安装，强化这个体验。

第五步：测试已安装的心锚，如果感觉不够强烈，那就继续重复步骤三、步骤四。

给孩子安装心锚需要注意以下事项。

首先，我们不需要事先告诉孩子在做什么，不需要让他知道什么是心锚。

其次，安装心锚时最好是选择孩子当下情绪强烈的自然状态，而不是回忆过去或创造未来的体验。如果是我们安装，那就要在孩子不知不觉中进行；如果是引导孩子安装,那就要告诉他安装时机。

再次,如果心锚是我们悄悄地给孩子安装的,那么在测试的时候也需要悄悄地进行;如果是孩子自己安装的,那就告诉他在什么情况下需要启动这个心锚,以及如何启动这个心锚。

最后,再次提醒,父母在使用这个技巧的时候,自始至终无须提出"心锚"这个词,父母只需要知道自己在干什么就可以了,但让孩子自己安装,那就另当别论了。

在我们没有意识到心锚存在之前,许多人会心甘情愿地被过去的心锚所左右,特别是一些负向心锚,这会让自己以后的生活沉浸在一种负面情绪之中。事实上,很多心锚都是自己给自己设置的,我们完全可以主动改变这些负向心锚,重新设定正向心锚,让自己的人生变得幸福快乐。

(三)听觉心锚,用音乐带领营地活动

听到国歌,我们会热血沸腾;听到雨声,我们会陷入惆怅;听到笑声,我们可能也会快乐起来。这些都是听觉心锚。我们平时看电影、电视剧的时候之所以经常会被里面的情节所感动,一个重要的原因就是大量地使用了听觉心锚。一个聪明的电视剧的音乐制作人,一般会在剧情中加入主题曲的心锚。也就是当剧情达到高潮,人变得兴奋激动的时候,一般会插播主题曲背景音乐。小高潮,小声播;大高潮,大声播。最后,在电影最高潮的时候,把主题曲的音量调到更高,这时你已经不知道是因为情节使你感动,还是因为音乐使你对情节感动,或者是两者都有。

营地教练在带领活动时,可以根据当下的活动内容播放适当的音乐,并在恰当的时机安装心锚。比如:一呼一应的口令,团呼、对话、拍掌、加油的动作等都可以作为安装心锚的方式。然后就是每天不断地重复,让音乐深入骨髓,让行为成为习惯。具体可以做以下几方面。

在营员入营、开营仪式上播放《欢迎歌》《运动员进行曲》和《成长曲》等。

在每天早晨、中午起床的时候播放《天籁森林》,集合或活动暖场时播放《Come on together》,吃饭时一起唱响《谢饭歌》。

小队活动、游戏时可以播放《快乐的小队》《快乐天堂》;小队比赛竞技时可以播放《加油歌》《团结在一起》《再试一下》等。

爬山、远足,徒步行军时可以播放《歌声满行囊》《朋友们,向前进》,下山时可以播放《打靶归来》《神秘森林》《快乐的小队》等。

篝火晚会上,暖场阶段可以播放《营火烧着》,开场舞一起表演《营火》,篝火晚会快结束时播放演唱《难忘今宵》《朋友》,最后用《晚祷》一起做结束仪式。

毕营颁发徽章证书时可以播放《运动员进行曲》,领完证书和徽章后一起唱响《荣誉在我心》,离别时播放《友谊永芬芳》《加克力》《朋友》等。

音乐具备很多魔力，除了可以激发孩子的情绪状态外，作为营地教练带领活动的一种工具，它还可以促进青少年智力的发展。萨利·戈达德·布莱斯在《平衡发展的儿童》中说：音乐对人类心智的各个层次都具有重大的影响。从脑干开始，音乐可以影响心跳，呼吸和兴奋；通过边缘系统，音乐对感觉和情绪具有强有力的影响；在皮层，音乐可以创建视觉图像和联想——大脑皮层可以在智性层次上理解。音乐不属于贯穿脑部的"智性"教育，而是直接触及我们的灵魂深处，给我们的心灵输送养分，通过情感塑造来促进智力发展。

第三节　营地问题处理技巧

> **营地导读**
>
> 在营地带队的过程中会遇到各种各样的问题，有的是个人，有的是团队，还有的涉及家长。处理不好会影响营员的情绪，降低客户满意度，严重的甚至会影响活动的进程。面对这些问题，一方面要坚持"正面管教"的基本原则，另一方面要熟练掌握并灵活使用各种引导技巧。

在一个营地，教育理念可以通过活动内容和形式去展现，经营管理者的教育思想，在正常情况下是不容易被发现的，只有当营地出现问题，营地工作人员的引导方向和处理方式才会把一个人的教育思想暴露得淋漓尽致。所以，作为营地管理者，为了避免出现问题，一定要加强营地工作人员的培训，统一教育思想，从遇到问题的思维方式，到做事情的基本原则，再到工作人员行为规范（详见第二章：营会管理理念）都要培训到位，并考核上岗。

下面以 kidscamp（儿童彩虹营）质量管理体系中所遵循的"视如己出"和"正面管教"的教育宗旨为例，为大家讲解在营会管理中应该秉承的教育思想和教育理念。其中"视如己出"是一切行为的前提，无论活动的带领，还是问题的处理，都必须以此为前提；"正面管教"是处理问题的基本原则，具体包括四个方面：优质的信念系统、卓越的思维模式、处理问题的基本方法和常用技巧。

一、优质的信念系统

信念指的是一个人认为一件事情应该是怎样的，它是人生活着的规条，行为的红绿灯。NLP 理解层次认为，任何一个行为背后都有相应的能力做支撑，由信念来决定，由价值观进行推动。所以，作为一名合格的营地教练，我们应该拥有一套优质的教育信念系统。以下这套信念系统源于张修兵的《NLP 亲子智慧》，由 NLP 的"前提假设"发展而来，它是 NLP 所有概念和技巧的基础。

在营地教育孩子的时候，我们可以以这些信念为前提假设。当我们思考或者处理事情的时候，可以假定人或事物的关系就像这些"前提假设"中所说的一样，然后凭这些假定去设计自己的思考方向和行为。用这个方式，我们发现思考和行为的效果会更好，反复地运用这个方式，我们便不会陷入困境，而且会变得更积极、更富有智慧。

第一条：一切行为背后都有其正面意向

每个人做任何事情都是为了满足内心的一些需要，无论是思考后的决定，还是本能的反应，每一个人的行为对于他的潜意识来说，都是当时环境最符合自己利益的做法。因此，每个行为背后都有一个积极的动机，无论这个行为是善行还是恶行。比如：

有的学生上课调皮捣蛋，背后的动机可能是想获得大家的关注；有的孩子打架，可能他的动机并不是要伤害谁，而是想获得尊严，只是选择了错误的方式；孩子故意和老师对着干，但这背后的动机却可能是寻求独立，想要展示自己的力量。

当孩子犯了错，我们的第一反应是：孩子有问题，孩子不听话。奇妙的是，当我们用智慧去解读其行为背后的动机时，我们就会知道孩子其实是好心、好意。认识到这一点，我们就不会再生气、无奈，也不会与孩子发生争吵了。动机没有错，只是行为没有效果，了解和接受了一个人的动机，他便会觉得我们接受了他这个人，这才容易引导他改变自己的行为。

作为营地教练，我们要做的就是了解并找到孩子行为背后的动机，然后帮助孩子选择有效的行为来满足这个动机。动机往往是在潜意识层面，不容易说出来。找出行为背后的动机，最容易的方法是问："你这么做希望得到什么好处？""你这么做的目的是什么？"

第二条：焦点放在哪里，哪里就会成长

一个人的焦点放在哪里，时间和精力就会放在哪里，话题就会放在哪里，就会得以进步和成长。有些事情你越关注，问题反而会越严重，比如，做事拖拉、谈恋爱、玩手机等。

如果父母把焦点放在问题上，一而再，再而三地去责备和惩罚孩子的问题行为，而忽视好行为，孩子一直得到的不是父母的肯定，他们就会觉得自己越来越差，就会对解决问题越来越没有自信；当父母发现批评教育无效时，情绪便随之不断地膨胀，在情绪的影响下，问题自然越发严重。

就像我们被蚊子叮咬了，不去管它，很快就会没事，若总是去挠，越挠越痒，越痒心情就会越烦躁，情绪上来了，问题就会感觉变严重了。人体本来有自愈功能的，若增加外力，只会适得其反。孩子也一样，他天生具有自我纠正能力，孩子改正错误不是因为害怕惩罚，而是因为要模仿大人的行为或想继续和父母合作。

孩子的问题行为就像田地里的杂草，要想让问题消失，最好的办法是在地里

种庄稼。如果用锄，斩草不除根，后患无穷；如果用火，野火烧不尽，春风吹又生。

作为营地教练，如果我们把时间和精力都放在问题上，问题不但不能得到解决，而且会更严重；只有把焦点放在好的行为上，好的行为才会增加。好的行为多了，问题行为自然就少了，一个人的习惯往往不是被改变，而是被替代。一天只有24小时，如果孩子处处都是好行为，问题行为自然就没有了空间。

第三条：有效果比有道理更重要

孩子玩手机要不要管？当然要管！孩子谈恋爱要不要管？当然要管！

说的好像很有道理，但管的结果是什么？越管越糟！所以，在教育孩子时，我们不能只强调做法是否正确，或者只强调说的是否有道理，而不管行为是否有效果，这是在自欺欺人。

所谓的"道理"都是对过去经验的总结，讲道理往往是把焦点放在过去，注重效果则是把注意力放在未来。因为没有任何两个人的信念和价值观是一样的，所以，没有任何两个人的"道理"是一样的，那么"坚持己见"，只不过是坚持一套不能放在另一个人身上的信念和价值观。真正推动一个人的力量是在感性的一面，再加上理性方面的认同，效果才会出现。当孩子抱怨时，我们要先认同他的感受，然后引导合作；当孩子不听话时，我们要先了解其行为背后的动机，然后给出建议。

沟通信息的接受与发出，在潜意识层面要比意识层面大得多；沟通的影响力，来自声调和肢体语言的要比来自文字的大得多。没有两个人对同样的信息有完全相同的反应。说话的效果由讲者控制，但由听者决定；改变说的方式，才有机会改变听的效果。例如：

老师对学生说："老师走后，你们要好好上自习，不要吃零食，不要看小说，不要睡觉……"老师一走，睡觉的、说话的、吃零食的，干什么的都有。这不能怪学生，只能怪老师不会说话。因为人的大脑是不能处理"不"字的，只能接受"不"后面的东西，而老师希望学生做什么又没说出来，学生大脑里直接出现的是零食、小说、睡觉……

沟通的意义取决于对方的回应。沟通没有对与错，只有"有效果"和"没效果"，强调自己说得再对、再多都没有意义，只有对方收到了你的信息，并且作出了相应的回应，这样的沟通才有意义。

第四条：重复旧的做法，只能得到旧的结果

做法有不同，结果才会有不同。如果你做的事情没有效果，那么请你改变你的做法。任何具有创新思维的做法，都会比旧有的做法多一分机会。希望明天比昨天更好，必须用与昨天不同的做法改变自己，别人才有可能改变。改变是所有进步的起点，有些时候必须把全部旧的想法放下，才能看到突破的可能性。过分专注于问题本身，便看不到周边的众多机会。

传统的养育方法在过去是行得通的，但对于现在的孩子可能无效了，他们的需要和前几代人的需要已经完全不同了。作为父母，我们现在正面临一个重大的变化，这种变化是过去2000多年的时间里积累起来的，那就是从基于畏惧的亲子教育向基于爱的亲子教育进行转变。打骂、威胁和惩罚都是传统教育的陋习，不是孩子难以管教、不听话，而是父母没有及时地更新自己的养育技巧，社会已经变了，孩子也变了，父母重复旧的做法，只能得到旧的结果。

在教育孩子的过程中，当我们发现自己的方法没有效果，就要去主动改变，如果改变了，孩子还没有改变，那说明什么？说明你的方法还没有效果，但并不表示你已失败，凡事都有三个以上的解决方法，如果目前方法无效，那么说明你还没有找到有效果的方法。

没有失败，只有反馈。失败只是过去做法没有得到期望的效果，是给我们需要改变的信号。失败是把焦点放在过去的事情上，怎么改变是把焦点放在未来。失败是过去的经验，而经验是让我们得以提升的垫脚石。事情没有结束，就不算失败，我们还有改变的机会。人生所有的学习，都是经由不断地修正而臻于完善。不愿意接受有失败的可能，便没有资格享有成功的机会。

第五条：情绪可以宽容，行为必须限制

人的情绪属于潜意识的部分，看不见、摸不着，有时连孩子自己都无法控制。所以，情绪没有对错之分，我们不能妄加评论。行为则不同，是客观存在的，正所谓："没有规矩不成方圆。"我们必须对它有所限制。有时仅仅理解孩子的情绪可能就已经足够解决问题了。比如：

孩子生病了，哭闹着不想去打针，他的生气激怒了姐姐："男子汉大丈夫，哭什么哭！"孩子哭得更厉害了。妈妈对姐姐说："弟弟今天身体不舒服，年龄又小，他担心去打针，现在他需要我们的体谅。"结果就好像变魔法一样，孩子很快安静了下来，跟着妈妈去看医生了。

对于孩子愤怒的情绪和愤怒的行为，不同的部分应该采用不同的处理方法，情绪应该得到理解，行为就需要加以限制或纠正。因为孩子还小，他们不知道什么该做,什么不该做,他需要一个明确的界限,而父母就是这个"划界限"者,从小给孩子建立规则,不但可以约束他们行为,还会让他们觉得更安全。

在给孩子立规矩的时候,信号一定要明确,清楚地告诉他们不能做什么,然后指明方向,应该怎么做,而且要给出理由。规矩一旦立下,就要严格执行,无论何时、何地都不许改变。比如:

不能随手乱丢垃圾(立的规矩),应该把垃圾放到垃圾桶里(指明方向),放在外面会污染环境,而且很难清理(给出解释)。不光在家不可以,在学校、在公园,在任何地点都一样(严格执行)。

第六条:梦想需要支持,需求必须限制

梦想是深藏在人们内心深处最强烈的渴望,也是人们走向成功的原动力。作为老师,对于孩子的期望和梦想,我们必须给予支持。不要担心孩子会因为梦想破灭而受到伤害,与其让孩子做好失望的准备,不如鼓励孩子去探索尝试。不管孩子的梦想是什么?是否可行?这些都不重要,重要的是我们可以以此来创造有效的因果模式,引导孩子向积极的方向发展。比如:

孩子想当工程师,我们不能因为他数学不好,就嘲笑他不能当工程师;而是因为他想当工程师,所以数学才要学好。有了梦想,就有了方向,有了梦想,就有了动力。以前数学不好,是因为缺乏兴趣和动力,而现在当工程师的梦想会激发孩子学习数学的动力,所以数学成绩会变好。

然而,对于孩子的需求,我们必须给予限制。如果父母对孩子有求必应,宁愿自己省吃俭用,也要尽量去满足孩子,这样下去,他们的要求就会越来越多,还学会用小绝招(哭闹)来对付大人。更糟糕的是,孩子从中学会了不劳而获,认为消费不是靠努力得来,而是靠抱怨、要挟得来。

若你想让孩子有一颗感恩的心,就让孩子学会延迟满足,让他经历一下等待和渴望的那种过程。假如孩子刚学会走路,你就迫不及待地给他买了自行车,孩子会认为这是他理所当然应得到的。如果经历不到内心长久渴望被满足的那份喜

悦，以后就很难被满足，也体会不到什么是幸福和快乐。

二、卓越的思维模式

面对问题，思想决定行为，角度决定态度。教育孩子，方法落后源于观念的落后，改变观念最快速有效的办法就是改变思维。卓越源于拥有更多的选择，智慧来自多角度的视野。我们可以通过学习和模仿卓越人士的思维模式，从而让自己变得更加卓越。

思维模式①：重定意义

孩子的行为本身并没有好坏，好坏只是世俗的评价标准和与他人破坏性比较的结果；有时我们认为孩子行为出现问题，其实并不一定是孩子的问题，而是我们和孩子的互动出了问题，或是我们不懂孩子成长规律的表现。

NLP认为，在世界上，事物的本身并没有任何意义，所有的意义都是我们赋予它的。既然意义是人加上去的，那么一件事情可以有一个意义，也可以有多个意义；可以有好的意义，也可以有不好的意义。当你用一块石头去锤一颗钉子，或者赶走一只老鼠，你加到这块石头上的意义是什么？它本来是这个意义吗？也许这样你会明白：一件事情的意义只是取决于我们的主观思想。

比如一杯茶，佛门看到的是禅，道家看到的是气，儒家看到的是礼，商家看到的是利。茶说：我就是一杯水，给你的只是你的想象，你想什么，什么就是你。心即茶，茶即心！

既然事物本身并没有任何意义，所有的意义都是我们赋予它的，我们就可以从固定的意义里解放出来，把事情再重新定义，然后从中选择对我们有利的意义。

孩子打架，你赋予的意义可以是暴力行为，也可以是见义勇为。

孩子说谎，你赋予的意义可以是不诚实，也可以是头脑灵活，懂得保护自己。

孩子任性，你赋予的意义可以是不听话，也可以是孩子有主见、执着。

同一件事情，当意义改变，我们对待问题的态度就会随之改变；当态度改变，我们的思想也随之改变；当思想改变，我们的行为就会改变；当行为改变，结果也就改变了，我们亲子关系也就改变了。

思维模式②：重定因果

著名的家庭治疗师萨提亚说："孩子没有问题，若有问题，一定是父母的问题。"因为孩子是父母的一面"镜子"，他们的行为是由周围的环境塑造而成的。家庭就是个大染缸，洁白无瑕的孩子出生后，家庭是什么，就给了他什么！

也许有些家长不愿意接受上面的观点，觉得自己为孩子付出了这么多，到头来都是自己的错。如果父母不改变，那么问题将永远无法解决，因为NLP认为，一个人不能改变另一个人，只有改变自己，才有可能改变他人。重复旧的做法，只能得到旧的结果，如果孩子不主动改变，自己就无法改变，事情就会陷入被动和困惑。

如果家长同意上面的观点：认为孩子的问题是由父母造成的，我是一切问题的根源，那么问题才有可能得到解决。当父母认为"我"有问题，那么自己就可以主导，我有能力作出改变；同时，认为自己有问题，就是承认我有责任，认为我需要作出反应。所以，当教育孩子的观念发生转变，态度就会改变，行为也就随之发生变化，结果自然会发生改变，亲子关系也由此得到改善。

有些家长在教育子女上陷入困惑，甚至百思不得其解。其实，这里不仅仅是方法的问题，也是家长如何提高和完善自我的问题，托尔斯泰有句名言："全部教育，或者说千分之九百九十九的教育都归结到榜样上，归结到父母自己生活的端正和完善上。"这便是俗话说的"育人先育己，正己后正人"，每位家长都应牢牢记住这一点。

思维模式③：重定焦点

NLP认为，意之所向，能量即来，焦点放在哪里，哪里就会成长。焦点管理就是让我们在重定意义的基础上，将注意力焦点放在积极的一面、对我们有帮助的地方。焦点放在问题上，问题就会变得越严重，焦点放在效果上，你就会找到方法。

这就像要点燃一堆潮湿的木炭，错误的方式（焦点放在问题）就像不断地给木炭浇水，那么烟雾就会越来越多，木炭就更不容易点着。就像家长的负面情绪越来越多，感觉问题就越来越严重一样。正确的做法是抛开问题，不再针对问题本身想办法，而是将焦点转移到追求效果上，有效果的方法就像给木炭加油，木炭一点就着，效果立竿见影。

NLP焦点管理认为，我们要把焦点都放在孩子好的行为上，并及时地给予肯定和鼓励。焦点在哪里，哪里就会成长，好的行为多了，问题行为自然就少了。重定焦点，不但可以帮助孩子培养良好的学习和生活习惯，还可以帮助我们快速地改变人生的情绪状态。例如：

孩子的问题行为，如果焦点在"果"（问题或孩子），我们将无能为力、陷入苦恼；如果焦点在"因"（父母或动机），我们就可以主导，有能力改变。

在面对人生的问题上，如果焦点在"失"上，我们就会痛苦，焦点在"得"上，我们就会快乐；焦点在"过去"，我们就会郁闷，因为过去已成定局，一切无法挽回，焦点在"未来"，我们就会相信，因为一切皆有可能。

思维模式④：重定立场

我们每个人都是通过视觉、听觉和触觉来感受这个世界，同一件事情，由于每个人的信念、价值观不同，大家的看法就会有所不同。这种不同主要是因为大家看问题的角度不同，而角度是由信念、价值观决定的。改变信念、价值观不太容易，但我们可以通过有意地改变看问题的角度，实现改变看法的目的。

面对一件事情，一般有四种看问题的角度，NLP将此称为感知位置，不同的位置，我们感受到的东西会不一样，得到的看法也会不一样。NLP位置感知法就是通过别人的眼睛看事物，就像下棋一样，我们遇到事情的时候，除了从自己的角度出发，还可以从对方的角度、旁观者的角度和系统（整体）的角度分别去思考问题。四个位置没有好坏之分，只是在特定的情况下有有效和无效之分。比如：

了解孩子，使用第二身，从对方的角度出发，这样你才能知道他想要什么。

思考问题，使用第三身，把自己从当事人之中抽离出来，站在旁观者的角度去看问题，这样才能脱离当下的负面情绪，更加冷静和理智地了解问题双方的互动关系。

引导孩子，使用第四身，这样可以让我们从全局出发，整体把握，平衡各方之间的利益，选择的方法才更有可能得到大家的认同，有利于问题的解决。

卓越源于拥有更多的选择，智慧来自多角度的视野。

NLP创始人罗伯特·迪尔茨说："卓越是从自我角度出发，全力以赴、做到最好、活出精彩；智慧就是能够在自己、对方、旁观者和系统的位置不停地游走，从不同的角度来看世界，拓宽自己的视野。"

三、处理问题的基本方法

美好的东西让人回味无穷，丑陋的东西让人胆战心惊。孩子天生追求快乐、逃避痛苦，赞美和奖励可以让孩子产生美好的心境，从而留下美好的回忆，激励孩子不断前进。在营地，当面对问题时，如果处理不当，就有可能给孩子带来伤害，甚至留下阴影。在kidscamp质量管理体系中，有一些常用的问题处理方法，这些方法简单实用，通俗易懂，营地从业者只要认真学习皆可轻松掌握。

（一）肯定和鼓励的方法

孩子做对了，没有肯定的话就等于惩罚；孩子做错了，没有及时纠正就等于纵容。及时有效地肯定孩子，可以让孩子由被动地听从到主动地做事，这也就是我们常说的教与学的区别。

所谓的"教"，就是站在老师的角度，告诉孩子应该做什么。例如："孩子，你要好好学习，这样才能取得好成绩，将来一定会很有出息。"所谓的"学"，就是从孩子创造的行为再强化，当老师看到孩子正在学习时，要及时地把证据进行肯定和强化。例如：小明，当我看到你在做作业时，真的很开心，觉得你很努力，成绩也一定会越来越好。

当孩子有了正确行为时，我们就要及时地"肯定"，这样是对其个人价值（努力与付出）的承认。对方听到后会产生愉悦的感觉，会变得更加自信。有时，即使孩子做得不够好也要去肯定，目的是为鼓励创造条件，有目的地推动孩子的行为向自己希望的方向发展。

人的任何一种行为总有值得肯定的地方，我们可以肯定他的动机、肯定他的情绪、肯定他的角度、肯定他值得肯定的部分。肯定的部分，一般都是对方做得正确的部分，可以理解或接纳的部分。

例如：孩子做花样馒头，搞得一团糟。如果你希望变好，此时就需要有点耐心，认真地找到孩子行为中可以肯定的部分，然后把不好的地方指出来，并给出改进办法。我们可以这样说："你的面团揉得真好，这只小兔子太可爱了，就是耳朵有点小，如果再变大点长点，就会更好看了。"

在营地，肯定和鼓励孩子的方法：

当看到孩子的正确行为，及时进行肯定，肯定的语言包括两部分：一是描述你看到的事情，二是表达你对此事的感受；然后针对不足的地方进行鼓励，引导他朝你希望的方向发展，同时提出改善的建议和方法。肯定态度要诚恳，用词简单，除了肯定行为外，还可以上推到个人特质。

（二）赞美孩子的方法

赞美是孩子信心的源泉，不仅成年人需要信心，幼小的孩子也需要信心。然而称赞就像青霉素一样，绝不能随意乱用。使用强效药有一定的标准，需要谨慎小心，因为它可能会引起过敏反应。对于使用精神"药物"也一样，也要遵循一定的规则。

赞美孩子的时候，我们不能跳过行为，直接去赞美孩子的人格和身份，行为是基础，离开行为而直接评价人格就成了空中楼阁。你可以说事干得不错，不能说人不错。赞美时要用描述性语言，即"照相机"说话，同时还可以加上父母的感受。称赞的内容包括两部分：我们对孩子说的话和孩子听了我们的话以后在心里对自己说的话。

一个是父母直接夸孩子"聪明"，一个孩子自己得出"聪明"的结论，前者是外界的评价，后者是自我评价。什么叫自信？自信就是一个人发自内心的自我肯定与相信。所以，孩子自信的建立主要依赖于发自内心的自我评价，而不是外界的评价，外界的评价只会造成孩子自我价值感不足。

在营地，赞美孩子的注意事项如下。

①首先描述自己看到的情况，然后表扬孩子的努力，最后表达自己的感受。②赞美的时候，要看着对方，对人不对事，最好有身体接触。这样所说的话才能进入孩子的潜意识，才能入心入肺。③说话的语气要诚恳，语调要欢快，洋溢着喜悦之情，让孩子感受到我们的这种情绪。④多用"你"或"你们"，把功劳归于孩子；也可以用"为什么"进行发问，让他们思考取得成绩的原因。

（三）批评孩子的办法

批评和夸奖一样，都是一把双刃剑，两者都是在给孩子下判断。为了避免下判断，卓越的父母不会批评孩子，而是指导孩子。在批评孩子的时候，父母是将焦点放在人身上，他们会不经意地攻击孩子的人格和身份，这不但对解决问题无益，而且会摧毁孩子的意志。而指导孩子则不同，我们是将焦点放在事情上，寻找解决问题的方法。

和赞美孩子一样，批评的时候也需要一些技巧，这样才能避免犯错。有时我们不想伤害孩子，但是苦于没有掌握方法，不经意间就好心办了错事。

当孩子犯错的时候，我们需要用"照相机"说话，描述你看到的事情，然后给出正确的方向或建议。有些情况下，父母还可以表达自己的愤怒，但不能进行人身攻击，侮辱孩子的人格。

在营地，批评孩子的注意事项如下。

①说话时，将焦点放在事情上，这样才能做到对事不对人；②语言内容用描述性语言（动词和名词，而不是形容词）；③语气要温柔，语调要平和；④用词要注意不能用"你"或"你们"，"你"的意思全是孩子的错，我没有责任，"你"带有攻击性和命令性，会产生对立；要用"我们"，把问题与孩子共同承担、一起进退；不能问孩子："为什么？"这样说话带有埋怨的意思，而且是把焦点放

在过去，回忆过去一般只能得到借口；要说"如何才能？"把焦点放在未来，放在寻找方法上。

（四）奖励孩子的办法

作为家长，对于孩子的正面行为和成绩，我们不但要及时地肯定和鼓励，以便让这种行为发展成为习惯或能力，而且可以给予适当的物质奖励；其实，当孩子不听话、犯错的时候，也需要给予他们适当的奖励，但这种奖励不仅仅是物质上的，有时精神上的更有效。

当孩子不听话、有情绪的时候，我们不能错误地认为这是孩子有问题。不是孩子不想合作，而是家长没有满足他们的需要，就像车子没了油，停止了运作，我们不能认为是车子坏了。引导孩子重新合作的方法就是奖励，给予孩子奖励就像给车子加了油一样，又会燃起他们内心的合作愿望。

在营地，奖励孩子的注意事项如下。

①奖励的内容要具有一定的逻辑性和相关性，奖励是合作的自然结果，而不是贿赂（条件交换），比如：如果你快点吃饭，我们就能早点出门玩；②奖励的是行为，而不是结果，孩子更渴望被认可，而不是物质的奖励；③奖励要有针对性，要考虑到孩子的年龄、性格和现有的资源。

精神奖励有时比物质奖励更重要，只要孩子的内心需求得到了基本满足，他们就不会去执着于得到想要的外在东西。当他们意识到需要父母的爱和支持时，他们就会更加体谅、更加合作，而不会想着要这要那。通常来说，当一个人内心需求没有得到满足，而又感觉不到内心的真正需要时，他们才会想要更多外在的东西。

（五）惩罚孩子的办法

惩罚和打骂一样，都是传统教育的陋习，是一种通过外在控制孩子的方式，已经不再适用于现在的孩子。心理学研究表明，当孩子被惩罚时，其心理会有两方面的发展倾向：要么会变得更加叛逆反抗，要么会变得逆来顺受。

有些家长说："惩罚可以让孩子认识到自己的错误，以后不会重复。"对孩子来说"知错能改，善莫大焉"。这些家长的想法可以理解，但也很值得同情，因为他们根本不了解：孩子能够自我纠正，不是因为他们明白自己做错了事，而是为了与父母合作，进而得到更多的爱和奖励。

惩罚是将焦点放在问题本身，这样不但不能解决问题，反而会更糟。假如一直关注孩子的问题行为，会让孩子对错误长时间地感到焦虑，从而导致一错再错，孩子天生的自我纠正能力也被逐渐削弱，若错误不能及时地得到修正，类似错误就可能会出现，于是就形成了一个恶性循环。

在营地，除了惩罚，我们还可以做什么？

①孩子犯错，让他承担行为的自然结果，比如：碰倒了杯子，就要承担失去

牛奶的结果；②用有贡献的行为代替惩罚，比如：帮忙擦黑板、上台分享、劳动服务等；③用奖励代替惩罚（如奖励办法），满足孩子的内心需求，激发与父母重新合作的意愿。

（六）如何拒绝孩子的要求

有些父母为了在孩子面前保持作为家长的威严，总喜欢用居高临下的态度，以法官、教官、检察官的姿态和孩子说话。对于孩子的需求和行为，不是直接说"不行""不准"，就是进行"好与坏""对与错"的评价。这样做就是剥夺了他们的意志和自我评价的机会，孩子的内在"动力系统"就会被摧毁，生命变得消沉、没有自信。

作为父母，对于孩子的要求，我们不能总是说"不"，长期下去，孩子就会变成无能的年轻人。我们应该多说"有条件""有选择""有方向"的可以。例如：孩子懒，不想写作业，想出去玩。我们不能直接说"不准""不行"，这样会与孩子产生对立，而是应该说："可以啊，等妈妈把饭做好，一块儿玩好吗？""可以啊，你先把作业写完，再玩好吗？""可以啊，你是想玩半个小时还是一个小时，然后做作业？"

在营地，拒绝孩子要求的办法如下。

先承认孩子的愿望，然后选择以下方法中的一个或几个进行回应：①说出这个具体行为的"规矩"，并重申原因；②给孩子选择，指出部分或其他可以实现愿望的途径；③借助想象满足孩子的愿望；④对孩子行为被限制后的不满情绪给予理解和同情；⑤延迟满足，多说有条件的可以。

（七）如何回应孩子的问题

孩子的世界不同于成人，和他们对话是一门有规则的独特艺术。我们不能直接对他所说的话进行回应，而是要先洞察他行为背后的动机和语言中隐藏的含义；

同时对于他们负面的情绪和感受，我们有时只需要理解和认同就可以解决问题，并不需要引导和建议。

孩子的问题一般分为两类，一类是对新事物的好奇，想了解更多的知识，对于这类问题，不需要着急给出答案，先让他自己说说看，然后补充；另一类就是消除自己内心的困惑和焦虑，这种问题有个规律，那就是一般和自己有关，我们要对他语言背后隐藏的含义进行回应。比如：小明在营地看到有很多损坏的工具，然后疑惑地问："这些工具是谁弄坏的？"在这里，其实他关心的并不是"谁"，而是想知道："如果我弄坏了，该怎么办？"

当孩子回到家，不停地抱怨他的朋友、老师时，不要先试图查明事情的真相；当孩子抱怨父母做得不够好时，也不要先试图给予解释；当孩子抱怨生活不顺时，也不要先试图给予建议或意见，而是要顺着他们说话的语气进行回应（感同身受），针对他们当时的感受给予理解和同情。因为他们需要的根本不是你的真相、解释和建议，他们只是在发牢骚，找个人倾诉罢了。

（八）培养责任感的办法

责任感不是天生就有的，也不是到一定年龄就会自动获得的，责任感的培养就像学习知识一样，也是慢慢获得的，这需要通过长时间的努力，在日常的生活中找一些适合孩子年龄的事情，主动来锻炼他的判断能力和作出选择的能力。

对于生活中任何一件和孩子有关的事情，都包括两个层面：一是父母的责任范围，二是孩子的责任范围。比如：孩子吃不吃饭的问题，是父母的责任范围，而吃什么的问题，是孩子的责任范围；给不给孩子买衣服，是父母的责任范围，买什么颜色的衣服，那就是孩子的责任范围。

在营地，培养孩子责任感的主要方法如下。

在孩子责任范围之内的事情，老师要给他们选择权、自主权，并尊重他们的决定；对孩子责任范围外，但和孩子利益有关的事情，老师应该给孩子发表意见的权利。

自由选择权是所有孩子最需要的心理营养，尤其是在青春期，孩子更需要选择的自由，他们希望父母少一些管教，多一些信任。只有放手，孩子才会成为一个成熟、独立的人。营地与家庭不同，是一个崭新的环境。在确保安全的前提下，我们会为孩子创造更多自由探索的机会，鼓励他们自己想办法，并尊重他们的决定。让每一个孩子都有机会活出自我，做自己喜欢的事情。

（九）正面宣言的威力

NLP认为，语言是思想的载体，人类表达自我的方式。语言可以显示一个人的思想和心态，我们也可以通过语言去影响与改变自己和他人的思想和心态。所以说，语言是有力量的，而且有正面和负面之分，正面的语言给人积极的心理暗示，负面的语言给人消极的暗示。

相比较而言，负面语言对一个人的影响力更大。如果有十个人，其中九个都说你好、喜欢你，只有一个人说你不好、不喜欢你。你觉得哪个对你影响更大？当然是负面的那个。

1. 多用正面词汇，传递正能量

作为一个社会人，我们不是孤立存在的，我们所说的每句话，都可能会对周围的环境和身边的人造成影响。积极的人像太阳，照到哪里哪里亮，消极的人像月亮，初一、十五不一样。你是要做一个发光体，给人以力量，还是做一个黑洞，成为他人能量的消耗者？尤其是父母和老师，我们的一句话可能会成就一个天才，也可能扼杀一个孩子的激情和梦想。

孩子是一粒种子，正面的语言就像阳光和雨露，它可以给孩子信心和力量，滋润他健康成长；负面的语言（比如：懒、笨、拖沓、郁闷、烦躁、生气、愚蠢、懦弱、自私等）会让孩子变得消极、负面、抱怨和不负责任，让环境变得消极、压抑，不能自由呼吸。

营地教育重在环境塑造人，我们要检查自己的语言模式，用正面词汇替代负面词汇，为孩子创造一个积极正面、自由开放、安全有序的人文生态环境。

2. 不要负面告诫，只说自己希望的

教育孩子，我们不能使用负面的告诫，应用正面的词汇或正面的期许（我们想要的行为）来代替，告诉孩子应该做什么，指明方向后，孩子的负面行为将不再出现。比如：我们希望孩子不要乱跑，就不能对孩子说："不要乱跑。"而应说你想要的，比如："坐到沙发上。""回你的房间去。"其原则是用正面的、希望的话替代自己负面的、不希望的话。

负面的告诫总是告诉孩子"不能这样、不准那样"，久而久之，孩子就会感觉自己这也不能，那也不能，孩子就会较多地注意自己"不能"的一面，这种感觉会让孩子变得消极、自卑。

根据大脑接受语言的规律，恰当地使用正面词汇，或给孩子指明方向，明确

地告诉孩子父母希望他们做什么，这样不但可以使孩子目标明确，条理清晰，好行为越来越多，坏行为越来越少，而且会让父母感觉到孩子越来越合作、越来越自信、越来越阳光。

3. 不要负面关注，只说自己想要的

现在的社会负面信息偏多，人们喜欢拿一些不好的事情来议论，一些媒体每天都靠曝光一些负面的消息来吸引世人的眼球。为了孩子的健康成长，要把焦点放在好的方面，每天向孩子传递积极正面的信息。

在教育孩子的过程中，我们难免也会听到他人说一些孩子不好的话，或孩子表达了对自己负面消极的看法。作为父母，我们要用正面、积极的词汇，替代孩子或他人的负面词汇，并告诉他如何达成。例如：

孩子的话："我很笨，什么都做不好！"
我们回应：你是说自己不够聪明吗？以后细心一点，相信你就能把事情做好。
孩子的话："我的运气真差，什么破事都让我赶上了。"
我们回应："你是说自己运气不够好，有时会遇到一些不开心事吗？"

为此，家长还需多一些练习，列出你希望的关键词，比如：自信、乐观、有爱心、大度、坚强……然后设计一些日常的正面宣言，比如：你今天看上去很精神，你今天吃饭很快，上学肯定会准时……经过这样不断地练习，行为的重复变成习惯，使用正面的词汇，向孩子传递正能量，便成为一种人生的自然状态。

四、处理问题的常用技巧

在上一章"职业素养与技能"中我们讲道，每个带队老师（营地导师）都必须熟练掌握三首歌曲、三支舞蹈、三个游戏，以备不时之需。本节内容也一样，作为一个合格的带队老师，必须掌握几个处理孩子问题的常用技巧，而且要"知其然，并知其所以然"，灵活使用。

以下技巧源于张修兵的一本著作《NLP亲子智慧》，并结合营地教育的实际进行开发设计，NLP源于美国，如今已风靡世界，它被誉为人类智慧的DNA、大脑的"使用手册"，它是在完型治疗的基础上，结合艾瑞克森催眠疗法和萨提亚家庭疗法形成的一门高端心理学。

（一）快速亲和力技巧

亲和力是人际沟通的第一步，缺少亲和力，沟通就不能达到预期的效果。NLP认为，亲和力源于共同点，有了共同点，孩子会觉得你和我一样，我们是一类人，他才会接纳你、喜欢你。我们常说的"酒逢知己千杯少，话不投机半句多""志同才能道合"说的就是这个意思。

共同点有很多，可以是性格、年龄，也可以是衣着、爱好等。如果你和对方在自然状态下没有共同点，我们可以通过配合对方，来人为地制造共同点，从而

达到建立亲和力的目的。例如：

1. 配合身体语言

在沟通时，如果孩子坐着，你就需要蹲下来；如果他讲话时张牙舞爪，你的手势动作也要夸张一点；如果他有一些眨眼、点头、咬指甲的小动作，你也要做一点点。

2. 配合语气、语调

沟通的时候，我们可以调整自己的语速语调、声音大小来与孩子保持在同一个频率上。如果他情绪低落、语速缓慢、声音低沉，那么我们也要放慢语速，降低声调，与之配合。

视觉型　　　　　　听觉型　　　　　　感觉型

3. 配合学习类型

我们同时用视觉、听觉、感觉来接受外界的信息，但每个孩子都有一种主导的学习类型，沟通时可以通过配合对方的学习类型来提高沟通的效果。比如，如果对方是视觉型，就多用实物和图片，少打电话、发语音；听觉型的就多讲给他听，多用听觉词汇；感觉型的就让他参与体验。

4. 交叉影现

交叉影现即间接配合，在与孩子沟通时，如果发现他经常有重复的小动作，我们就用身体的其他部分作出类似的配合。比如：当对方交叠双脚时，我们可以用交叠双手来配合；当对方不停地点头时，我们可以用相同的速度用手轻敲桌面。

5. 配合语言文字

沟通时，如果大家使用的是同一个地方的方言，就会有一种"老乡见老乡，眼泪汪汪"的感觉；此外，每个时期，小学生也有自己的"行话"和"流行词汇"，比如："吃鸡"游戏、"666"等。如果沟通时，你使用的是对方的行话，他就会觉得你和他是一类人，就容易建立亲和感。

6. 配合信念、价值观

在沟通时，保持亲和感的方法就是避免冲突，而产生冲突的根本原因就是你们大脑里的软件（BVR）不兼容，信念和价值观不同。做到BVR同步，并不是去逢迎拍马，而是既尊重对方的不同，又要表达出自己的观点。讲话时不说"但是"，要用"同时"，常用句式为："我认同你的看法，觉得很有道理，同时我对这件事情的看法是……"听起来是不是比较顺，倘若你换一种说法："我很理解你的看法，但是……"效果就会差很多，因为"但是"把焦点放在了后面，否定对方，强调自己。

以上就是几种通过配合对方，有意地制造共同点来建立亲和力的方式。营地老师在与营员第一次见面时，要想快速建立亲和力，就需要主动地去寻找和孩子们之间的共同点。那么，相反地，我们可以通过不配合对方的身体语言、语气、语调等来结束一段不愉快的谈话。

（二）先跟后带技巧

所谓的先跟后带，就是在我们与孩子沟通的时候，先接受对方的观点或态度，让他感觉到被理解和尊重，然后带领他从另一个角度看问题，带他走出原本的框架。NLP认为，在潜意识中，自己只认可自己，与他人是相对的，没有人愿意被别人控制。跟的目的就是让对方在潜意识里接受自己，然后引导对方做自己希望的事情。

1. 如何"跟"对方？

在人际沟通中，亲和力源于共同点，所以在这里，"跟"的目的就是为了制造共同点，建立亲和力。亲和力是人际沟通的第一步，也是先决条件，没有亲和力，其他任何技巧都将无用武之地。

如何跟？我们可以跟对方的正面动机，跟对方看问题的角度，跟对方的情绪感受。

举例：

在夏令营期间，有孩子说："我想吃雪糕。"我们可以这样跟：

① 今天想吃雪糕凉爽一下吗？（跟正面动机）那就让我们快点完成今天的工作吧。

② 可以啊（跟对方的角度），等我们完成了今天的工作。

③ 今天天气真是太热了,（跟对方的感受）等干完活,我也要吃雪糕凉快一下。

2. 如何"带"对方？

跟的目的最终是为了"带"，"带"即引导对方向自己希望的方向发展，"带"的目的有以下三个。

第一，搜集更多的信息资料，以便找到问题的真正原因。

第二，引导对方把焦点放在寻找方法上，而不是执着于问题本身。

第三，说服对方接受自己的意见和建议。

举例：

有孩子说："我们不想跟小明玩了，他太烦人了。"我们可以这样"带"。

① 我猜你们肯定很生气是吧？（跟情绪）那么他做了什么让你们觉得烦人呢？（搜集资料）孩子说："大家都忙着，他什么都不干，还捣乱。"

② 那么现在你们希望问题怎么解决呢？（引导对方）孩子说："不要他了！"

③ 我曾经和你们的想法一样，也想这么做，（跟想法）后来发现行不通，因为我们不能抛弃自己的队友，现在想想我们是不是忘了给他安排具体工作了呢？现在看看他能干什么吧！（说服对方）

在营地，先跟后带是带领过程中最常用的技巧之一。当孩子生气、失望或焦虑的时候，我们就要跟，先肯定孩子的情绪感受，然后引导；当孩子提出要求时，我们不能随便说"不"，而是要先跟，永远给予同步的回应，然后给孩子选择或延迟满足。

（三）身心合一技巧

身心合一是人生命运行的最佳状态，它是意识和潜意识协调一致、互相配合的结果。在这个状态下，人的潜能才能得以发挥，做起事来效率才会更高。想让孩子注意力集中，做事自觉、自发，积极主动，身心合一是一个比较有效的方法。对于一个人来说，无论是本能的反应，还是深思熟虑后的行动，都无不是意识和潜意识共同作用的结果。如果你将自己的意愿强加到别人身上，还希望对方自觉自发、全力以赴，那是不可能的。

例如：在教育孩子的过程中，有时孩子做事磨蹭，积极性不高，注意力不集中，或者干脆违背父母的意愿，不去做某事。其实，这些都是孩子"身心分离"的表现，是父母将自己的意愿加到了孩子身上，孩子是有思想的人，有自己的想法。

所以，在带领孩子的过程中，要想让他们自觉、自发，全力以赴，就必须创造"身心合一"的状态，具体我们可以通过以下方法达成。

第一，鼓励孩子自己想办法，并教育孩子相信自己的决定。

在孩子遇到问题的时候，我们不要那么勤快，想孩子之所想，急孩子之所急。长期下去，孩子的大脑会形成惰性，不再勤于思考。我们更不能不尊重孩子，将自己的想法强加给他。正确的做法是：先鼓励孩子自己想办法，或者和孩子一起想办法，如果孩子太小想不出办法，我们可以给孩子提供选择，最后由孩子自己来作决定。总之，目的只有一个，就是赋予孩子主导的能力。

第二，把提要求改成提问题，或者在提要求时给孩子提供选择。

在生活中，我们发现，越要求孩子"有规矩"，孩子做得越不好，比如：告诉孩子不要把东西乱放，他就像没听见。这是因为人天生追求自由，不喜欢被控制，以及被动地接受指令。正确的做法是把要求转化成问题："孩子，这个东西应该放到哪里呀？"当孩子回答后，我们不能说："那好，现在放回去吧。"这样说可能不会有效果。正确的说法是："那现在让我们一起把它放回去吧。"要用"我们"，说的同时，自己先动手去做，这样孩子才会跟着做。

此外，在给孩子提要求，或者拒绝孩子的要求时，我们需要给孩子提供选择，并尊重他们的决定。给孩子提供选择，孩子就会感觉到被尊重；同时有选择就意味着有能力，孩子感觉自己可以主导，就会更有自信。每一个人都会为自己的选择负责，即使有时是错的，他们也会全力以赴。正如有句网络名言说的："路是自己选的，即使是错了，也要跪着走完。"孩子也是一样，对他们自己决定的事情一般都会全身心地投入，即使出了问题，他们也会承担责任。

（四）暂停技巧

一般情况下，接纳孩子的情绪、倾听孩子的需要、给予适当的奖励、转移注意力或延迟满足，这些技巧可以使孩子与父母合作，但当孩子或者父母压力增加时（比如在公共场合或时间紧张的情况下），这种合作的意愿就会被打断，就像车子失去控制一样。

当孩子情绪失控时，"暂停"技巧是一种有效的方法。通过感受并释放消极情绪，可以让孩子快速地冷静下来，并重新与父母合作。具体做法就是将失控的孩子从后面抱起，带到房间、车里或其他偏僻的地方，让他一个人待上几分钟。

暂停技巧的出发点并不是要惩罚孩子，而是用非暴力的手法停止孩子的"疯狂"行为，它在其他技巧都无效的情况下，选择使用的一种方法。

当孩子脱离父母控制成为主导者时（比如娇生惯养的孩子），他们天生与父母合作的意愿和能力就会逐渐消失。孩子天生需要父母的指导和建议，当他们内心感觉不到这种需要时，就会失控。让孩子"暂停"的目的不在于惩罚或恐吓，而是让他们知道谁才是主导者，孩子需要清楚，自己的一些行为需要限制，了解什么才是正确的行为方式，并重新与父母合作。

在营地带领孩子的过程中，如何使用暂停技巧？

1. 不能滥用"暂停"技巧

暂停技巧是在其他技巧无效的情况下，所采用的最后一种手段。如果你一开始采用打骂、惩罚的方式教育孩子，导致孩子与父母产生对立，在这种情况下，对失控的孩子再使用"暂停"技巧，就失去了意义，因为孩子的无理取闹可能是一种报复行为。

2. 注意"暂停"的执行方法

理想的"暂停"是把孩子放在一边，停止他当下的活动，孩子刚开始可能会反抗，这是正常的自然反应，我们需要坚持。"暂停"是停止活动，与大家保持距离，而不是拒之门外，抛弃和放弃。需要注意的是，年龄越小的孩子，越适用暂停技巧，对于12岁以上的孩子基本就没什么作用了。

3. "暂停"不是惩罚的一种手段

当孩子问为什么要"暂停"的时候，我们可以简单地说："当你没有准备好时，或者情绪失控时，就需要暂停。"对于孩子而言，"暂停"的确与惩罚差不多，所以必须小心使用，避免把它当作惩罚手段。我们不能用不听话就"暂停"

来威胁孩子，因为它和"不停止就揍你"没多大区别。

（五）比较技巧

由于受传统文化的影响，人们生来就喜欢"横向比较"，男人们在一起比谁的老婆漂亮，女人们在一起比谁的老公挣钱多，父母们在一起比谁的孩子学习好。"比"字两把刀，一把插自己，一把插别人，这种比较，不但没有效果，还会带来很多负面影响。

如果父母总是盯住孩子的缺点，拿他们的不足和别人的长处去比，孩子天天接收到的都是不如别人的信息，长期下去，孩子的意志就会被摧毁，造成自我价值感不足。此外，在比较的过程中，落后的一方会觉得所有的批评都是因为对方而来，于是便有了羡慕嫉妒恨，这就破坏了孩子们之间的良好关系。所以，作为父母，不要拿孩子与他人比较，尤其是在人格（信念、价值观、身份）这个层面，在这个层面上，男孩和女孩是一样的，乞丐和比尔·盖茨是同等的，他们都应获得相同的尊重。

有的人可能会说，我们的生活充满了比较，孩子未来的成长环境中也会充满比较，就算我们不跟别人比，也会被别人拿来比，如果孩子事事比不过，自信如何建立？我的答案是，比是一定要比的，但要知道如何比，我们应该学会"纵向比较"，自己跟自己比，别人跟别人比，在时间的范围内。

例如： 孩子上次考了60分，这次考了70分，即使考了70分，有的父母还会觉得比别人差多了，父母不要去在意别人，只需要知道在当下而言，你的孩子在进步，超越昨天的自己，这就值得赞扬。

别人跟别人比是什么意思呢？就是把别人的现在和他的以前比。

例如： 在营地射箭活动中，有的孩子看到别人射得好，而自己总是射不中，有些气馁。此时我们就需要加以引导，否则孩子会丧失自信，并抱怨活动不好。孩子在这里进行的是横向比较，我们要引导他学会纵向比较："小明射得好，他已经是第二次参加这个活动了，其实他刚开始也和你一样，但他没有气馁，而是主动地请教他人正确的射箭方法，然后反复练习。"

这种比较把别人努力和进步的过程呈现出来，实际上展现了一个人超越自我的过程，这样就给孩子传递一个正面的信念：只要努力，你也可以做得到。所以，我们要谨记一点，比较不是拿结果来比较，而是要把努力的过程呈现出来，通过比较让孩子建立正面的思想，激发他内在的动力。

用这样的比较方式，自己和自己比，别人和别人比，孩子在看到别人比自己做得好的时候就不会再生起嫉妒心，而是产生好奇心——他是如何做到的？当孩子抱着好奇心去探索对方成功的秘诀时，他就会收获更多的喜悦，并把这些秘诀运用到自己的实践中。当通过实践不断获得进步时，孩子内在的力量将会越来越强，越来越有自信。

（六）上推下切技巧

在 NLP 理解层次中，上一层决定下一层，而下一层是上一层的基础。比如：环境影响行为，而选择什么样的环境由行为决定；习惯影响性格，而思想决定行为。

在教育孩子的过程中，一般来说，层次越低的问题越容易解决，当问题上升至信念或身份层时，解决起来就会困难得多。一个低层次的问题，在高层次里可以找到解决方法，而一个高层次的问题，用一个较低的层次去解决的话，就会难以产生效果。

NLP 的理解层次揭示了人类思想和行为之间的规律，而 NLP 的"上推、下切、平行技巧"就是利用了五个层次之间的关系来有效地引导和教育孩子。

1. 上推技巧

所谓上推，就是把事物一级一级地往上推，上推的语言可以把孩子带到更大、更广泛的事物或意义，目的是通过行为来塑造孩子的人格。当看到孩子有了好的行为，我们就可以由此上推到——能力（习惯）、人格，这也是肯定和鼓励的目的，让好的行为得以不断重复，从而形成习惯。

举例：孩子帮忙扫地。

看到孩子在扫地，我们就要说："看到你在帮妈妈扫地，我真的很高兴，热爱劳动是中华民族的传统美德。"这里的"扫地"是"行为"，"热爱劳动"就是上推到人格。及时地肯定和鼓励可以让孩子知道哪些行为是值得重复的。

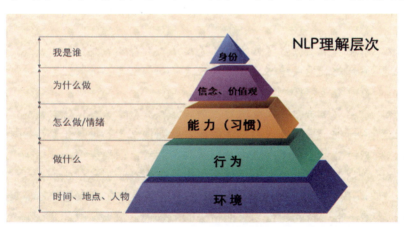

2. 平行技巧

平行就是在找到对方目的的基础上，引导对方看到在同一层面上其他的可能性。

举例：孩子动手打架。

在营地，孩子因为比赛失利，感觉被嘲笑，于是动手打架。对此我们可以先使用"暂停"技巧控制住场面，等大家平静下来，然后使用"平行"技巧进行引导。我们可以这样对孩子说：

"比赛输了本来就不开心，还被他人笑话，我知道你肯定很生气，但是在营地纪律里打架是不对的，即使赢了也不光彩。"

"我知道你是一时冲动，没有想到更好的方法应对，如果以后再遇到这样的事情，除了打架外，你有没有更好的办法去赢得尊严呢？"

孩子想想可能回答说："我可以通过其他活动超过他们，比如射箭、划船，还有才艺表演。"

在实施平行技巧时，我们的目的并不是告诉对方哪个方法好，哪个方法不好，要选择哪一个。这些都不重要，也不是我们的目的，我们要做的是让孩子学会思考，找到更多方法，从而做到灵活运用。

3. 下切技巧

下切就是将对方说的话更具体化，弄清楚对方话语的真实意思。"下切"就像一把小镊子一样，把你所需要的信息从对方的脑袋里一点点地挑拣出来。在亲子教育中，下切技巧尤为好用，它可以帮助我们大事化小，找到问题的具体原因。例如：

举例：期末考试成绩不好。

期末考试，孩子考了三十名，这时我们就需要使用下切技巧了。你可以这样说：

"我们来看一下是数学考得不好，还是语文考得不好呢？"

"哦，原来是数学成绩不理想啊。"

"我们再看看是哪些地方没有做好？"

"哦，原来是除法的题没有做好，加法、减法、乘法都做得挺好！"

就这样，一步一步地就找出具体原因，既方便父母帮助孩子解决问题，又会让孩子感觉到自己只是有一点点不好，从而不会对自己丧失信心。

在营地教育中，上推下切技巧可用于批评和表扬。当孩子表现好了，就上推（表扬）；如果出现问题（批评），就下切，将问题具体化，大事化小。此外，有时批评也需要上推，将问题行为可能带来的后果进行放大，以此来引起对方的重视。比如，在孩子搞破坏、打人、不遵守交通规则等的时候也可以使用这个技巧，让他意识到问题的严重性。

（七）因为所以法

心理学家研究发现，人无论做什么事情都需要一个理由，有了合适或正当的理由，他才会采取相应的行为，或者要求别人采取某种行为，以达到自己预期的目的。为了验证这个理论，心理学家找了一些人做测试，让他们去车站买票时插队。

第一批人，过去说："对不起，能否让我插个队啊？"结果遭到一堆白眼，成功率只有15%。

第二批人，过去说："对不起，能不能让我插个队？因为我刚去买了一瓶水。"或者说："因为我刚去了一下厕所。"给一个不相干的理由，结果成功率居然达到近90%。

第三批人，过去说："对不起，能不能让我插个队？我老婆怀孕了在那里站着等我呢。"找一个类似合乎情理的理由，结果，成功率达95%以上。

因为所以法的典型语言模式是："为了……请你……""为了……所以……"或者是"因为……所以……""因为……请你……"等类似的语言句式。

它的工作原理是在希望对方"做的事"前面加上一个"理由"，而这个"理由"一般是对方在乎的或感兴趣的，这样一来，一句话就变成了两句话，对方的注意力焦点就从原来要"做的事"转移到现在给的"理由"上，而这个"理由"又是对方关心的、在乎的，他们一般会接受，接受了理由等于接受事情，所以就这样达到了沟通的目的。

在营地活动带领中，"因为所以法"是一个比较常用的技巧，在每次活动之前，我们一般要使用这个句式，告诉孩子为什么要这么做，这也正体现了营地教育"有目的地玩"的教育理念。

（八）五步脱困法

在生活中，我们时不时地会有一种陷入困境、无法自拔的感觉。当面对这种情况时，如何才能尽快地走出来，让自己重新振作起来呢？可以使用五步脱困法，它是一种可以快速帮助我们改变身心状态的实用技巧。

五步脱困法，实际上是一个思维的流程，是基于"事情本身并不会给我们压力，压力是我们对事情的反应"这一最基本的 ABC 情绪理论。当我们对一件事情的看法发生改变时，世界将会因我们而改变。

当某人说他做不了某事时，我们可以用五步思维程序来帮助他走出困境。

(1) 负面困境：我做不到 A。
(2) 改写定义：到目前为止，我尚未做到 A。
(3) 因果连接：因为过去我不懂得……所以到现在为止，尚未做到 A。
(4) 制造假设：当我学会……我便能做到 A。
(5) 展望未来：我要去学……我将会做到 A。

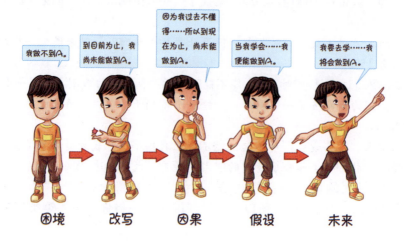

运用五步脱困法，可以让人快速地走出沉湎于过去的情境，看清过去的事实，向未来看，找到一种可能的选择，从而实现放下包袱，走向未来的目的。下面我们再以"不会带队"为例。

(1) 负面困境：我不会带队。

(2) 改写定义：到现在为止，我不会带队。

(3) 因果连接：因为过去我没有学过营会管理，所以我现在还不会带队。

(4) 制造假设：当我参加了"营会管理"导师班，学会了带队技巧后，我就会带领团队了。

(5) 展望未来：我要去参加"营会管理"导师班，学习营地教育的所有技巧，我就会带领团队了。

对于五步脱困法，大家要做到融会贯通、灵活运用，除了用来调整自己的精神状态外，更重要的是在带领活动的过程中，帮助孩子走出困境。

第八章 课程研发与流程设计

　　课程研发是营会的首要环节。只有真正自主研发的活动，才能深刻地理解每个活动板块的功能和作用，才能全身心地投入活动的组织实施中去。可是，在行业初期，大家都忙着抢占市场，你追我赶、急功近利，很少有人停下来去做课程的研发工作。

第一节　营会的理念和目标

> **营地导读**
>
> 在营地教育中，目的是"方向"，理念是"灵魂"，它们一起构成了课程研发的基本前提。理念是核心，有什么样的理念就会有什么样的行为；在市场经济中，企业经营的目的是为客户创造价值，提升满意度。营地教育也一样，只是对于孩子而言，他们的满意度源自归属感。

一、营会的理念

理念是"心"，是我们内心坚守的信念和价值观，它是行为的"红绿灯"，有什么样的理念，就会有什么样的行为。营地教育理念，指的是一个营地所秉承的管理理念和教育思想，它是营地教育的灵魂，决定了营员在营地的成长方向。

目前，在国内营地教育行业，大家倡导的营地教育理念有很多，比如美式的野外探险、英式的贵族运动、德式的森林教育，当然还有国内一直比较火爆的军事体验营和传统文化营。本节和大家探讨的是一套源自德国森林教育和日本自然学校，而又具有本土特色的自然教育营地理念。

1. 自然成长

基于对人的正确认识，做最适合孩子的本土化教育。教育孩子，其实并不需要花费太大的精力，就像一棵小树一样，在适当的时候给它浇水，它自然就会朝着太阳的方向生长。无论是德国的森林学校，还是日本的自然教育，他们都是以孩子为导向，培养他们的内在精神力量，遵循孩子的成长规律，让他们自然而然地成长。

大自然是最好的课堂，是孩子创造力的源泉，每逢假期，让我们放下手机，走向户外，以自然为中心，以游戏为基础，带领孩子展开冒险、获取新知、体验惊奇。活用大自然提供的素材，玩出学习力和创造力，培养他们主动面对挑战、探索未来的信心和勇气。

2. 视如己出

我们始终相信："爱是一切教育的前提，有爱才会有真正的教育。"在这里，老师要把每个孩子都视如己出，把爱毫不吝啬地献给他们，而且所有的孩子在老师面前都应该是平等的，站在同一个起跑线上，他们没有好坏，无关成绩。

如何做到视如己出，其实并不难，只需要在他们伤心的时候、悄悄地写上一张纸条，捎去几句安慰；生病的时候，送上一句亲切的问候，一个关爱的眼神；

在他们犯错的时候，对他们晓之以理，动之以情，引导他们改正错误，走向成功；在他们受到挫折、迷茫彷徨的时候，我们要以心换心，激励他们敢于面对，走出困境，勇敢前行。

3. 目标驱动

目标驱动法，可以激发孩子参与活动的兴趣，帮助他们设定营期目标，将注意力集中在想要做的事情上，为了实现目标而主动去添加资源，清除障碍。目标驱动法是一种卓越的思维模式，是kidscamp儿童彩虹营特有的一种营地教练技术。

如果你想造一艘船，先不要雇人去收集木头，也不要给他们分配任何任务，而是去激发他们对海洋的渴望。营地活动也一样，开展活动之前，不要着急发放物资、分配任务，要先解决为什么干的问题。比如：在"绳结和先锋工程"活动里，如果你一开始就教孩子什么是双套结、八字结、方回结，他们会觉得特别枯燥无聊。当你把一个先锋工程作品"投石机"摆在那里，并演示了它的神奇之处后，再告诉他们，这就是我们今天的任务，其效果自然就不一样。在目标任务的驱动下，孩子们就浑身充满了力量，即使在此期间遇到一些困难和挫折，也挡不住他们前进的脚步。

4. 正面管教

语言是有力量的，而且有好坏之分，我们所说的每句话，都可能会对周围的人和环境造成影响。正面的语言就像阳光和雨露，它可以给孩子信心和力量。尤其是老师，我们的一句话可能成就一个天才，也可能扼杀一个孩子的激情和梦想。在营地，我们首先会给孩子创造一个积极的生活环境，然后在遇到问题时，采用正面管教的方法，将焦点放在我们希望做的事情上，充分发扬孩子的优点，鼓励有效行为，以目标为导向，专注于事情的效果，而不是陷入问题不能自拔。

正面管教其实并不难，只要你能做到以下几点：①注意自己的语言模式，将负面词汇改为正面词汇，少说消极的话，多传递正能量；②孩子犯错，需要的不是批评，而是指导，将焦点放在寻找方法上，而不是抓住问题不放；③孩子犯错，惩罚不但没有效果，还会破坏师生关系，我们可以让他承担行为的自然后果，也可以用奖励代替惩罚，给其改正的机会，此外，还可以用有贡献的行为，比如劳动，去代替惩罚；④考虑问题时重定焦点：焦点在失，我们会痛苦，焦点在得，我们就会快乐；焦点在问题，我们会抱怨，焦点在效果，我们会找到方法；焦点在过去，我们会郁闷，因为一切无法挽回，焦点在未来，我们就会充满希望，因为一切皆有可能。

二、营会的目的

在营地教育中，营会的目的，就是在确保安全的前提下，为孩子创造更多自主探索的机会，增强活动的体验感和参与度，最终目标是提升客户满意度，让孩子"开开心心上学来，快快乐乐回家去"。营会的满意度源自归属感，尤其对孩子而言，如果没有归属感，就谈不上什么满意度。

营地教育与其他教育不同，孩子有了归属感，才能与营地建立信任和链接，才能提高客户的黏性，防止客户的流失。营地归属感可以从以下六个方面去打造，实践中我们会发现，有时可能就是其中某一个方面抓住了孩子的心，让其成为营地的忠实客户。

1. 产品供应

营地要以孩子为导向，为他们创造条件，策划和设计各种富有挑战性和趣味性的营会活动，让他们每次都能玩得开心，玩得有意义；同时活动还要丰富多彩，不断创新升级，持续不断地满足家长和孩子成长教育的需要。只有这样，孩子才能一次次地参加我们的活动，万一哪次活动孩子觉得没意思，或者后续活动没有跟上，孩子就有可能流失，成为别人的客户。

除了活动供应，还有餐饮食宿，如果营地住宿的房间很有特色，是孩子们喜欢、流连忘返的，那就会因此促成二次交易，如果营地的饭菜很好吃，那么以后孩子们也抵挡不住营地美食的诱惑。

2. 安全保护

在营地，确保孩子人身安全是第一位的，这也是孩子最基本的心理需求。如果营地的生活环境、基础设施、工作人员和身边的小伙伴，不能让孩子有安全感的话，或者某个事情给他留下阴影的话，比如：发现了老鼠、蟑螂，被蜜蜂蜇了，让蚊子咬了，和小伙们产生闹矛盾了，他就会对这里充满恐惧，以后就不想再来参加其他活动了。

在各种安全因素中，人的因素是最关键、最灵活的。我们可以通过增强营地工作人员的安全意识，提升服务水平，来弥补其他方面的不足，比如：轮流值夜，24小时为孩子站岗放哨；用最好的驱蚊液，还孩子一个安心的睡眠。用心服务，多做一点点，为孩子的人身安全保驾护航，让他们切身感受到我们的努力和付出，这样一来，坏事可能变好事，因此收获了孩子的心。

3. 身份认同

每个人都渴望被认同和关注。正所谓：士为知己者死，女为悦己者容。假如孩子在营地能够发现自我、找到自我，自己的能力得以展现，价值得以发挥，并赢得了小伙伴和老师的认可，那么他将会对这里的人产生依赖，建立强烈的归属感。因为他发现在这里有人能懂他、理解他，也只有在这里，他的行为才有意义，努力和付出才能得到回报。为此，作为小队辅导员要注意，我们有时需要创造条件、制造机会，让孩子找到这种感觉。

比如：在篝火晚会上，让对自己才艺引以为傲的孩子都有机会展示自我；在小队文化建设中，让有书法、绘画特长的孩子才能得以发挥；在物资搬运中，让他们充分展示自己的强壮和力量。

目的：客户满意度，满意度源自归属感，可以从六个方面打造

除此以外，还要注意在有些任务挑战中，要帮助一些年龄小、落后的孩子完成挑战，让每次活动取得圆满，让每个孩子不留遗憾。

比如：在射箭教学中，有些年龄小、动手能力差的孩子，努力多次还是射不到靶子上，如果到活动结束还不能射中，他就会情绪低落、心灰意冷，就成长而言，孩子不会越挫越勇，而是会直接放弃，觉得自己不适合这项活动或这项活动没意思。我们要做的就是创造条件，单独指导或拉近靶子的距离，让孩子射中靶子，让活动取得圆满。射中靶子的那一刻，孩子感受到的是成功，收获到的是自信，洋溢出的是欢乐。而我们营地收获到的就是孩子的归属感，因为在这里，他成功了，在其他地方，他可能一直被忽略。

4. 心灵安慰

心理学有个比喻，孩子的这颗心，在刚来到世界上时，就如同一个空的容器，需要用爱来装满，它才会强健，才能抵御外界的风风雨雨，并敢于向外界敞开。否则，任何一点风吹草动都会让他把自己的心关起来。所以，我们的任务就是要给孩子足够的爱，这种爱不仅仅是物质的满足，更重要的是心理方面的需求。

当孩子在营地受到委屈，情绪就会低落，个人的能量变得很低，就像手机没电了一样。这时他就会开始封闭自己，不愿抛头露面，不愿和人说话，吃饭没有了食欲，对活动也丧失了兴趣。

家是心灵的港湾，父母是力量的源泉。试着回想一下，在生活遇到挫折，人生失意的时候，内心深处最先想到的是哪里？答案一定是"家"，无论走到哪里，家永远是我们生命中魂牵梦绕的地方。我们要做的就是把营地打造成孩子的另外一个心灵港湾，老师就是他们精神力量的源泉。在他受到伤害时给予无微不至的照顾，情绪低落时，感同身受，给予理解和关爱，并引导其尽快拨云见日、走出阴影。

5. 专业教导

营地教育的宗旨是教给孩子终身受用的生存技能和价值观，促进他们德、智、体、美、劳全面发展。所以，营地的老师一定要有丰富的知识积累和过硬的专业技能，能够为孩子答疑解惑，并提供专业的教学指导。孩子之所以来营地参加活动，是因为他们有天生的好奇心和求知欲，假如在这里，他们的需求能够得以满足，就会对这里产生归属感。就像人每次饿了，回家就能吃到可口的饭菜一样，在心理上就会对这里产生依赖。

在营地教育中，我们经常会发现这样一个现象，好的教官就是好的"产品"，他自带流量。有时孩子来参加活动，并不是因为活动本身，而是因为想再次见到自己喜欢的对象。7~12岁小学阶段，孩子的成长进入模仿时期，通常在这个时候，他们会从身边的人中去选择自己欣赏、喜欢的人作为自己的学习榜样。鉴于此，每个营地工作人员，除了增加知识和提升技能的学习以外，还要充分发挥自己的个人魅力，努力成为孩子们模仿和崇拜的对象。

6. 伙伴情谊

人天生害怕孤独，喜欢群居生活。孩子尤其这样，小伙伴们在一起，即使没有玩具，没有老师，他们也能快乐地玩上一天。我们发现，有时孩子不愿上学，或不参加我们的活动，原因并不是厌学，也不是活动本身有问题，而是自己没有小伙伴的陪伴，对陌生环境充满恐惧。为此，我们在营地活动中一定要注意，防止有人被孤立，想办法让他融入集体生活中，参与到活动中去，做到人人有事做，事事有人做，让每个孩子都能展示自己。

在策划活动的时候，我们就要充分利用伙伴的力量，鼓励孩子组团报名，并给予特别优惠，让家长更乐意发动身边的朋友一起参与。这两年一直比较火爆的"城市生存挑战"活动就是一个典型的案例，鼓励孩子自己组队，并做成城际穿越，以及班级、学校、城市比赛的形式，不但让队伍有了稳定性，让活动有了进度性，而且增加了挑战性和趣味性，正是抓住了孩子的这些心理，所以才会有那么多孩子一次又一次地参加活动。

第二节　课程开发的基本原则

> **营地导读**
>
> 在营地课程开发之前，除了明确营会的理念和目标外，还要了解营会的基本属性，它是检验和评价一个营会质量好坏的重要标准。营会的基本属性包括安全性、趣味性和教育性，三者缺一不可，所占比重可以因活动而异，因目标和理念而调整，但不能忽略它的存在价值。

一、营会的基本属性

营地教育作为一种新型的社会教育模式,与其他教学活动不同,要想打造营员的归属感,提升客户满意度,让孩子在营地玩得开心、玩得安全,玩得有意义,营会活动的设计就必须具备安全性、趣味性和教育性这三大基本属性。

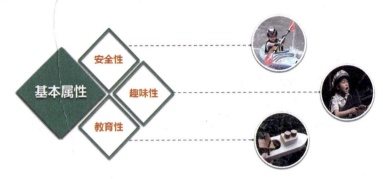

(一)安全性

在风险管理体系中,我们要对营地的人、物和环境进行风险识别,确保没有安全隐患,但要确保营会活动的安全,这里还有一个重要前提,就是首先活动本身应该是安全的,设计的内容和流程没有问题。比如滑雪项目,对于初学者,你第二天的行程安排就是上高级雪道,这肯定是不合理的。

在活动研发过程中,要想确保活动的安全,需要注意两个方面:一是内容的选择要安全,我们要以孩子为导向,开发适合他们年龄、体能和心智的体验项目,比如成人拓展中的电网、背摔就不适合孩子们;二是活动安排和流程设计的安全,设计者要有实践经验,不能闭门造车、想当然,要注意掌握节奏,根据孩子的接受能力循序渐进地开展活动。比如帆船体验,要先讲理论,再在岸上模拟体验,然后才能下水,缺少哪个环节或顺序颠倒,都会产生重大安全隐患。

营会活动设计好以后,在风险识别环节,当发现有些内容安全系数较低,存在安全隐患时,我们可以从以下三个方面提升营会的安全系数,并提高活动的质量。

1. 活动难度

降低活动难度,选择孩子们能够轻松应对的活动项目,是提高活动安全系数最直接有效的办法。其弊端是活动缺乏了挑战性和刺激性,可能让有些孩子丧失了兴趣,这时我们还可以因地制宜,在活动中根据孩子的年龄、体能和经验进行重新分组,因材施教,进行针对性训练。比如滑雪体验项目,首先要把会滑的和不会滑的区分开,然后针对第一次滑雪者进行零基础教学,让会滑的在初级道进行适应性练习,所有的人只有达到国际3级水平后,经教练允许,方可进入中级道体验。

2. 活动场地

调整活动场地,是提高活动安全性的另一个直接有效的办法。一方面要选择适合的场地，同样是户外团康游戏，草地肯定比水泥地安全，封闭式场地肯定比开放式公园安全；另一方面通过调整场地的大小，比如一些手工、木工类活动，由于会使用到一些有安全隐患的工具，场地拥挤，不但工作不便，还会给他人造成麻烦，通过改变场地的空间，将可消除一些安全隐患；最后，我们还可以把一些活动从室外搬到室内，比如有些中小学校为了安全，他们会选择减少室外活动，甚至牺牲体育课，来增强学生的可控性，从而提高安全性。

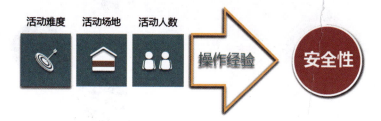

3. 活动人数

在第四章"营会活动管理"中曾提到，集体活动人数越多，安全隐患越大，人数增加一倍，风险可能会增加十倍。所以，我们可以通过分组活动的形式来控制人数，通过分站活动的形式来控制质量。例如：100人的野炊活动和30人的风险肯定是不一样的，人多会乱，工作量大就容易出错，所以，将100人分三批进行，不但可以降低风险，还可以总结经验，让活动一次比一次好。

（二）趣味性

孩子走出教室，参加我们的营会活动，首先就是为了放松，越来越多的家长也希望通过营地教育送给孩子一个快乐的童年，如果你的活动设计和学校课堂一样，和外面的辅导班一样，营会就失去了它存在的意义。

要想让营会活动不落俗套，具有趣味性，创新永远是制胜的法宝。通过改变活动的形式、物料的选择、人员的配置来让活动变得更加新颖、有趣。比如：把桌上台球改成地面台球，两人变成两队，用杆打改成用脚踢，每个人都是球员，每个人都有机会展现自我。同理，还可以把桌面足球、象棋等改成地面团队游戏。此外，我们还可通过以下三种方式，增强活动的趣味性。

1. 导入剧情

导入剧情，进行角色扮演，会让活动变得更加具有趣味性。有了剧情就会有更多的"戏"可以上演，让人更加期待，过程也变得更加搞笑；孩子有了角色就等于把自己重新定位，去探索尝试新的东西，这个过程不仅富有挑战，而且更加刺激。比如：把普通的真人 CS 对抗活动改成"飞夺泸定桥""斩首行动"等；把野炊活动改成"龙门客栈"，小队成员扮演大厨、二厨、伙夫、水夫等角色。

2. 引入竞争

不管什么活动，一旦引入竞争，把体验变成比赛，人的竞争意识就会被激发，兴趣点由活动本身转移到取得胜利上，孩子们全身心都会紧张起来，场面一下子就变得你追我赶、热火朝天起来。比如：制作弓箭活动，如果仅仅是制作，并练习射箭，这样还不够刺激，只有引入竞争、加入比赛，看谁射的环数多，最后评出冠军团队和个人，这样才能将活动推向高潮。

3. 给予奖励

奖励是刺激孩子兴趣的最简单有效方式之一。在营会活动中，一旦有了奖励，孩子们便多了一份期待，奖励也意味着荣誉，它让活动变得更加有意义。比如：在营地完成一项任务挑战即可获得一枚相应的技能徽章，徽章可佩戴可收藏，不仅是对努力付出的肯定，而且还是一份荣誉，是个人能力的有效证明。此外，不管什么比赛，都要有奖励，可以是物质方面的，也可以是精神方面的。

（三）教育性

营地的玩不同于在游乐场的玩，它是"有目的地玩"，玩得同时还能收获知识和技能。会玩的孩子才会学，以游戏为基础，以自然为中心，活用大自然提供的素材，一起玩出学习力和创造力。所以，营地的活动绝非简单的游戏和玩耍，而是经过精心设计，寓教于乐，富有教育意义的。大自然是最好的学习课堂，"做中学"是孩子成长教育中最有效果的方法，这是一个"主动"教育的概念。

要想让营会活动更具有教育性，在课程开发时就要明确营会的目的和理念，活动设计以"目标"为导向，将营地的教育思想贯穿其中，这样内容的设计才不至于脱离主题。比如：我们要培养孩子的动手能力，就可以选择创意木工、无具野炊等项目，真人CS就不适合；客户觉得现在的孩子太柔弱，不够阳刚，想参加富有力量的活动，那么野外求生、军事体验类项目都可以满足家长需求。

除此以外，我们还可以从以下三个方面，增强活动的教育性。

1. 联系课本

作为一名营地导师，熟悉中小学课本章节里的内容是需要掌握的基本知识，这样在课程开发时才能做到彼此联系、相互呼应。联系课本，让活动变得既熟悉又陌生，让学习从教室走向户外，让枯燥的文字变成直观的体验，这样的营会活动不仅丰富了课堂的内容，拓宽了孩子的视野，而且让营地的活动也变得更加充实，更具有教育意义。比如，春天踏青活动设计中，就可以把贺知章的唐诗《咏柳》加上，作为晨圈活动或认识柳树的一个环节。

2. 联系生活

生活即教育，天地乃课堂，知识源于生活，又服务于生活。在营会设计中，活动内容生活化是课程研发的基本原则之一，我们的内容设计、场地布置和物料准备都要尽量贴近生活，这样的教学设计，不仅通俗易懂，而且孩子们学到的知识和技能会更加落地。比如：在野炊活动中，讲解热传递，我们可以用打火机分别去烧一个空纸杯和一个加了水的纸杯，通过直观的表现，让孩子知道为什么会出现这样的现象；同时举一反三，让孩子们理解为什么烧烫伤后，一定先用凉水冲洗。

3. 联系时事

联系时事，挖掘社会热点，将其作为案例或论据与要讲解的营会主题联系在一起。因为时事一般都是大家知道的，孩子们听起来就会比较有感觉，这样教学也才会更有效果。根据营会要讲解的问题，寻找当下社会上的热点或过往历史上的重大时事作为论据或案例，这样不但可以丰富营会的内容，而且让内容变得更富有教育意义。比如：2019年10月13日无锡小吃店燃气爆炸事件，以此事件为案例，我们可以向孩子讲解如何处置煤气罐着火，当发生火灾时，如何紧急避险、安全逃离。

二、课程开发的基本原则

在明确了营会的理念和目标，清楚了三大基本属性后，营地课程开发还要遵循一些基本原则，在这种背景下开发设计出的营会活动才经得起市场的检验，孩子和家长才会喜欢。

1. 自主性原则

自主性，即在课程主题开发与活动内容设计时，要在确保安全的前提下，给孩子留出更多的自主探索和自我管理空间，充分发挥他们自身的主观能动性。在活动实施过程中，营地导师只做基础性的教学和示范，然后将更多的时间和空间留给孩子去自主探索，去自由发挥。在自主创作过程中，充分发挥自己的想象力和创造力，让他们有机会发现自我、展现自我。例如：在创意木工活动中，营地导师只教授营员"小木船"基础版本的制作方法，并引导大家自由发挥，创作自己喜欢的作品。

此外，在营地管理中，我们要倡导自我管理，实行小队自治，在日常生活管理和活动管理中，让孩子们拥有更多的自主权。这样一来，营地老师便无须事必躬亲，可以从繁杂的营员事务中解放出来，从带领者变成陪伴者，有更多的时间去留意孩子的动态表现，关注他们的心理成长。

小队自治是营地管理中的理想状态，也是营会管理水平的最高境界。实现小队自治有两个重要前提：第一，小队建设要到位，在小队分工中，每个人都能找到适合自己的职务，并认真履行自己的职责；在小队文化中，大家群策群力，制定出彰显小队风采的队名、队旗和队呼；在小队契约方面，大家都能积极向上，制定出充满正能量的营会价值目标和自愿遵守的小队内部约定和规则；第二，营会计划和规则要明确，界限要清晰，这样孩子们有了目标和方向，清楚了游戏规则和边界，他们才可以在这一框架内充分发挥自主能动性，否则孩子就会迷茫，组织就会混乱。

2. 实践性原则

实践性，即带领孩子从教室走向户外，从课本走进生活，全身心地参与到目标活动中去，通过亲身经历，发现、分析和解决问题，体验和感受生活，从而发展实践创新能力。实践性是营地教育和学校教育在教学形式上最主要的区别，一个是课堂教学，老师台上讲，学生下面听；一个是"做中学""玩中学"，孩子成为中心，老师是参谋和顾问，这是一种"主动"教育的概念。kidscamp一直坚信：生活是最好的老师，大自然是最美的课堂，"做中学"是孩子成长教育中最有效果的方法。

在课程开发中，要想达到实践性，除了给孩子"听、看"的内容外，更重要的是要有"做"的机会，这也是检验和评价一个研学旅行和社会实践活动好坏的重要标准。营地教育不是从校内教室搬到校外教室，研学旅行不应是走马观花，随便看看、听听，一个活动只有具备"听（讲解）、看（参观）、做（体验）"三个要素，才算是孩子"全身心"地参与，也才能称得上一个真正意义上的营会（研学或社会实践）活动。

3. 针对性原则

所谓针对性原则，是指营会活动的设计要以孩子为导向，根据他们的年龄和特点，选择适宜的活动内容、恰当的教学方法，以及可以承受的能量消耗。活动的内容应该是孩子们喜欢的，有利于他们身心灵健康成长的，而非成人的想当然。我们不能把适合成人的拓展项目和军训科目简单地应用到12岁以下的孩子身上，更不能为了追求刺激而进行提前教育，挑战电影或成人世界里的项目。除此以外，我们还要尽可能地创造有利条件，把这些好的知识和技能，通过孩子喜欢的方式传授给他们，以协助他们学有所获，建立自我，贡献社会。

在课程开发中，要想做到针对性，我们必须检查我们的活动内容和日程安排是否满足以下要求：①体能要求，孩子是否能承受得住活动消耗的体力；②智能要求，孩子是否能胜任并完成较复杂的活动；③成长规律，活动的目的是有利于他们的身心健康。这三点构成一个系统的整体，缺一不可，它是我们评价一项活动是否适合孩子的基本标准。

4. 生活化原则

所谓生活化原则，就是将营会活动置身于现实的生活背景之中，从而激发孩子作为生活主体参与活动的强烈愿望，同时将活动的目标要求转化为学生作为生活主体的内在需要，让他们在生活中学习，在学习中更好地生活，从而获得有活力的知识，并陶冶情操。

知识源于生活，并用于生活，一切学习的目的都在于应用。在课程开发中，要想做到生活化，可以从以下几个方面切入。

1) 课程导入生活化

在教学导入环节，选择生活化的内容作为开场。从学生熟悉的生活经验出发，将学生熟悉的、感兴趣的生活案例，引入课堂教学中去，可以激发学生的求知欲，增强新鲜感。比如，在"绳结艺术"主题活动中，我们可以用三个问题进行开场："大家知道系鞋带用的是什么结吗？红领巾用的什么结？缝衣服时线尾打的是什么结？"从而达到吸引大家的注意力，激发学生学习兴趣的目的。

2) 教学情境生活化

在教学演示环节，采用生活化的教学情境。营地导师以营会主题和教学目标为出发点，把教学活动中抽象的科学文化知识与生活中的常见现象结合起来，给科学内容赋予生动的内容和形象的反应，从而在熟悉的生活情境中学到新的知识。比如，在"平结"教学时，我们可以采用"三角巾包扎法"进行演示，通过直观的体验，不仅能让孩子们学会平结的打法，还能明白平结的特点和用途。

3) 体验内容生活化

在教学实践环节，做到体验内容生活化。营地导师从已有的经验出发，充分发挥想象力和创造力，寻找生活中能够体现营会主题的活动内容。一切学习的目的全在于应用，而实践是检验真理的唯一标准。通过生活化的实践，能够加深孩子们对知识的理解和掌握，同时学以致用，让孩子们明白所学的知识和技能是有实用价值的。比如：绳结教学完成后，让孩子们完成一个餐桌的搭建。

5. 整合性原则

所谓整合性原则，即以培养"完整人"为目标，对营会活动进行开放式设计，它不再是单一学科的纵深教学，而是基于学生已有经验和兴趣专长，打破学科界限，选择综合性活动内容，鼓励学生跨领域、跨学科学习。在课程开发时，要结合孩子的年龄特点和个性特征，以促进学生的综合素质发展为核心，均衡考虑学生与自然的关系、学生与他人和社会的关系、学生与自我的关系。

要做到整合性，每次营会要先确定一个主题，然后围绕主题选择生活化的教学内容，将与语文、科学、数学、艺术等学科有关的内容融合在一起，面向孩子开展一种综合性、整体性，注重融会贯通的课程开发和教学形式。整合性原则以问题为导向，引导学生去探索活动内容背后蕴含的科学道理，它更加重视教学的生活化和实用性，培养孩子面向未来的创新素养和自主解决问题的能力。比如，春季"草莓采摘"活动，可以把草莓采摘（生态农业）、草莓称重（物理）、纸箱包装设计（艺术）、产品广告语创作（语文）整合在一起，开展一种全新的、富有文化内涵的主题教学。

目前市场上比较火热的"STEAM"和"PBL"都是一种整合性课程开发和教学模式。而一些校外辅导机构和国际化的营地举办的"英语夏令营""足球夏令营""戏剧夏令营""艺术夏令营"显然违背了营地教育整合性课程开发的原则。

6. 连续性原则

所谓连续性原则，即营会活动的内容设计应基于孩子可持续发展的要求，设计长短期相结合的主题活动，使活动内容具有递进性。要促使活动内容由简单走向复杂，使活动主题向纵深发展，不断丰富活动内容、拓展活动范围，促进孩子综合素质的持续发展。同时，只有做到连续性，才能持续不断地为客户提供服务，才能增强客户的黏性，防止客户流失。

做到连续性，除了要有专业的研发人才外，还要投入大量的时间和精力，以至于目前国内市场上很难看到连续性、系统化的营会产品。零散的、单一的营会产品可以让企业短期内赢得市场、赚取利润，但不具备可持续发展的能力。要做到连续性，必须从以下两个方面下功夫。

（1）系列化课程。围绕一个主题，开发出系列课程，每次营会设计一个小主题。

例如：野外生存课可以分为露营技能、先锋工程和无具野炊三个小主题；自然教育课程可以分为春夏秋冬"收藏四季"，四次主题活动；kidscamp儿童彩虹营"十二生肖"课程体系。

(2) 进度性课程。根据课程的复杂程度，将活动进行初、中、高等级划分，并区分报名的资格条件。例如：冬季滑雪活动，夏季皮划艇项目，以及童军"徽章制度"里面的活动技能等级。

第三节　课程开发的基本方法

营地导读

关于营会活动，无论是模仿他人，还是自主开发，都要遵循一定的原则，并熟练掌握一套适合自己的方法。营地课程开发不同于旅游行业的产品设计，因为营地提供的是服务，而旅游提供的是产品；营地是教育，而旅游是玩乐；营地重视管理运营，而旅游重视线路设计。

一、营会活动的基本要素

在行业发展初期，营会活动有多种形式：从环境上来分，有社区营和户外营；从时间上来分，有一日营和多日营（冬夏令营）；从地点上来分，有本地营、国内营和国际营；从形式上来分，有亲子营、独立营，以及中小学的研学旅行和综合实践。无论哪种营会活动，从构成事物必要的要素这个角度来看，一般都要包括以下五个方面的内容。

1. 营会的主体

营会的主体即营会的策划设计者或组织者。在市场经营活动中，任何一次商业活动的策划都是因需而动、为利而谋，营会活动也一样。所以谁在做课程设计，课程为谁设计是必须首先要明确的问题，负责课程开发的人不是为自己设计，就是为他人（客户/同行）而设计。

2. 营会的客体

营会的客体即营会策划设计过程中的客观环境和主要竞争对手。任何活动的组织都必须考虑环境因素，受到客观环境的制约，例如，国家政策法规是否允许、市场时机是否成熟等。同时还要考虑竞争对手的情况，因为你能想到的事情，竞争对手也能想到，甚至想得更周到；你能做到的事情，竞争对手也能做到，甚至做得更好。

3. 资源和条件

资源和条件即营会主体的优势和条件。所谓的优势，即营会主体具备什么样的资源，这些资源最好是竞争对手没有的，甚至独一无二的；所谓的条件，即营会主体所具备的能力，如人财物的能力、工作落地执行的能力等。任何活动的举办都需要一定的资源和条件，每一次活动策划都是对资源的整合和应用，资源和条件是客观存在的，策划者无法凭空创造。

4. 方法和手段

方法和手段即营会策划设计者的创新方法和手段。这是营地课程开发的核心所在。策划设计是一种创新思维活动，在一定的资源和条件下，策划的好坏以及活动的成败，取决于策划者的策划水平和创新能力。这种能力包括对资源的整合应用能力，以及对创新方法和创新手段的把握和运用水平。

5. 对象和目标

对象和目标即营会服务的对象和要达到的目的。任何一次营会活动的策划和组织都有很强的针对性和目的性。营会服务的对象是孩子，但直接购买者是家长，他们一起构成了服务对象；而目标则是本次营会活动所要达到的目的（比如玩得开心，学到技能，交到朋友等）和解决的问题。

按系统论的观点，以上五种要素缺一不可，但在某些情况下也并非如此，比如，一个好的创意，或者一种特别的优势资源，往往即可引爆市场，创造轰动效应，取得活动的成功。

二、课程开发的基本方法

无论是研学，还是营地活动，其课程内容多种多样，形式也是千变万化。他人的案例和成功的经验我们只能参考学习，每次活动的举办都与人员、环境和物料有关，切勿简单地去模仿和复制。在这里，本书为大家分享的是两种课程开发的基本方法，是在大量实践的基础上总结出的，遵循事物发展规律、放之四海而皆准的通用方法。

（一）5W2H法

所谓5W2H法，就是从7个方面去对策划创新的对象、目标进行设问。这7个方面英文的第一个字母正好是5个W和2个H，所以称为5W2H法。这7个方面分别如下。

① Who，活动服务的对象是谁？他们这个年龄段的智能、体能和需求特点是什么样的？

② Why，活动的目的是什么？学习什么知识，锻炼什么能力，塑造哪些优秀品格？

③ What，什么活动可以创造这些体验，从而实现活动的目标，让客户满意？

④ When，活动适合在什么时间举行，才能达到预期的效果？
⑤ Where，活动在哪里举办？哪里有满足条件的活动场地和配套设施？
⑥ How，完成目标所需要的经验和能力，需要哪些人才、创新方法和手段？
⑦ How much，活动举办所耗费的人力、财力和物力成本有多少？

5W2H法是一种典型的活动"定制"开发法，它的特点是从对象和需求（目的）出发，去搜集活动素材，整合优势资源，然后发挥策划者的创意能力，去开发设计课程的一种方法。在课程开发的过程中，5W2H法能够帮助我们的思路实现条理化，有助于在工作、经营中杜绝盲目性和资源浪费。

举例：上海某小学班级定制活动

鉴于目前孩子学习压力大，大多数男孩缺乏阳刚之气，上海某小学三年级家委会找到我们，打算春季作一次班级踏青活动，并有意向举办一系列类似活动。

培养男子汉

男子汉有哪些特征？
1. 自信、勇敢，敢作敢当
2. 积极乐观，勇于探索挑战
3. 强壮，有力量，有活力
4. 坚强、不怕苦、不怕累

哪些活动可以体现？
1. 军事体验，军营生活
2. 特种兵训练，真人CS活动
3. 美式橄榄球，棒球
4. 草原那达慕：骑马射箭摔跤

服务对象：7~10岁小学生

第一步：针对以上客户信息，通过5W2H法，我们可以初步确定以下营会要素。
① 活动对象：小学三年级9岁的孩子。
② 活动目的：培养孩子阳刚之气，让孩子成为真正的男子汉。
③ 活动时间：春季，3月初到4月中旬。

第二步：对营会目标进行深度分析，找到男子汉的特征具体有哪些？然后搜集有什么活动内容可以体现或培养孩子的这些特征。

①男子汉的特征有：自信、勇敢、敢作敢当、积极乐观、敢于挑战、强壮、有力量、有活力、坚强、不怕苦、不怕累，流血、流汗、不流泪等。

②哪些活动可以体现：军旅生活、队列训练，真人CS、小特种兵活动，棒球、橄榄球运动，草原那达慕项目：骑马、射箭、摔跤等，露营、野炊、先锋工程等野外求生类活动。

第三步：分析自己拥有的资源和条件，以上哪些项目具有可行性？哪些项目不符合营地的教育理念？哪些项目投入太大、超出预算？经过层层筛选后，最后确定可行的活动内容。比如：

①投资过大的项目：橄榄球和棒球。这两项活动都需要专业的服装和安全防护装备。

②不具备条件的项目：草原那达慕（上海没有专业的教练、场地、物料资源）。

③不符合理念的项目：真人CS活动，军旅生活体验等，与营地德式自然教育理念不符。

第四步：将确定的活动内容进行详细的策划设计，落实活动的时间、地点，以及创新的手段和做法，最后制订出1～2套活动方案，提交给家委会审核。

5W2H法，可以快速地帮我们解决"做什么"的问题，它是一种最基本的课程开发思路，尤其适合刚入行的初学者，通过简单练习，加上借鉴和模仿他人活动方案，便可胜任简单的营地课程开发工作。明白了做什么之后，下一步就是对资源的整合利用，活动内容和形式的创新设计，以及活动宣传方案的包装推广。这些工作才是课程开发的核心工作，也最能体现课程开发人员的水平。

（二）"全课程"法

全课程，最早由当代教育家杂志社总编辑李振村提出，并在2013年在北京亦庄实验小学进行推广实践。张修兵在此基础上，于2016年12月在天津"全国首次青少年营地教育大会"上首次提出"营地全课程"的教学理念，并在青岛、上海、哈尔滨等的营地进行广泛的应用实践，效果显著，深受同行和家长的好评，最终于2019年年初，张修兵总结出一套全新的营地课程开发思路和方法。

营地全课程，类似于STEAM，它是一种全新的教育理念，有别于传统单学科、重书本的教育方式，它是一种重实践的跨学科教育概念。每次营会确定一个主题，然后围绕主题，将语文、科学、艺术、工程、数学等学科融合在一起，面向孩子开展一种综合性、整体性，注重融会贯通的课程开发和教学形式。这样打破学科界限的教学形式，不仅让活动的内容变得丰富多彩，而且让活动更加具有趣味性和实用性。

营地全课程，是根据活动的主题，推演活动流程，拆分具体环节，然后将各个节点与生活相联系、与课本联系、与时事相联系，让活动内容丰富多彩，更有体验深度和文化内涵。它不仅是一种教育理念，更是一种典型的课程开发设计的思维方法。它与从课本出发、跟着课本去研学、跟着课本去实践有很大的不同，营地全课程是从现有的资源和条件出发，或对现有的活动进行二次开发，它是一种主动的课程开发模式。

下面以一个"春季采摘"活动为案例，为大家讲解营地全课程法的课程开发的思路。

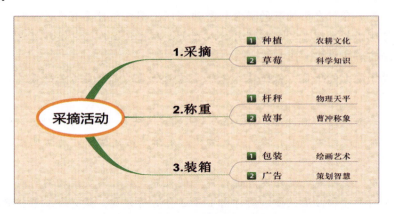

第一步：确定营会的主题内容，明确课程开发的目标和方向。

营会的主题一般来源于公司的课程体系、假期主题活动，或者行业内的热门活动(爆款产品)，这些营会活动一般是由公司自主开发，开放式报名招生，而并非给学校或同行定制的营地产品。比如，每个机构春季都会做踏青、采摘类主题活动，这类活动一般是亲子项目，内容大同小异，没有高的技术含量。而作为中高端营地产品服务商的我们就不能随波逐流，要进行自主开发设计。

第二步：对营会主题展开发散性思维，列出包含的主要环节。

针对营会的主题，分别从横向和纵向两个角度进行思维发散，列出主题活动包含的环节和具体内容。比如：采摘活动，纵向分别是参观游览、草莓采摘、装箱称重、午餐、拓展游戏、返程；横向方面，参观游览环节就包括农耕文化、植物种植、食物营养等。

第三步：联系课本，收集、整理每个环节所包含的学科知识。

对列举出的环节和内容与课本(泛指科学文化知识，不仅仅是中小学课本)进行联系，确定是否有内容包含了语文、科学、艺术、工程、数学等任一学科的知识点，然后对这些有文化内涵的知识点进行收集、整理，从众多环节和内容中筛选出来。

第四步：对找到的学科知识进行判断、分析，找到符合营地理念和营会属性的内容。

整理出的内容所包含的科学文化知识会比较多、比较杂，我们要选择符合营会主题、营地理念和营会三大基本属性的内容。同时要学会抓大放小，去粗取精，选择有"亮点"和"创新性"的内容。比如：案例中的"参观游览"环节，虽然可以讲解很多的农业知识、参观现代化种植技术，但这些只是营会的铺垫，不是重点环节，即使包含了很多的文化知识，但缺乏实践性和趣味性，不适合过度展开、耗费太多时间，而看似简单、容易被忽略的"称重"和"装箱"环节却大有可为。

第五步：将"亮点"内容进行深度开发，作为营会的一个教学知识点或体验项目。

将最后筛选出来的"亮点"内容进行深度开发，从"点"变成"面"，作为本次营会活动的一个重要知识点或实践环节。比如：采摘活动里的"称重"环节，我们可以由此联想到老式的"杆秤"，并由此联想到物理学里面的天平知识，联想到"曹冲称象"的故事，为此我们可以开展制作杆秤或天平称重的实践活动；草莓装箱的环节，可以开发成"纸箱绘制"和"创意广告"设计等课程。

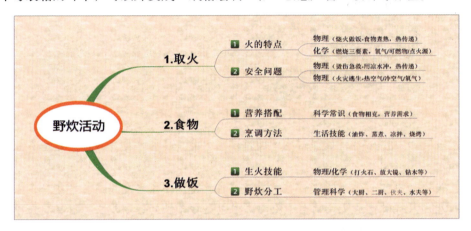

营地全课程与 STEAM 又有所不同，它本身就是一种课程开发方法，课程的目标不仅仅是追求结果、完成一件 STEAM 作品，它更在乎过程，去主动挖掘活动主题涉及的各学科内容，探索生活现象背后的科学道理，然后将其融会贯通。它更加重视教学的生活化和实用性，培养孩子面向未来的创新素养和自主解决问题的能力。而且它不受时间、空间的限制，不需要长期固定的项目团队，更加适合短期的营会活动。下面再以野炊活动为例讲解演示"全课程"法。

经典案例：野外生存系列之《无具野炊》

第一步：确定营会的主题内容，明确课程开发的目标和方向。

图片中营会的主题是"野炊活动"，主要目的是透过大自然提供的有限资源，生火做饭，解决自己的生存和生活问题，通过这种野外生存体验，培养孩子的独立意识和创造能力。

第二步：对营会主题展开发散性思维，列出包含的主要环节。

野炊活动一般包括：准备食材、生火、做饭、用餐等环节。生火部分包括劈柴、生火技能、燃烧原理等；做饭部分包括人员分工、烹调方法、营养搭配知识等。

第三步：联系课本，收集、整理每个环节所包含的学科知识。

劈柴的方法有垂直劈和平行劈，其中包含了物理学里面的力学原理；火在化学里叫燃烧，燃烧需要一定的条件；生火的方法有放大镜取火、钻木取火、打火石（镁棒）取火，以及最简单的打火机或火柴点火，所有的这些方法的原理都是一样的，都需要满足燃烧的条件。做饭过程中，食物放在锅里，从生到熟，是把火的热量通过锅-水传递到食物，包含了物理学里能量传递的原理。

第四步：对找到的学科知识进行判断、分析，找到符合营地理念和营会属性的内容。

燃烧的原理、生火的技能、能量传递的原理、营养搭配知识，这些知识点更贴近生活，有教育意义，明白了原理，可以让孩子做到举一反三，解释生活中的其他现象。比如：明白了热传递，就可以理解为什么烫伤以后，我们要第一时间用凉水冲洗，目的就是通过热传递（冲洗过程），带走皮肤上面的热量，从而降低对皮肤的进一步伤害。

第五步：将"亮点"内容进行深度开发，作为营会的一个教学知识点或体验项目。

比如：燃烧的三要素：氧气、可燃物、点火源。明白了三要素，我们就知道灭火的原理，比如炒菜油锅着火，用锅盖住，就可以熄灭，原理是没有了氧气，就不具备继续燃烧的条件；可燃物要想燃烧，还有一个充分条件，就是要达到一定的温度（着火点）才会燃烧，这也是打火机点燃一个空的纸杯，很容易就能点着的原因，而纸杯里加了水，就点不着了。明白了这个原理，我们就知道为什么用水可以救火，用水可以煮食物，用水可以做烫伤急救。由此我们可以创造出一系列有趣的体验活动，比如：报纸煎鸡蛋、竹筒饭、叫花鸡等。

营地全课程，它不是传统的拓展训练和军事体验，也不是单一的科技、戏剧、艺术等营会概念，而是一种具有丰富文化内涵的青少年成长体验。它是为了响应中共中央国务院2019年6月23日颁布的《关于深化教育教学改革全面提高义务教育质量的意见》，面向中小学生，坚持"五育"并举，全面发展素质教育的一种探索和尝试。

在现实社会中，任何事情的成功都不仅仅依靠某一种能力的实现，而是需要介于多种能力之间。比如一种新产品的推出，不但需要科学技术来创新产品功能，还需要好看的外观，也就是艺术方面的综合才能。所以单一技能的运用，已经无法支撑未来人才的发展，未来，我们需要的是多方面的复合型人才。而营地全课程就是培养孩子面向国际和未来的创新素养和做事能力。

三、课程开发的程序和步骤

课程开发的程序是指营会活动策划的先后次序。课程开发是一个系统工作，按照科学合理的程序进行开发是营会策划成功的必要条件。课程开发必须明确先做什么，后做什么，按照一定的步骤、章法去思考问题，也就是在符合客观规律的前提下开展工作。

在营地教育领域，课程的开发与其他领域不同，它不但要有教育性，还要确保安全性，富有趣味性。一般来说，课程开发的过程大体包括：设定目标、收集信息、环境分析、设计方案、评价选择、组织设施和效果反馈等。它们是一个逻辑的数学的和业务的综合过程，某一过程出现差错都会影响到其他部分的效果，最终将影响到整个活动的顺利实施。

为了简化程序，便于掌握，以利于实战，我们将课程开发（营会策划）程序分为四大部分，即：制定营会目标、设计营会方案、选择营会方案、实施营会方案。

野炊活动	1.制定营会目标	2.设计营会方案	3.选择营会方案	4.实施营会方案
	❶ 做好策划准备	❶ 从现有条件和能力出发	❶ 目标原则	❶ 要有监督保证
	❷ 明确营会主题	❷ 方案要齐全，各具特色	❷ 可行性原则	❷ 要有防范措施
	❸ 量化营会目标	❸ 精心编写活动方案	❸ 价值原则	❸ 要有评估措施
			❹ 择优原则	

课程开发的程序并不是各自相互独立的，而是一个动态的组合体。从图中可以看出课程开发的四大步骤是按顺序展开的，同时各步又是对前一步的反馈。在实际开发过程中，既不能随意跳过任何一步，又要注意每一步的反馈作用，需要注意的是，课程开发的每一步本身也是一个开发设计过程，它们是过程中的过程，这说明课程开发是一个复杂的动态系统，而非简单的、程式化的流水作业。

（一）制定营会目标

营会目标是课程开发的指南，只有根据实际情况选定合理、合适的目标，才能有效地进行后几步的策划设计。制定营会目标是整个策划过程的起点，起点是否恰当，是策划的关键，过高、过低的起点都不利于策划，可谓相差毫厘，失之千里。

制定营会目标可按以下步骤进行。

1. 做好策划准备

1）确定有效的目标

营地教育的功能和作用有很多，特别是培养孩子综合素质方面，但不是所有的孩子的问题都可以通过营地教育解决。营地教育价值的实现受到现实条件、研发人员能力以及资金实力等许多因素的限制，因此策划者必须有效地确定营会的目标，对不可策划或难以解决物质条件的营会目标要坚决回避。比如，孩子拖拉的习惯、抑郁的性格、自私的品质，这些问题不是通过参加一两次营会活动就可以解决的。

2）弄清活动的本意

营会的目标明确以后，要认真分析活动策划的真正动机，有时公司领导（或客户）对活动的需要和策划者的理解有一定的出入，导致活动的作用力出现偏差。例如，小学生班级"毕业季"主题活动，家委会表面上想通过活动结束6年的小学生活，加深一下同学之间、家长之间的友谊。潜在的需求是孩子已进入青春期，孩子基本听不进去家长的话，他们希望通过活动重新架起亲子沟通的桥梁，增进亲子关系，然而这种需求又不便说出口。策划者若不能透彻地了解客户定制活动的潜在需求，就无法提出让家委会满意的活动方案。

2. 明确营会主题

1）善于抓住重点

把精力放到重要的活动上来，而不要被众多零散内容所钳制、迷惑。在有限的资源条件下，如果想同时去实现多个目标，必然无法集中精力，到头来很可能会一事无成。所以，有经验的课程研发人员，他们往往只针对一个目标，坚持不懈，做深做透，以一当十。

2）细化主要活动

当有效地抓住重要活动后，要对主题活动进行分解。分解活动有利于更好地发现"亮点"，找到兼具趣味性和教育性的活动内容，有利于找到课程开发的"创新点"。

3. 量化营会目标

设定营会目标值，要尽量数字化。用数字表现出来的目标，清晰、具体、有比较性，容易让人产生认同感。营会的目标，就是活动要实现的期望值，如孩子体验的项目有什么？学到的知识点有多少个？学到的技能有哪些？交到的朋友有多少？每天可以写出多少字的日记（作文）？目标不明确，活动设计者的追求就会模糊，就不容易产生有很强针对性的活动方案。

在设定营会目标时需要注意：第一，目标不要偏高或求全；第二，目标之间不应有矛盾；第三，目标的制定和实现应有优先顺序。

（二）设计营会方案

这是课程开发的第二阶段，整个营会活动的"剧本"要在这个阶段完成，所以这个阶段很关键。设计营会方案就是围绕营会目标的实现，寻找、设计具体行动的手段、途径和方法。设计营会方案时，要考虑的因素有很多，主要应考虑的有以下几个方面。

1. 从现有条件和能力出发

应实事求是地根据自身现有的条件、具备的能力进行设计，不可不切实际地一味追求高目标，脱离客观实际，造成活动实施过程中的"一点红"或"一时红"。当然，设计活动方案时，也要尽可能地挖掘内部潜力，合理地利用外部条件，学会借势、用势。

2. 方案要齐全、各具特色

针对一个主题至少要有两个以上的活动方案，每个方案尽可能考虑到多方面的情况。但仅仅做到一个营会主题有多个活动方案还不够，还必须保证每个方案都有自己的特色，即方案的独特性。活动方案的独特性要求研发人员要有不同的策划思维和创新手段，同时活动方案最好具有差异性和互补性，这样在实际活动过程中，当人员、物料、环境等因素发生变化，当下活动计划不能顺利进行时，其他方案可作为备用方案即时启用。

3. 包装设计活动推文

活动推文是营会活动的表现形式，常用的推文制作平台有微信公众号、秀米、易企秀等。课程研发人员可以将不同的活动方案汇集在一起，以供下一步或以后选择方案时使用。

设计活动推文应做到：文字简明扼要、思路合理清晰、主题鲜明、目标明确，同时要辅以必要的视觉化说明，如图表、实物照片、视频资料等。对于初学者可以套用或参考他人的模板。

需要注意的是：活动方案内外有别，分内部版和外部版。内部版主要是提供上层领导参考，要考虑活动实施时与政府、公众、社会团体、竞争对手，以及法律方面的关系。营会活动的核心内容大多在内部方案中，因此是保密的。外部版方案是对外公开的，可以充分发挥语言的力量，文案要煽情、有感觉，配图要清晰、得体，让人产生联想，目的是让客户对活动产生兴趣。

（三）选择营会方案

课程研发人员的创意方法和手段在活动方案中得到了充分反映，接下来是对方案的选择和论证。活动策划是一门功夫，而选择活动方案也需要"火眼金睛"，选择的水平在一定程度上是活动能否成功的一个重要因素。活动方案的选择涉及很多方面，主要应把握以下几方面的原则。

1. 目标原则

优秀的活动方案，每一步都应围绕如何实现目标来展开，既不能相背，也不能相离。

2. 可行性原则

要求活动方案既是建立在实际条件之上，根据现有能力可以实现，又要有一定的挑战性，"虚构变成现实"具有合理的途径。

3. 价值原则

价值原则即投入和产出的比例是否合适，既要追求经济效益，也要有好的社会效益。

4. 择优原则

最好的未必是最优的，最优的应该是最适合自己的，现实可行的，而且风险小、副作用少。

（四）实施策划方案

这是课程开发的最后一步，是对活动方案的贯彻落实。实施活动方案应制定相应的实施细则，以保证目标实现过程的顺利进行。

1. 要有监督保证

为了有效地实施活动方案，从上到下各部门、各岗位的责、权、利必须明确，为此要制定监督保证措施，使各个环节不出差错或出了差错也能及时改进。

2. 要有防范措施

在活动方案实施过程中，存在着许多不确定性因素，无论制订方案时考虑得多么周到，无论在选择方案时作出何种论证与修订，仍然会发生主观愿望和客观现实的矛盾，有时甚至不得不停止执行原方案。所以，必须有防范意识和防范措施，必须有备用方案。

3. 要有评估措施

策划人员要及时对各项活动的执行效果进行评估。由于认识的主观不一致和活动设计的主客观不一致，活动方案在实施过程中出现偏差是难免的，因而需要对执行情况及时进行评估，以便对方案进行必要的调整或修正。

4. 要有反馈修正

对于课程开发人员来说，活动的结束，这并不意味着课程研发的结束。活动结果出来后，一方面，研发人员要对活动结果和经过进行分析和检讨，总结经验和教训，为下一次活动提供借鉴；另一方面，研发人员应该做出一份《活动总结报告》，及时提交给公司领导或合作客户。其中，最重要的是必须报告预测与结果之间的差异。

通常情况下，活动的预测和结果产生差异主要有确定性原因、推断性原因、不确定性原因三种。若确定原因可以去除，在下次活动中要避免；若推断性原因有可能发生，在下次活动中要去除；而对于不确定性原因则应多下功夫进行分析，尽量修正。

第四节　营会活动流程设计

营地导读

课程开发完以后，还需要对活动的流程进行设计。就像事物的发展都有其内在的规律一样，活动的进行也有先后次序，流程设计得科学严谨，活动才能进行得顺利自然。做好流程设计，除了要熟悉营会活动的基本要素、掌握流程设计的基本原则外，还要有丰富的实战经验。

一、营会活动的基本要素

一场营会活动的举办，离不开时间、地点、人物、物料这些基本要素，而且在管理运营系统中，各要素紧密联系、相互依存，缺一不可。同时，营会流程的设计也受这些要素的制约，将时间、地点、人数、物料这些要素科学地分配和组合，是营地课程开发人员的重要工作之一。

1. 人数

每次活动的报名人数要根据营地现有的资源和条件确定，比如活动场地的大小、住宿床位的数量，餐饮的接待能力，活动物资的数量等。营地需要确定的人数包括三种，即最多人数、最佳人数和最少人数（收支平衡点人数），以此作为营地活动设计时的参考数值。

另外，当参与活动的人数确定后，我们要根据营地现有的资源和条件进行活动形式的设计，采用集体活动，还是分组活动？还是分站活动？从而实现资源（物料）的优化配置，确保活动的效率和质量。如果物料有限，不够所有人同时体验，那么可以采用分站的形式进行分流。

2. 物料

物料，是营地课程开发的资源和条件之一。物料分为基础物料和一次性消耗品，比如野炊活动，锅灶的数量、餐饮的设施属于基础性物料，而水电、木柴、食材等属于一次性消耗品。在设计活动流程时，必须清楚物料的数量，从而判断是否满足活动的需要，如果数量不够，是否可以通过改变活动的形式，采用分组活动或分站活动进行解决。

另外，在设计流程时，为了要确保活动的顺利进行，物料必须到位。这里的"到位"包括以下四个方面：①数量到位，按标准数量多出1~3套，绝不能少一套；②质量到位，每样物资必须是经过检验，质量过关，可以正常使用的；③时间、地点到位，物料必须在指定的时间出现在指定的活动地点；④状态到位，物料的状态必须是按照课程设计的要求分组、分类摆放，可以满足即时教学和活动的需要，而不是连包装都没有打开，送到活动场地放下即可。

3. 时间

课程开发人员要根据从业经验，判断每个活动所需要的时间范围。然后根据活动的人数、组织形式、物料数量等因素，进一步确定该活动的具体计划实施时间。比如：皮划艇体验项目，水上体验时间比较灵活，可以一次15分钟，也可以一次1个小时，但有时受人数、天气、物料的影响，我们必须限制每人30分钟的时间，否则将不能保证所有人都体验到该项目。

另外，要合理安排每项活动的时间段，上午适合什么活动，下午适合什么活动，哪些项目适合晚上做，哪些项目适合早晨做，哪些项目可以放在中午做，哪些项目可以随时随地做。时间安排得合理，活动才能顺利进行，效率和质量才会更高；反之，则不利于活动的开展，而且会带来安全问题。例如：夏令营期间，每天的中午最热的时间要安排午休，不开展活动，更不能进行室外活动。

4. 地点

地点，即活动的场地。首先是场地的类型，室内场地还是室外场地，多媒体教室还是小组活动教室，课桌式场地还是多功能场地。营地开发人员要根据活动内容确定活动所需场地类型，然后选择符合条件的营地。比如：皮划艇体验项目就需要选择有宽阔水域和码头的营地。

其次是场地的大小，这要根据活动的人数和形式进行确定。如果场地太小，就不适合大规模的营会活动，只能设计适合自己营地接待能力的活动项目，或者选择其他营地开展活动。例如：中小学生的研学活动，每次至少一个级部（200多人），如果你的营地场地太小，餐饮、住宿、活动都不能满足条件，就不适合开展这样的项目。

二、流程设计的基本原则

孩子的成长和发展有其内在的规律，营会流程的设计需要遵循一定的基本原则，这样设计出来的活动才会更加顺畅自然，孩子们才能学得轻松、玩得痛快。每天的活动有张有弛、动静结合、室内外结合，室外活动与室内活动交替，热闹时光与宁静时光交替，团队活动和孩子独处时间交替，这样的呼吸节奏和韵律生活才能更好地滋养孩子们的生命，促进他们身心健康成长。

流程设计应遵循的基本原则包括以下四个方面。

1. 动静结合

德式自然教育理念重视节奏和韵律，讲究呼吸平衡，动静结合，为孩子们安排的每一个活动均有特定的韵律在里面。在德国华德福教育里，呼吸节奏指的是呼出（输出）节奏和吸入（输入）节奏。例如，动手体验是孩子主动探索体验，老师协助指导，这个环节是孩子主导，对孩子来说属于（动）呼出的节奏；教学示范是老师主动地讲，孩子被动地听，这个环节是老师主导，对孩子来说属于（静）吸入的节奏。

在营会流程设计中，充分重视节奏韵律、呼吸平衡、动静结合，可以潜移默化地带给孩子生命感、内在和谐感，有节奏的生活能够滋养孩子的生命。同时，有节奏和一贯性的营地生活，带给孩子一种良好的秩序感，每天都有可以期待的快乐，有可信赖的归属感和安全感。

2. 室内外结合

呼吸节奏除了体现在动静结合上，还体现在室内外结合上，孩子在室内活动是积蓄（吸入），户外进行活动则是释放（呼出）。孩子一般是心跳四次，呼吸一次，所以，孩子们在户外呼出和室内吸入的时间最恰当的比例是 4 : 1，这样他们才能做到内在和外界的和谐统一，才符合人的自然成长规律。所以，在营地课程设计中，我们要注意室内外时间的分配，在流程设计中，注意活动室内外结合，将活动交替进行。

由于户外更精彩，户外更自然，颜色更柔和，声音更单纯，孩子们的视觉、听觉才能发展得更好；由于户外更好玩，户外更开阔，孩子们的运动量足够，他们的运动觉、平衡觉自然发展得更好。然而，由于担心安全和逃避责任，一些学校和营地组织孩子户外活动的时间往往很少，有的甚至把教育办在"空中"，孩子们几乎没有贴近地面的户外活动时间。

3. 有序活动

所谓的"有序"，一方面是每个活动板块的先后顺序，活动的开展要循序渐进、按部就班，不能跳跃越级，也不能颠倒顺序；比如，滑雪训练营，必须先理论教学，后实践体验，先初级，再中级。另一方面，"有序"是指时间上的连续性，在日程的安排上，各环节之间不能有空当，不能出现没有内容安排的时间段。因为一旦空当，老师和孩子都会不知所措，就会出现自由活动混乱的时间，营地活动将会进入一种"无序"的状态，在这种"失控的"情况下容易发生意外事件。

所以，在课程的开发和流程的设计过程中，要注意活动的连贯性，每个环节都有项目主持人，而且要有备用的营地故事、团康游戏、音乐律动等作为弹性内容来填补可能出现的弹性时间。

4. 有节奏活动

德国华德福教育的创始人施泰纳说过："规律是健康之柱。"所以，在kidscamp儿童彩虹营地，生活必须安排得很有节奏、符合呼吸的规律，符合自然、四季、每天作息的规律，符合不同时期孩子睡眠时间长短、户内户外活动时间长短的规律，这会让孩子们很有安全感，又能成长得很健康。

具体做法可以参考如下。

① 整个营期要有开营、毕营仪式，每次营会也要有开始、结束仪式，中间是主题活动，主题活动分上半场（老师讲解示范）和下半场（学生动手体验），中间是茶歇；每天的活动、吃饭、睡觉时间要固定，活动流程要固定，仪式内容要固定，先干什么后干什么，这些顺序不能轻易更改。

② 保留一些事情的重复，比如：音乐叫早，饭前感恩、例行检查，活动导图。每天用同样的方式重复这些事情，会给孩子带来安全感和节奏感，并且有利于孩子形成良好的习惯。

③ 如果活动日程发生改变，需要调整内容，增添新的项目，而这个项目不是固定节奏中的内容，在调整之前必须和孩子们说明一下，避免他们感到不安和焦虑。

④ 音乐（人声更好）是有魔力的，它就像按钮一样，当歌声响起能够瞬间让孩子启动心锚，开启一种新的模式。不同的歌声代表不同的节奏，比如：起床歌声、集合歌声、结束歌声、活动音乐、仪式庆典音乐、游戏音乐、离别歌声等。

此外，固定的节奏也是界限明确的体现。所谓的"界限"，一是"界"，空间，比如孩子活动的区域范围，这是横向的界线；另一个是"限"，时间，比如孩子的午休时间，这是纵向的界线。孩子界限清晰，就会更有安全感，而且有利于获得认同感、打造归属感。

三、营会文案撰写方法

好的产品需要好的文案去呈现，好的活动需要好的教练去执行。在营地教育行业，课程研发人员不但要有丰富的实操经验、卓越的创新素养，还要有较强的图文编辑和文案撰写水平。有关营会的文案主要有：市场推广的活动方案、活动执行手册（流程表）、主题活动教案。

（一）营会文案撰写

1. 营会文案的内容

营会活动的文案有 PPT 版、Word 版和网络微信公众号版。PPT 版主要用于会销演示，Word 版主要用于向客户提交方案，而微信版则是对外发布的正式版本，是最常用的宣传推广方式。无论哪种形式，一般要包括以下几方面的内容。

(1) 标题，即营会主题，要特色鲜明，有吸引力，能够激发人的兴趣，有点开了阅读的欲望。活动标题，如果长度允许，最好能体现出营会的类别（冬夏令营、周末营），活动的举办时间和地点。

(2) 营会的特色，即活动的亮点，有哪些与众不同的体验内容、创新形式和优势资源，要用精彩的图片和简洁的、有感觉的文字呈现出来。篇幅不宜过长，PPT 一页即可，微信手机一屏即可。

(3) 活动介绍，每项活动的详细介绍，包括体验内容、活动形式、价值意义等。介绍的语言要站在体验者的角度，多用动词、名词这些有感觉的词汇，少用形容词、副词这些抽象、夸张、空洞的词汇。活动介绍以进一步刺激客户兴趣为主，无须过于详细，不必透露细节。

(4) 后勤保障，包括本次活动的餐饮、食宿、交通保险，以及营会管理、安全管理等，解决家长的后顾之忧，物质是基础，后勤保障到位，才能确保活动的顺利进行。没有家长会相信一个连吃饭、睡觉环节都做不好的营会组织者，可以给孩子提供快乐和美好的活动体验。

(5) 活动报名，包括活动对象、人数限制、优惠办法、截止日期等。这些重要信息开始引导家长进入购买思考模式，是否符合要求？人数有限制，是否能报上名；而且有些优惠办法可以促成客户快速成交，甚至帮你在自己的朋友圈发起组团报名；关于截止日期，不写具体时间（额满为止）有时比写上更有效果。

(6) 报名方式，包括报名信息、缴费办法，这是整个文案最关键的环节，距离成交还有一步之遥。所以，这个环节一定要简单便捷，不能转场，不能啰唆，防止被其他事务吸引、转移注意力，最好是傻瓜式操作，让客户用最舒服、流畅的方式完成报名缴费。

除了在公众号上宣传外，还要在我们朋友圈里宣传，它们就像你派出去的推销员，帮你拉订单。这部分内容一般是从正文提取的精华部分，是营销文案的核心。其主要目的是引起注意，刺激兴趣，让家长在每天巨大的信息流中停下目光，点开链接，对活动做进一步了解。

2. 营会文案的作用

当我们把营地产品做好以后，接下来的首要任务就是把它卖掉，我们的客户不可能跑来主动咨询或参加我们的活动，他们只会通过活动介绍来决定是否购买。所以，在这个线上朋友圈时代，与其说我们在销售产品（活动），不如说在销售产品（活动）介绍。

活动文案，就是用文字和顾客对话，它是公司产品线上"活"的销售员。我们做广告，是为了销售产品，否则就不是做广告。在线下，有课程顾问卖力的"服务"家长，解决他们的各种担忧和疑虑，最终达成交易。那在线上呢？家长在浏览网页、看视频、刷微信、翻朋友圈的时候，是没有一个销售员在他们身边的。这个时候，文案其实就在发挥销售员的功能：引起家长的注意，介绍营地的活动，阐述活动的特色和意义，激发他们的购买情绪，排除各种担忧，告之优惠政策，提醒机会难得，指引如何一步一步购买缴费等。

作为营会活动文案撰写人员、线上销售人员，我们的主要工作是有效地突出产品的差异化，并强化差异化带来的优势，最终目标是让用户看到文字时，产生情感的共鸣，产生消费的冲动。酒香也怕巷子深，营会文案做不好，再好的产品也卖不出去。

所以，做文案并不是一件简单的事，你需要懂营销学、懂心理学、懂文学、懂语言学、懂社会学、懂美学。但可能这些都懂了，也不一定成为一个好的文案工作者，文案就是这样一个玄学。因为文案还要走心，用文字与客户用心交流。

3. 文案的写作要求

在销售过程中，销售员的一个非常重要的工作就是解决消费者提出的一个个的问题，文案也一样，也是在解决消费者心中的一个个问题，从注意力问题，到兴趣问题，到活动认知问题，到后勤保障问题，到各种费用问题，到购买问题等。

而注意力问题在当今消费场景下显得至关重要，如果我们的营销文案没有吸引到用户的注意力，后面的一切努力都是白费力气。在互联网消费环境下，各种对于文案阅读的干扰有更多。信息过载、内容碎片化、各种弹窗信息、微信、微博、短视频的打断等都会影响用户的注意力。用户留给文案的时间真的不多，可能3秒，可能1秒，可能是眨眼间，你的信息已经淹没在洪流之中。

如何才能让文案更具吸引力？我们不妨走到大街上，多观察线下的销售员是怎么做的，对于从事保险、信用卡销售的人来说，吸引客户的注意力是他们的强项。此外，我们还要了解家长、了解孩子，有丰富的客户咨询和售后服务经验。总而言之，凡是有销售力的文案，能卖货的文案，就是因为文案是基于销售逻辑的。做文案一定不是坐在办公室，吹着空调，喝着咖啡，闭门造车，而是要走入市场，走到消费者面前，观察客户的喜好，时间长了，你会发现，你做营销、写文案的时候将会更有底气，做出来的方案也更接地气。

除此之外，文案作为公司产品的线上销售员，其最基本的要求就是要有销售力，要能卖"货"，即让客户在看完广告、读完文案之后，能马上下单，报名参加我们的营会活动。

谈到销售力，社会上一些行业销售员的话术绝对是有销售力的，他们的话术都是经过千锤百炼、反复实践，精心设计而成，处处隐藏着各种营销技巧和套路，而且是环环相扣、层层递进，虽然谈不上高大上，但绝对是拳拳到肉、步步惊心。

同样，作为线上销售文案，它的写作也一定是要基于销售逻辑的，包含各种销售技巧、隐藏销售套路的。这也就是有时我们看到一些文案，甚至我们都不认为那是文案的原因，但是它偏偏能卖货，销售能力超强，就是因为它深谙此道。

最后要说的是，营会方案一般通过公众号发出，从法律层面上讲，属于一种邀约行为，其内容具有法律效力，所以，营会文案的撰写要严谨、实事求是，不能随意编造、弄虚作假，也不能吹嘘夸大，否则客户失望、不满意是小，还有可能被起诉，控告欺诈。

（二）营会流程表设计

营会流程表，对外，给家长和孩子的叫"活动日程安排"，对内，给营地工作人员叫"营会执行手册"，即活动的日程安排，它是活动落地执行环节的重要方案。一般是先有日程安排，后有执行手册，后者是根据前者制定的，时间、活动内容做到一一对应。

1. 活动日程安排

这里的活动日程安排是放在营会正式方案推文里或营员手册里的，是对外的，给家长和孩子看的。内容要简洁、明了，无须太详细，把每天的作息时间和主要活动内容列出来即可，无须注明每项活动的活动地点、组织形式、带队教官、活动用时等事项。具体可参考以下案例。

案例：端午假期（两天一夜）自然探索营

第一天
上午 9:00 营地报到，开营仪式，小队建设
下午 2:30 电影奇缘，电影博物馆研学旅行
晚上 7:00 草原之夜、篝火晚会
第二天
上午 8:30 自然探索，制作野人头饰、口哨，煮染料
下午 1:00 立夏斗蛋，编制五彩蛋兜，绘制主题彩蛋
下午 4:00 毕营仪式，返程

2. 活动执行手册

该手册是营地的内部资料，是经过集体讨论分析最终制定的，所有参与活动的员工必须熟悉该流程安排，并经过实地培训和模拟演练。执行手册中不但明确了每个时间段的活动安排，还规定了用时的长短、执行地点、活动主持人、需要准备的物料，以及注意事项等。

经典案例：端午假期（两天一夜）自然探索营

	第一天					
	时间	项目内容	时间	地点	主持人	物料
上午	9:00	营地报到：分房，办理入住	60	酒店	孟妮	名册
	注意事项：①到达营地后，工作人员的准备工作：领钥匙，检查房间，提前添加被子和枕头。②孩子到营地后，下车找空地先站队，其他老师负责卸行李，然后让孩子依次领取行李，拿到行李后直接到酒店大厅站队，大厅内男女各一队站立。③先简单讲房间注意事项，然后根据名单发放房间钥匙。④所有人领到钥匙以后，一起出发去房间，需要进行引导，告知孩子蒙古包位置。⑤通知10分钟后，听哨音，到篝火场路口集合。				
	10:00	营会主题：小队建设	120			
		1. 开营仪式：欢迎仪式、开营仪式	20	草地	张老师	音响/话筒/旗杆分队服
		2. 小队建设：讲解和演示小队分工、文化	10			
		①分组活动：小队分工实施	20	凉亭	张老师	白纸/彩笔小队章/技能章魔术环
		②分组活动：小队文化建设	10			
		③分组活动：小队契约建设	20			
		3. 小队风采展示、拍照动作演练	10			
		4. 结束仪式：检查/总结，吃饭规矩，魔术	30	草地		
中午	12:00	午餐/午休	150	餐厅宿舍	孟妮	名册
	14:30	起床、洗漱、整理内务				
14:00—14:30 准备时间（工作人员会议、物料准备）						
下午	14:30	营会主题：电影奇缘	180			
		1. 集会仪式：检查/发放任务/注意事项	30	东方影都	王新宇	音响/话筒/玻璃瓶/扑克牌/排球
		2. 乘车前往电影博物馆	15			
		3. 电影奇缘：参观/互动/完成研学任务	120			
		4. 集合返程，回营地	15			
晚上	18:30	晚餐	30	餐厅	孟妮	小队箱圆珠笔
	19:00	排练节目，准备晚会	60	餐厅		
	20:00	篝火晚会	120	篝火场	张老师	音响/话筒
查房事项：早晨：①叫孩子起床；②再次通知集合时间/地点，着装要求和携带装备。中午：①检查房间硬件（热水器和空调温度）；②检查孩子身体状况（不舒服或受伤）；③通知事项：下午集合时间、地点，着装要求和携带装备；④强调宿舍纪律，调查有没有什么问题，或需要帮助的地方。晚上：同中午，额外检查被褥，空调24℃，微风						

第二天					
时间		项目内容	时间	地点	主持人	物料

时间		项目内容	时间	地点	主持人	物料
早晨	07:00	起床	30	宿舍	王新宇	哨子/餐券
	07:30	早餐	30	餐厅		
	08:00	退房收钥匙，将行李放置酒店	30	餐厅	孟妮	名册
8:00—8:30 准备时间（退房、物料准备）						
上午	9:00	营会主题：自然探索	180		张老师	
		1. 开始仪式：检查/升旗/活动预报/团呼	15	湖边		图片/柳条蜂蜜/杨树枝
		2. 自然课堂：油菜/蜜蜂/柳树/杨树及任务	15			
		3. 自然观察：以小队为单位，徒步旅行	90	景区		地图
		4. 森林艺术：采集柳条，制作柳梢和头饰	30	湖边		线锯/剪刀
		5. 染料探秘：熬制植物染料讲解演示	30			染料整理箱
中午	12:00	午餐	60		王新宇	证书/营地币技能章/音响/话筒
	13:00	完成研学总结	90			
下午	13:30	营会主题：立夏斗蛋	120		张老师	
		1. 开始仪式：检查/升旗/活动预报/团呼	15	湖边		
		2. 讲解演示：丝网印刷和制作彩蛋	15			网兜整理箱
		3. 讲解演示：编制网兜，放置彩蛋	30			
		4. 互动游戏：斗蛋大赛	30			
	14:00	毕营仪式：颁发证书和徽章	30			证书/徽章/音响
	14:30	返程离营				

（三）营会教案撰写

营会教案是营地的内部资料，是确保营地活动落地执行的重要文案。在优秀的营地教育机构，每一个营会都要有自己的教案，这是将营会管理推向标准化、规范化的重要标志。有了营会教案，一方面，大家可以做到思想统一、步调一致，做到紧密协作、无缝对接；另一方面，通过教案可以快速复制、培养出更多的营地教练。即使在教练缺席的情况下，他人也可以快速上手，进入状态。

■ 小队建设-活动意义

小队制度是一种"各尽所能"的管理，可以培养孩子分工与合作的能力。小队分工使得小队成员的每一个人，都能享受参与活动的乐趣和团结的力量，这种形式下，每个人都更容易获得成就感与满足感。

■ 小队建设-课程介绍

小队建设是小队活动的前提，每个小队由6～8名营员组成，小队组建得好，后面的活动才会顺利，小队建设包括小队分工（队长/副队长/生活委员），小队文化（队名/队旗/队呼等），及小队契约（目标/规则）。

1. 营会教案的内容

营会教案的内容，是营会落地执行时要呈现给营员的知识和技能，以及带领营员完成的挑战任务，其内容主要有以下几个方面：①活动的信息，即主题、时间、地点、物料，主持人，计划时间，活动的宗旨和目的等；②活动的流程，即先做什么，后做什么，有几个步骤；③活动的话术，每个教学环节的话术，讲什么？怎么讲？有哪些注意事项等。具体参考"小队建设"案例。

2. 教案的写作要求

营会教案的撰写由课程开发人员负责，并交由公司开会讨论、审议通过后方可实施。营会教案的写作要注意以下几个方面：①内容要全面，涉及整个活动的方方面面，包括但不限于教学体验的内容、物料和辅助教学材料，活动的基本流程、职责划分和注意事项等；②语言要通俗：因为是面向孩子的教学，语言要通俗易懂，尽量口语化、形象化；③设计要严谨：营会教案的设计要与营会活动方案和营会流程方案保持高度一致，流程的设计和话术的撰写要有逻辑性、科学性；④表现要有个性：营地教案是标准化版本，并不是所有人都要按照上面的风格去教学，就像剧本一样，不同的演员会展现出不同的风格，营地要根据营地的特色，以及营地导师的个人风格、魅力，选择适合的语言模式、表现手法，形成独特的教学风格。

经典案例：营地小队建设教案

服务对象：7～12岁孩子	计划时间：90分钟	主持人：
活动日期：	活动地点：室内教室	教学形式：演说＋实践操作

课程主旨：培养孩子分工与合作的能力，让他们"人人有事做，事事有人做"

活动物料：美工笔（红蓝绿黑），四开铜版纸，1米长细竹竿

教学流程：小队制度介绍——小队分工——小队文化——小队契约——小队会议（自我管理）

教学项目	教学形式	具体内容 时间控制	时间
1. 小队介绍	演说	快快来，快快来，这里有群可爱的小伙伴…… 你是不是想和大家一起学习、一起玩耍，一起取长补短、相互欣赏呢？ 小队的组成就是实现这个理想的最好方法，小队是童军训练的基本单位，通常是由5～8个志趣相投的伙伴自由组成的，自己推选小队长，在小队长的领导下，小队员分工合作，各有职责，共同学习、游戏、同心协力完成每一项工作，争取小队的荣誉。 小队制度是营地教育的灵魂，也是一股真正的力量。一个优秀的小队可以发挥很大的作用，让我们一起来组成小队，并发挥团队的精神，为小队的荣誉尽一份心力吧！	3分钟
2. 小队分工	讲解演示	现在，我们要做一项重点工作就是小队分工，每个小队成员都要有自己的职务，扮演不同的角色，并发放代表相应身份的徽章，然后大家一起分工协作，做到"事事人有做，人人有事做"，每个人都积极主动，为小队贡献自己的力量。 小队的职务有队长、副队长，小队文书、文艺委员、生活委员、物资委员、纪律委员、卫生委员等。 小队的职务有以上十个，每人选择一个，如果有剩余，也可兼职多选。每个职务都是干什么的呢？为什么要让"猪"担任生活委员，"狗"担任安全委员呢？下面我们一个一个地讲解，请大家认真听讲，选择适合自己的职务。	10分钟

续表

教学项目	教学形式	具体内容 时间控制	时间
2. 小队分工	讲解演示	1. 小队长 带领小队完成各项挑战任务，处理小队日常工作，负责队员之间的沟通协调，代表小队出席队长会议，表达意见并转达指示。那么，十二生肖中谁适合当队长呢？当然是——龙，因为我们经常说"龙头"，龙是带头的，而且具有至高无上的权力。在站队和行进中，队长是负责扛旗的，站在队伍的最前面。 2. 副小队长 协助队长处理日常队务，队长缺席时代理其主持各项工作，作为小队最具灵活性的岗位，当其他队员需要帮助时，即可转变角色，帮助其他队员完成各项工作； 什么动物适合当副队长呢？应该是蛇，因为有个成语叫"虎头蛇尾"，蛇是负责断后的、收尾的，工作中要做到有始有终，事无巨细、不留遗憾，让队长放心，让队员安心。 3. 小队文书 做好会议记录，负责编辑小队活动日志，记录每天的考评成绩，以及小队成员的身心状况，向老师和全体队员汇报小队情况； 哪个生肖适合当小队文书呢？最佳人选是羊，因为羊比较温顺善良，做事一丝不苟。看过《疯狂动物城》的朋友都知道，里面有个羊秘书，后来还成了市长。羊善于写作和做会议记录。 4. 物资委员 负责活动物资的领用，并妥善保管，防止丢失损坏，活动结束后，督促大家放到指定位置，然后清点送还给教学老师。 在这里，那个生肖适合当物资委员呢？当然是马，一方面，因为它力气大，比较强壮、身高马大，以前就是用来拉车运货的。另一方面，马可以"日行千里"，有耐性，善于长途跋涉。 5. 小队后勤 小队成员的生活管家，负责保管小队箱，小队箱主要收纳营地统一发放的物品，以及活动时营员不方便携带的个人物品。 谁最适合当小队后勤，负责大家的生活保障呢？想一想，除了马，还有牛，牛力气很大，而且干活踏实，默默无闻、任劳任怨，对大家来说，绝对是一个称职的好朋友。 6. 文艺委员 负责带领小队唱歌、跳舞，调查小队成员的才艺情况，负责组织小队成员编排毕营（篝火）晚会所需的歌舞节目。 谁适合当文艺委员呢？当然是鸡，因为鸡有唱歌的天赋，而且性格外向张扬，喜欢舞台表演，敢于在公开场合展现自我。	10分钟

教学项目	教学形式	具体内容 时间控制	时间
2. 小队分工	讲解演示	7. 生活委员 监督和照顾小队成员的日常生活，主要包括每天的吃饭、喝水和休息情况；按照统一要求，每天定时查房，并做好记录。 哪个动物最合适做生活委员呢？对，非猪莫属，作为生活委员不但要以身作则，保持良好的生活习惯，还要确保小队成员每天在营地都能吃好、喝好、休息好！ 8. 纪律委员 按照《营员手册》上的营地纪律和营员行为规范，监督小队成员的日常行为，发现问题行为及时提醒纠正，对已经违反和劝说无效的，做好记录，记入营员考评成绩。 在十二生肖中，哪个最适合做纪律委员呢？对，是老虎，看过电影《奇幻森林》的都知道，里面有个叫可汗的老虎，它号称森林之王，是"丛林法则"的制定者，所有人都要遵守。 9. 安全委员 在营期间，每天注意观察大家的生活和工作环境，时刻保持警惕，随时提醒大家注意安全，远离危险，防患于未然。 哪个动物最适合做安全委员呢？当然是狗，因为狗是负责看门的，也是最忠诚的，如果有坏人或者危险的事情发生，小狗就会汪汪叫，以提醒大家要注意了，危险来了。 10. 卫生委员 小队里的急救员，每天随身携带急救包，当有人受伤或身体不舒服时，在老师的指导下，为小队成员提供紧急医疗帮助。 在十二生肖中，谁最适合做卫生员呢？当然是兔子，因为小兔子比较温和、有爱心，平时讲究卫生、喜欢干净，而且我们从小听过很多关于"兔子医生"的故事和电影。 听完了职务分工，现在请大家想一下自己适合哪项工作吧。当然也可以挑战一下新的岗位，全方位地锻炼自己的能力； 在一个小队里，每个人都像机器上的螺丝钉一样，每一颗都很重要，缺一不可，大家思考一下，来选择自己的职务吧，有些岗位可能比较畅销，有些比较冷门，但每个职务都需要有人去做，每件事情需要有人去完成。 所以，面对热门的岗位，你需要做好演讲竞选的准备，冷门的也要顾全大局，有人去探索尝试，说不定会有意外的收获。	10分钟

续表

教学项目	教学形式	具体内容 时间控制	时间
3. 分工实施	观察指导	在分工实施环节，可能会有以下情况发生，需要小队辅导员进行引导。 1. 各自发表意见，甚至有人不在状态。此时需要用一个方法，让大家把注意力集中，并把讨论结果落实。具体是在白纸上的一竖行，把所有人的名字写上，另起一竖行把所有的职务写上，然后确定一个连线，过了的就不再重复讨论。 2. 当出现一个职务有两个以上人想做的时候，互不相让，建议采用演讲竞选的办法。 3. 当有的职务没有人当的时候，要提示大家顾全大局，并鼓励探索尝试，也可以作出承诺，担任××职务可以额外获得一枚营地币作为奖励。 4. 某个孩子因为没有选到自己喜欢的职务闹情绪时，要进行引导，看有没有愿意交换的，也可以提出轮值的建议。 温馨提示：分工的时候，老师不要干涉，只提供建议和引导，不替孩子作决定，更不能按自己意愿进行分配，不要勉强。	10分钟
4. 小队文化	讲解说明	每个小队都是不一样的，有的充满活力，有的充满杀气，为了彰显各自的风采，接下来要进行小队文化的建设，从视觉上让他人感觉到你们的与众不同。 小队文化建设内容包括小队名、小队旗、小队呼、小队志和小队歌。每项要求具体如下。 1. 小队名，可以用动物、植物或自然现象、民族伟人等命名，如野鸽、向日葵等。 2. 小队歌，可创作新曲或用老曲配新词，歌词要简短轻快、活泼易唱，且能与小队名呼应，表现出该队特色并富有意义。 3. 小队呼，其作用在于激励小队士气、振奋精神。措辞以简单、有意义为原则，设计要有节奏感。最好配上动作，以增加气氛。 4. 小队徽，小队的标志，代表小队精神。图案线条应简洁，色彩宜鲜明，图案要诠释小队名。 5. 小队旗，带有小队徽的旗子，除此以外还可以加上小队口号、呼声等，旗子尺寸一般为5号或6号大小的旗子。 6. 小队志，也叫小队记录本。内容除记录小队名、队徽、队声、队呼及小队分工外，队员间生活点滴、活动情形皆可记载，格式不拘，可加插图。	5分钟

续表

教学项目	教学形式	具体内容 时间控制	时间
5. 文化建设	观察指导	在文化建设环节，可能会出现下列问题，需要引起注意。 1. 小队名比较长，或不够阳光向上，需要及时纠正，建议不超过五个字。 2. 小队旗、小队名和小队口号不能呼应，需要及时提醒改正。 3. 小队口号只有一句，不对称，没有气势，还没有相应的动作配合，需要引导、重新编排。 4. 小队旗线条过于简单，图案不够亮丽，需要及时提出建议。 特别提示：因小队空白旗每队只有一面，而且成本比较高，建议小队成员先在白纸上面画草图，然后通过描红的方式画正图。	30分钟
6. 小队契约	讲解演示	为了确保活动的顺利开展，以及小伙伴都能全身心地投入活动中去，在活动开始之前，我们希望大家都能设定好自己的活动目标，同时小队成员之间建立好自己的规则，并承诺共同遵守。 1. 活动目标 本次活动我们有"创意木工""野外狩猎""创意折扇"等活动，每完成一项任务挑战，即可获得一枚相应的技能徽章。夏令营结束，获得三枚以上徽章的，还可以获得一张荣誉证书。通过本次活动想收获什么？至少五个，如果不够，可以写自己生活或学习中的目标和心愿。 2. 小队纪律 除了营地纪律外，小队内部也要有自己的行为规则，比如言行文明，乐于助人，互相理解，不看电视，每天做一件好事（日行一善）等。 下面需要把大家的目标和契约（纪律）用一张纸记录下来。具体做法如下。 全体小队成员围成一个圈，白纸放中间，所有人把左手放在纸上，彼此五指分开，相邻的大拇指和小指连在一起，所有手围成一个圈，然后右手拿笔，把自己的手掌画下来。下面把自己的五个目标写在五个手指上，把小队的共同纪律写在大圆圈里，然后在自己的手掌心签名，表示承诺遵守。	5分钟
7. 契约创作	观察指导	小队契约要引导孩子自己去做，而不是老师的想法和建议，鼓励孩子自己思考，并作出决定，这样他们才会遵守承诺，更有执行力。完成以后将契约拍照，小队合影拍照。将照片发到家长群，让家长注意自己孩子的心愿和目标。	15分钟

续表

教学项目	教学形式	具体内容 时间控制	时间
8. 小队会议	讲解演示	小队会议是小队成员和老师沟通的桥梁。每天小队在固定的时间、地点召开例会，大家一起分享感受、讨论计划、解决问题，这种有仪式感的活动形式，给孩子营造一种家的感觉，有利于增强他们的营地归属感。 小队会议，又叫小队分享会，会议由队长主持，小队辅导员列席，提供支持，一般在每天活动结束后，晚上6～7点钟进行，每次大约半个小时，活动主要内容如下。 1. 分享感受 每个队员分别谈一下今天活动的收获，学到了什么知识和技能，在与老师和小伙伴的相处中，有没有新的感悟，最后用一句简洁的话总结今天的营地生活。 2. 工作总结 每个队员都有自己的职务，就自己的职务而言，今天具体都做了什么，有没有履行好自己的职责，为小队作出了哪些贡献。 3. 收集信息 无论是工作，还是生活方面，大家有什么意见和建议；另外就是每个人的身心状态，有没有受伤、身体不舒服的，有没有想家、闹矛盾的等。 4. 会议总结 最后小队队长进行总结发言，小队辅导员补充说明，一起肯定大家的付出和努力，希望大家能相互包容、团结一心，明天以更好的状态投入工作和生活中去。 5. 发布通知 会议最后把散会后大家要做的事情重申一遍，完了希望大家各就各位，进入工作状态。比如：活动结束回房间整理内务，写日记，八点钟生活委员去检查内务，小队文书收作业。	10分钟
9. 小队授衔	实践演练	全体成员集合，站成马蹄形，从队长开始，各小队队长出列，站到前面，教官为其颁发小队徽章，然后让其介绍自己，并发表任职决心，然后依次是小队文化、物资委员……副队长，除了队长和副队长外，其他无顺序。	10分钟
10. 风采展示	实践演练	各小队依次出列，走到前面，将自己的队名、队旗、队歌和小队欢呼展示给大家看，要大声地说出来，同时配有动作，显示出小队与众不同的精神状态。 具体做法：小队按排练队形站立，队旗放在前面或一侧，队长或声音比较大的起头：我们的队名是：×××(同时展示队旗)，我们的口号是：×××(配合动作)，我们的队歌是：带着大家一起唱(以歌伴舞)。	10分钟

附　　录

附录一：《少先队改革方案》

附录二：《关于推进中小学生研学旅行的意见》

附录三：《中小学综合实践活动课程指导纲要》

参 考 文 献

1. 李舒平. 户外运动风险管理[M]. 广州：广东科技出版社，2009.
2. 中国登山协会. 营地指导员基础教程[M]. 北京：高等教育出版社，2018.
3. 张修兵. NLP亲子智慧[M]. 北京：清华大学出版社，2014.
4. 香港童军总会训练署. 童军基本技能教材手册，2016.